NOUVELLE ÉDITION

BTS 2e année TERTIAIRES

MANAGEMENT DES ENTREPRISES

Le programme en 11 cas

Sous la direction de

Christophe CORNOLTI

IA-IPR d'économie-gestion, Académie de Nancy-Metz

Sandrine BASSAN

Professeur d'économie-gestion

Lycée général et technologique Jean-Baptiste Colbert, Thionville

Anne COLOT

Professeur d'économie-gestion

Lycée général et technologique Blaise Pascal, Forbach

Marc DUBOIS

Professeur d'économie-gestion

Lycée général et technologique Robert Schuman, Metz

Djamel FELLAG

Professeur d'économie-gestion

Lycée général et technologique Frédéric Chopin, Nancy

DELAGRAVE

Présentation de l'ouvrage

L'OUVERTURE DE CHAPITRE

- L'étudiant identifie les principales problématiques, les compétences attendues, les notions et les auteurs abordés.
- Une présentation succincte de l'entreprise étudiée tout au long du chapitre donne le contexte de l'étude.

NUMÉRIQUE INTÉGRÉ

- Une proposition de vidéo, accessible par un lien court ou un QR-code, complète la présentation du cas.

LE CAS

- Le cas est découpé en 2 ou 3 parties afin d'en faciliter l'étude.
- Des questions progressives guident l'étudiant et permettent d'observer, d'analyser et de conceptualiser.
- Une question bilan permet de faire la synthèse des notions.
- Les notions définies dans le lexique figurent en marge.
- Des documents courts et variés sont proposés en appui du cas.

LES NOTIONS

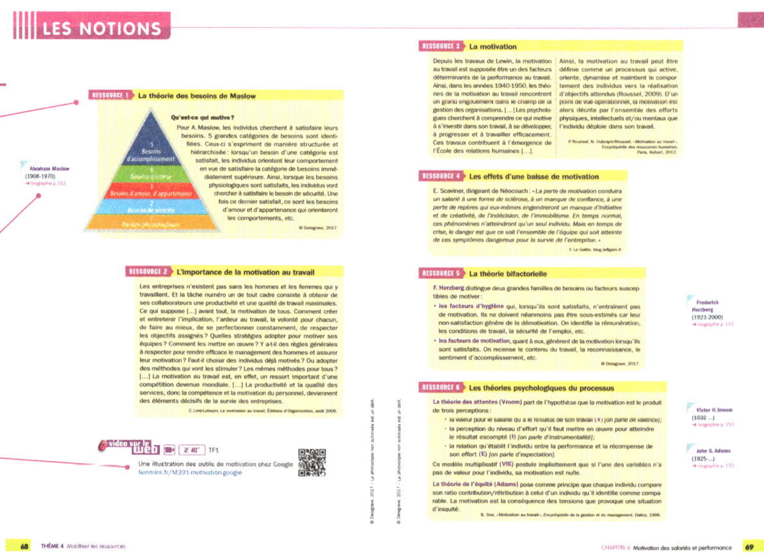

- Des ressources apportent les connaissances nécessaires à l'étude du cas et à l'acquisition des savoirs.
- Des renvois aux biographies d'auteurs situées en fin d'ouvrage sont indiqués.

NUMÉRIQUE INTÉGRÉ

- Des compléments ou vidéos sur Internet offrent des prolongements à l'étudiant.

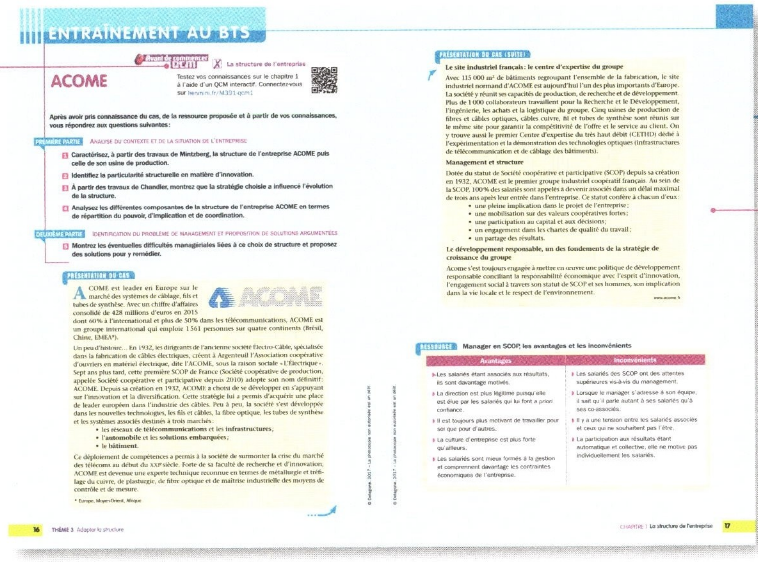

ENTRAÎNEMENT AU BTS

ACOME

L'ENTRAÎNEMENT AU BTS

Un mini-cas pour réinvestir les notions du chapitre, mobiliser les compétences méthodologiques et s'exercer régulièrement à l'examen.

NUMÉRIQUE INTÉGRÉ

Un test interactif, accessible sur terminal mobile, pour faire le point sur les connaissances.

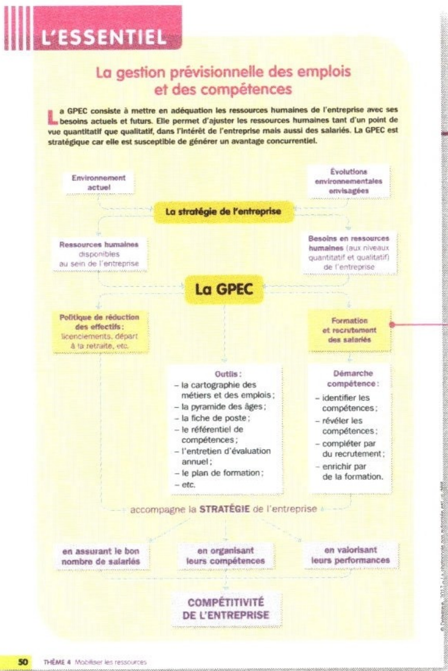

L'ESSENTIEL

La gestion prévisionnelle des emplois et des compétences

L'ESSENTIEL

Un schéma récapitulatif permet de synthétiser les notions à connaître.

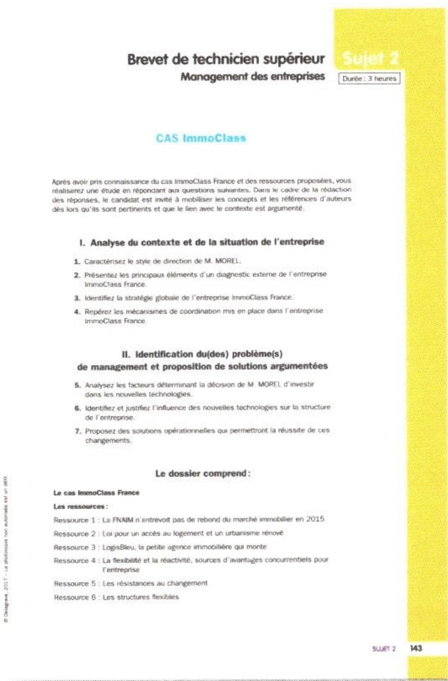

Brevet de technicien supérieur
Management des entreprises
Sujet 2

CAS ImmoClass

PRÉPARATION À L'EXAMEN

Un lexique présentant les définitions et les biographies d'auteurs par chapitre.

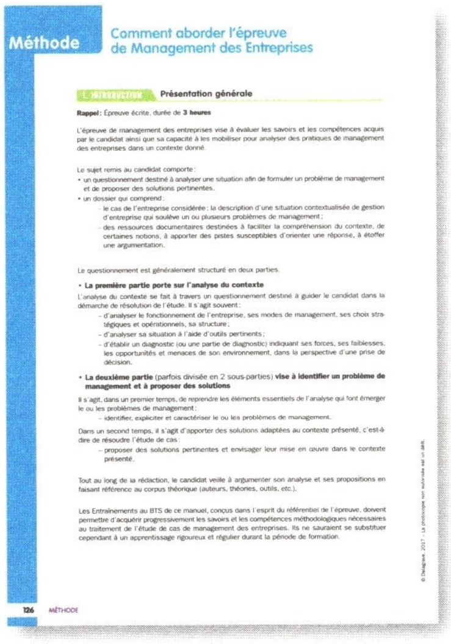

Méthode

Comment aborder l'épreuve de Management des Entreprises

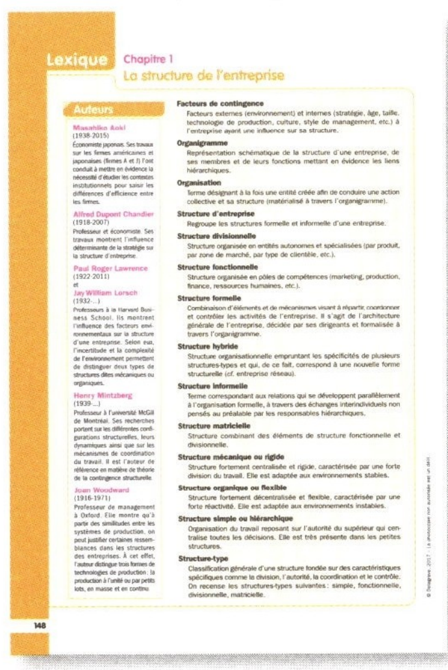

Lexique

Chapitre 1
La structure de l'entreprise

Deux sujets-types BTS pour s'entraîner et se placer en situation d'examen.

Une méthodologie pas-à-pas pour réussir l'épreuve.

© Delagrave Éditions, 2017
Éditions Delagrave – 5, allée de la 2e D.B. – 75015 Paris
www.editions-delagrave.fr
ISBN : 978-2-206-20391-1

SOMMAIRE

THÈME 3
Adapter la structure

THÈME 4
Mobiliser les ressources

SOMMAIRE DES VIDÉOS

CHAPITRE 1

La structure de l'entreprise

LES PROBLÉMATIQUES

- Pourquoi une entreprise doit-elle se doter d'une structure ?
- Quels facteurs influencent la structure d'une entreprise ?
- Quelles sont les principales structures-types et comment les caractériser ?

Ces questions sont abordées dans le cadre de l'étude du cas Tricotage des Vosges. Cette PME française, fabricante de chaussettes, cherche, *via* son organisation et sa structure, à faire du made in France un élément clé de sa croissance et de son développement.

LES COMPÉTENCES

- Identifier le type de structure d'une entreprise et dégager ses caractéristiques.
- Identifier les différents mécanismes de coordination et de contrôle mis en place.
- Analyser les déterminants du choix d'une structure.

LES NOTIONS

- Structure formelle/informelle
- Organisation
- Organigramme
- Structures-types/structures hybrides
- Facteurs de contingence

LES AUTEURS

- M. Aoki
- A. D. Chandler
- P. R. Lawrence et J. W. Lorsch
- H. Mintzberg
- J. Woodward

CAS TRICOTAGE DES VOSGES

Fondée en 1994, Tricotage des Vosges (marque Bleu Forêt) fabrique environ 6 millions de paires de chaussettes et collants par an dans son usine de Vagney (Vosges). L'entreprise textile qui emploie 250 salariés a fait le choix de produire exclusivement en France. D'un point de vue stratégique, l'entreprise a pour objectif de réaliser, à terme, la moitié de ses ventes à l'export et de se stabiliser sur le marché hexagonal devenu extrêmement concurrentiel. Tricotage des Vosges doit mettre en place une structure répondant à ce défi.

Dans sa logique d'organisation de la production made in France, Tricotage des Vosges est confrontée à des problématiques de structure et d'organisation au service de sa stratégie de croissance et de développement.

Après avoir pris connaissance du cas Tricotage des Vosges et des ressources proposées, vous réaliserez le travail demandé parties 1 à 3.

vidéo sur le web | 6' 10"

Histoire de la création de Tricotage des Vosges
lienmini.fr/M391-histoire-tricotage

LE CAS

PARTIE 1 : Caractériser une structure

CAS TRICOTAGE DES VOSGES

Tandis que la plupart des entreprises européennes ont fait le choix de l'externalisation de leur production dans les pays à bas coût, Tricotage des Vosges revendique, depuis 2012, le 100 % made in France, le tout « domestique », sans pour autant se contenter d'une niche « très haut de gamme ». Tricotage des Vosges connaît une croissance rapide et continue à fabriquer en France. Elle figure parmi les leaders du secteur et est présente dans tous les réseaux de distribution avec ses deux marques : Bleu Forêt et Olympia. Elle a élargi sa gamme en s'intéressant au sport et renforce son implantation à l'international en ouvrant de nouvelles filiales. Cependant, le secteur est ultra-concurrentiel et son choix stratégique de production made in France lui impose en permanence de redéfinir sa structure et son modèle d'organisation afin de coller aux mieux aux attentes du marché et de son environnement. L'agilité de la structure repose en partie sur la communication informelle instaurée entre les membres des différents services. Cette forme de coordination permet de résoudre rapidement les problèmes rencontrés lors des différents *process* de fabrication des chaussettes et d'améliorer le fonctionnement de l'entreprise.

TRAVAIL DEMANDÉ

Structure d'entreprise
→ lexique, p. 148

Organigramme
→ lexique, p. 148

Structure formelle
→ lexique, p. 148

Structure informelle
→ lexique, p. 148

1. **Indiquez les différentes fonctions d'un organigramme, puis montrez le lien entre l'organigramme de Tricotage des Vosges et sa structure formelle.** Annexe 1 | Ressource 1
2. **Montrez en quoi la structure informelle de Tricotage des Vosges a une influence sur la performance de l'entreprise.** Ressource 1
3. **Repérez les principaux paramètres de la structure productive de Tricotage des Vosges et appréciez leurs effets en matière organisationnelle et en termes de performance.** Annexes 2 et 3 | Ressource 2
4. **Dégagez l'ensemble des éléments qui caractérisent une structure.**
5. **Concluez sur les liens existants entre choix organisationnels, structure et objectifs de performance d'une entreprise.**

ANNEXE 1 Organigramme de Tricotage des Vosges

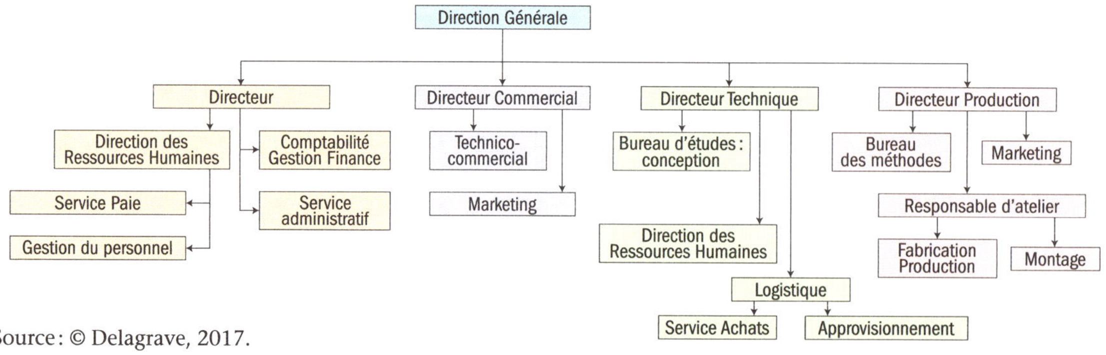

Source : © Delagrave, 2017.

ANNEXE 2 La réactivité organisationnelle de Tricotage des Vosges

Depuis sa création en 1994, l'entreprise mise sur la réactivité, dévoile François Curé, directeur général de Tricotage des Vosges. Selon lui, une organisation très simple est en effet un impératif pour réagir rapidement. « *Nous avons mis en place une organisation à plat, avec peu d'échelons. Elle comprend un directeur de production avec des chefs d'atelier ayant de vraies responsabilités, puis l'ensemble du personnel.* » Efficace, le personnel de Bleu Forêt est responsabilisé et polyvalent. Un bonnetier[1] de Tricotage des Vosges contrôle, par exemple, 23 machines, seul. En Chine, le rapport est d'un pour quatre. Cette polyvalence exige d'avoir un personnel bien formé. [...] Les formations sont dispensées en interne avec l'aide des fournisseurs de machines [...]. En atelier de finition, les ouvrières réalisent les coutures, le formage des articles à la vapeur sous pression, le conditionnement et le groupage. « *Sur les lots variés, il faut réagir vite s'il y a un retard. Nous leur demandons de penser. L'informatique n'est là qu'en soutien pour préparer le travail.* » L'assemblage de collants se fait à la main. C'est lourd en main-d'œuvre, mais cela permet d'être plus réactif. « *S'il manque trois collants pour une commande, on fait trois collants.* » Ce qui réduit à néant le risque de surproduction.

1. Bonnetier : ouvrier/ouvrière fabricant des articles d'habillement en maille : chaussettes, bas, *etc.*

O. Cognasse, *L'Usine Nouvelle*, n° 3243, 2011.

ANNEXE 3 Les clefs de la réussite chez Tricotage des Vosges

C'est en investissant chaque année entre 500 000 et 1 million d'euros dans son parc machine que Tricotage des Vosges parvient à rester dans la course à la compétitivité. Pas moins de 245 machines, reliées à un réseau et pilotées depuis des salles de contrôle, produisent entre 5 et 6 millions de paires chaque année, de la marque Bleu Forêt et Olympia. Les machines tricotent et terminent une chaussette en 3 minutes. Certaines sont même capables de fignoler le travail en cousant la pointe. Le process est surveillé par des techniciens, responsables chacun de 20 machines. Travaillant à 30 % à l'export, la société veut aller jusqu'à 50 %, avec des projets vers l'Amérique du Sud [...]. Concentrée sur la productivité et les volumes, fonctionnant avec des stocks très bas, la société conserve la réactivité d'une petite PME : elle peut très facilement réapprovisionner une centrale d'achat en 24 heures et livrer 97 % de ses clients en moins de trois jours.

www.lejournaldesentreprises.com, 2 octobre 2015.

LE CAS

PARTIE 2 : Comprendre l'influence des facteurs de contingence sur la structure

CAS TRICOTAGE DES VOSGES

Lors du rachat d'Olympia (chaussettes) en 2010, Tricotage des Vosges a relocalisé[1] une partie de la production de cette marque. Les grandes surfaces, dont la priorité reste les bas prix, avaient poussé les marques à délocaliser leur production. Désormais, la qualité du produit s'impose sur certains segments du marché. Cette stratégie nécessite une réorganisation productive qui se reflète à travers l'évolution de la structure de l'entreprise.

1. Relocalisation : opération qui consiste à rapatrier les activités de production dans le pays d'origine.

vidéo sur le web 3' 19"

Introduction à la théorie des organisations
lienmini.fr/M391-theorie-organisations

TRAVAIL DEMANDÉ

1. **Identifiez les conséquences de la décision prise par Tricotage des Vosges sur sa structure.** Ressource 2
2. **Comment Kindy a-t-il réagi à cette décision ? Recensez les composantes de sa structure impactées par sa nouvelle stratégie.** Annexe 4 Ressource 1
3. **Caractérisez le(s) lien(s) entre stratégie et structure en citant un auteur de référence.** Ressource 3
4. **Déterminez le rôle joué par les technologies de l'information et de la communication (TIC) sur la structure organisationnelle de Tricotage des Vosges.** Annexes 5 et 6 Ressource 3
5. **Proposez d'autres facteurs de contingence susceptibles d'impacter la structure de Tricotage des Vosges et expliquez leur influence potentielle.** Annexe 7 Ressource 3
6. **Identifiez les facteurs de contingence qui, selon vous, jouent un rôle prédominant dans l'évolution de la structure d'une entreprise. Justifiez votre réponse.**

Facteurs de contingence
→ lexique, p. 148

ANNEXE 4 Kindy adapte sa structure

Suite à la décision de Tricotage des Vosges de produire la marque Olympia en France, Kindy, le leader français du secteur, vient d'annoncer une accélération de la relocalisation de sa gamme technique Bien-Être et Sport sur son siège historique de Moliens (Oise). Initié en 2008, le rapatriement de cette activité, dont 30 % étaient auparavant réalisés en Tunisie et en Turquie, aurait eu un impact positif sur les résultats de l'entreprise. Sur le site de Moliens, cette réorganisation s'est déjà traduite par un premier investissement de 850 000 euros destiné à renforcer les capacités de R&D de l'entreprise. C'est là que, désormais, sont mis au point les produits innovants sur lesquels Kindy mise pour conforter sa croissance. « *Cette stratégie nous a permis, par exemple, de mettre au point une chaussette pour diabétiques qui sera commercialisée à partir de septembre en pharmacie. De plus, ces produits à forte valeur ajoutée peuvent être relocalisés en France* », ajoute Joël Pétillon, président du directoire. Actuellement, 1 million de paires de chaussettes Bien-Être sont fabriquées dans l'Oise. D'ici à 2014, l'objectif est de tripler ce volume. Pour y parvenir, Kindy mènera, dans le courant du second semestre, un investissement de capacité de 2,5 millions d'euros. « *Il s'agit d'adapter nos équipements aux exigences de ces productions techniques en plein essor* », souligne le président. Une croissance qui devrait se poursuivre dans les années à venir, le marché de la chaussette s'étant réorienté, depuis la reprise d'Olympia, vers des « *productions plus qualitatives dont tout le monde tirera bénéfice* ».

www.hexaconso.fr/blog

ANNEXE 5 L'influence des TIC sur la structure de Tricotage des Vosges

Depuis 1994, Tricotage des Vosges a fait face à de nombreuses évolutions qui ont profondément influencé son système d'information. Dans ce contexte, la direction des systèmes d'information a dû déployer une infrastructure lui permettant de répondre à ces différents changements organisationnels. L'accès à un PGI[1] s'est imposé comme une priorité stratégique afin de gérer l'intégralité des opérations menées par le groupe (achat, marketing, production, finance, *etc.*). Grâce à ce nouvel outil, implémenté depuis deux ans, Bleu Forêt a par exemple pu intégrer la production des chaussettes Olympia sans douleur. Le logiciel Eureka, développé par un éditeur et intégrateur mulhousien, assure l'approvisionnement des matières premières, l'optimisation de la planification industrielle et la gestion logistique et commerciale. Il permet de passer les commandes auprès des fournisseurs localisés en grande partie en Alsace et en Europe, à 90 % par échange de données informatisées (EDI). De même, les sorties de caisses des magasins sont reliées à l'usine *via* EDI, pour proposer les ordres de réassortiment et de facturation. Les boucles sont semi-ouvertes. Le logiciel fait une proposition et un spécialiste de la gestion de flux valide les ordres de fabrication en fonction de son expérience et des paramètres. En bout de ligne de production, la préparation des commandes reste cependant manuelle. Une opératrice munie de son bordereau de préparation effectue sa tournée en zone de stockage. Résultat : la satisfaction s'améliore en effet et le taux de service (bonne livraison et à la bonne heure) est de 98 %, quand il est généralement inférieur à 70 % dans le secteur.

1. PGI (progiciel de gestion intégré) : logiciel permettant de coordonner l'ensemble des activités d'une entreprise autour d'un même système d'information.

O. Cognasse, *L'Usine Nouvelle*, n° 3243, 2011.

ANNEXE 6 Une puce intégrée au tricotage des chaussettes

Tricotage des Vosges vient de mettre au point une e-chaussette pouvant communiquer *via* la technologie embarquée RFID[1]. Depuis plus de 1 an, l'entreprise Tricotage des Vosges participe à un projet du R3ilab (réseau pour l'innovation immatérielle dans l'Industrie) sur les textiles du Futur. Les chaussettes ainsi tricotées peuvent communiquer des informations *via* la technologie Radio Frequency Identification et permettent de mettre au point de nouvelles applications : simplification de la logistique (inventaire, suivi de produit, réception de commandes…), mais aussi suivi des sportifs et des diabétiques pourront largement être simplifiés grâce à cette avancée majeure. Car, il est important de le mentionner : toute la difficulté des textiles connectés est de parvenir à transformer un fil contenant une puce RFID en un tissu ou un tricot *via* un process de production industriel sans casser ou endommager la puce. Grâce au brevet déposé, l'entreprise entend continuer sa progression dans les marchés sportifs de pointe et se positionner sur les marchés de la chaussette technique.

1. RFID : Identification par radio fréquence.

www.vosgesterretextile.fr

ANNEXE 7 Quelques évolutions de la structure de Tricotage des Vosges

L'histoire débute en 1994 lorsque le groupe Sara Lee, propriétaire de DIM, entreprise spécialisée dans le chaussant (collants, mi-bas, chaussettes) annonce l'arrêt de sa production dans les Vosges. Jacques Marie, qui vient de quitter son poste de PDG de DIM, décide alors de reprendre le site. L'entreprise a, en quelques mois, modifié son organisation et adapté sa structure à sa nouvelle stratégie avec le lancement de la marque Bleu Forêt destinée aux détaillants indépendants et aux grands magasins. Pour garantir un volume d'activité suffisant, l'entreprise augmente ses capacités de production, négocie un contrat de sous-traitance avec son ancien actionnaire et met rapidement en place un système d'information afin de favoriser la circulation de l'information. La volonté de se développer à l'international nécessitait la mise en place d'un service export (le chiffre d'affaires export représentait en 2000, 20 % du chiffre d'affaires total). Lorsqu'en 2009 la société Tricotage des Vosges perd la licence DIM, elle doit adapter son outil de production à la grande distribution. Cette stratégie de diversification du canal de distribution s'inscrit dans un contexte textile aléatoire et imprévisible.

©Delagrave, 2017.

LE CAS

PARTIE 3 : Identifier les principales configurations structurelles

CAS TRICOTAGE DES VOSGES

En créant en juin 2012 une filiale commerciale à Hong Kong, la société Tricotage des Vosges s'est lancée un défi : pénétrer le marché chinois avec sa marque Bleu Forêt. « *Modestement, nous nous engouffrons dans le sillage du luxe à la française. Les riches Chinois sont sensibles à la qualité du made in France, et nous avons déjà ouvert des rayons dans cinq centres commerciaux de luxe en Chine continentale (Kunming, Shenzhen, Harbin, Zhengzhou et Pékin). D'autres points de vente doivent ouvrir ces prochains mois* », déclare Jacques Marie, président de Tricotage des Vosges. À terme, les dirigeants sont convaincus que le développement de l'entreprise suppose de porter la part de l'export à plus de 50 % des ventes.

Vidéo sur le web 3' 36" France 2
Reportage sur la réussite à l'exportation, en Chine, de Bleu Forêt
lienmini.fr/M391-exportation-chaussette

TRAVAIL DEMANDÉ

1 **Identifiez, à partir des structures-types existantes, le type d'organisation adopté par Tricotage des Vosges et recensez ses principaux avantages et inconvénients.** Annexes 1, 8 et 9

2 **À partir de recherches personnelles, listez les principaux avantages et inconvénients des autres structures-types d'entreprise.** Annexe 8

3 **Caractérisez la structure actuelle de Tricotage des Vosges à partir des travaux de Mintzberg, puis de ceux d'Aoki.** Annexes 2, 3 et 11 | Ressources 4 et 5

4 **Indiquez si la structure actuelle permet de conforter la stratégie internationale de l'entreprise sur le marché chinois. Quelle(s) modification(s) l'entreprise pourrait-elle apporter à sa structure actuelle ?** Annexes 1 et 10

5 **Qualifiez la structure de Tricotage des Vosges dans le cas où l'entreprise procéderait à une division de ses activités par produit avant son découpage fonctionnel.** Annexes 1 et 8 | Ressource 1

Structure-type
→ lexique, p. 148

Structure hybride
→ lexique, p. 148

ANNEXE 8 Les principales structures-types

La structure simple ou entrepreneuriale

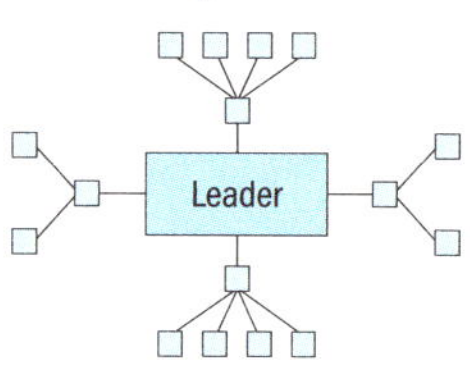

La structure fonctionnelle

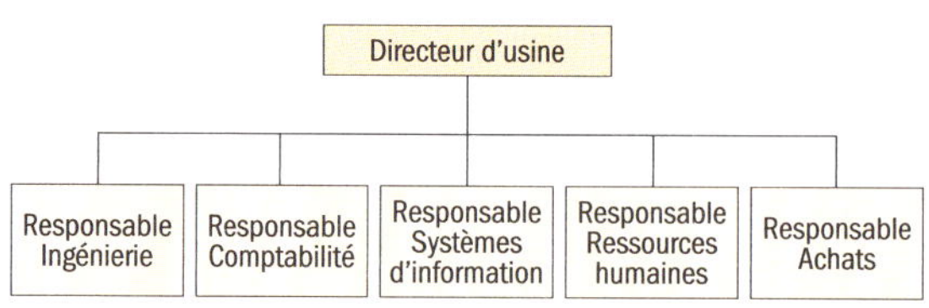

La structure divisionnelle

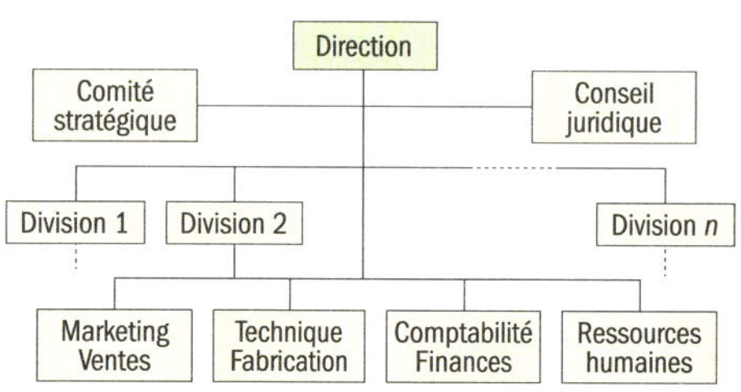

La structure matricielle

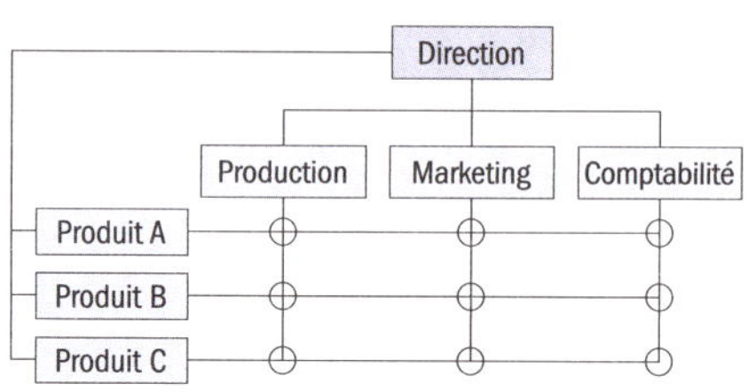

© Delagrave, 2017.

ANNEXE 9 Les principales caractéristiques de la structure fonctionnelle

Une structure fonctionnelle se caractérise par une spécialisation de chaque responsable selon son type de compétences : les décisions sont prises par des responsables qualifiés et chaque tâche est menée par un ou plusieurs subordonnés bénéficiant des compétences qui y sont nécessaires. [...] Une telle structure permet à l'entreprise de disposer de collaborateurs avec des connaissances spécialisées très pointues, au moyen d'une formation facile et rapide pour une activité particulière : ceci permet d'effectuer des tâches bien déterminées d'une manière optimale. [...] Les contrôles deviennent, ainsi, simples, rapides et efficaces, ne s'effectuant qu'à l'intérieur d'un seul service, et la productivité devient de plus en plus importante. L'inconvénient majeur de cette structure réside dans le manque de discipline, notamment aux niveaux hiérarchiques inférieurs. L'efficacité des contrôles s'en trouve, d'ailleurs, affectée à cause d'un contact personnel assez fréquent entre les contrôleurs et les salariés. La spécialisation du personnel rend également difficile la gestion de plusieurs services et la délégation de certaines tâches entre les salariés.

www.petite-entreprise.net

ANNEXE 10 Mise en place d'une cellule export

La taille des structures export dans l'entreprise dépend essentiellement de l'importance des activités générées à l'étranger. Selon le développement de l'activité export, la cellule export évoluera pour devenir un service export ou un département. En général, la cellule export est composée de quelques personnes (2 ou 3) qui sont en charge de gérer principalement les commandes Export. Elle est, en principe, rattachée à la direction commerciale France ou au dirigeant de l'entreprise. Celle-ci travaille avec les services Achats, Expédition, Logistique, Administration des Ventes, Financiers, Marketing... Lorsque la structure est relativement petite, le service Export gère alors l'ensemble de ces opérations de commerce international, ce qui constitue un facteur clé de succès pour réussir sur les marchés internationaux.

www.portail-des-pme.fr

ANNEXE 11 Quel modèle d'organisation industrielle pour Tricotage des Vosges ?

L'un des atouts de Tricotage des Vosges et de sa marque Bleu Forêt, c'est sa capacité à remettre en cause son modèle industriel. En dix-sept ans, l'atelier finition a été réimplanté trois fois et celui du tricotage dix fois. « *Nous investissons chaque année 800 000 à 1 million d'euros dans les nouvelles machines. Nous sommes même passés à 1,8 million sur le dernier exercice pour acquérir 50 nouveaux métiers à tricoter nécessaires à la production d'Olympia* », souligne le patron. Cette souplesse impose cependant de transiger avec un des piliers du *Lean*[1] : les stocks réduits. Une importante quantité de matières premières est ainsi disponible pour permettre le lancement de production rapidement. « *Avec la crise, les délais se sont allongés en raison de la spéculation* », explique François Curé. Cette organisation souple lui permet de réassortir automatiquement les produits des collections dans tous les coloris et les tailles au fur et à mesure des commandes. Les délais n'excèdent pas deux semaines quel que soit le pays de destination. En fabriquant au dernier moment, les risques d'obsolescence sont également très limités, car 70 % de la collection sont renouvelés à chaque saison et les coûts de surstock lissés.

1. *Lean* : gestion de la production basée sur le modèle Toyota qui vise à éliminer toutes les sources d'inefficacité et de gaspillages (zéro stock, production juste-à-temps...).

O. Cognasse, *L'Usine Nouvelle*, nº 3243, 2011.

RESSOURCE 1 Définition d'une structure

Henry Mintzberg
(1939-…)
➜ biographie p. 148

La structure est un système qui combine des facteurs humains et techniques. Pour permettre à la direction générale de disposer d'une mobilisation efficace des ressources afin d'atteindre les objectifs stratégiques souhaités, il faut que la **structure formelle**, c'est-à-dire l'organisation interne des tâches et procédures, soit optimale. Au sens étroit, une structure désigne l'architecture générale d'une organisation : l'organigramme. **Henry Mintzberg** définit simplement la structure d'une organisation comme « *la somme totale des moyens utilisés pour diviser le travail en tâches distinctes et pour ensuite assurer la coordination entre ces tâches* ». La répartition des tâches et des responsabilités ainsi que les mécanismes de coordination et de contrôle plus ou moins formalisés permettent de caractériser une structure. Quant à la **structure informelle** qui se développe parallèlement à l'organisation formelle à travers des relations interindividuelles (non-contrôlées et non contrôlables), elle influence fortement le fonctionnement de l'organisation.

Une structure est qualifiée d'**hybride** lorsqu'elle combine et croise des particularités de plusieurs structures-types (fonctionnelle, divisionnelle…).

©Delagrave, 2017.

RESSOURCE 2 Le choix d'une structure, résultat d'arbitrages organisationnels fondamentaux

Quand il définit une structure, le manager est amené à faire des choix organisationnels fondamentaux. Il doit se demander :

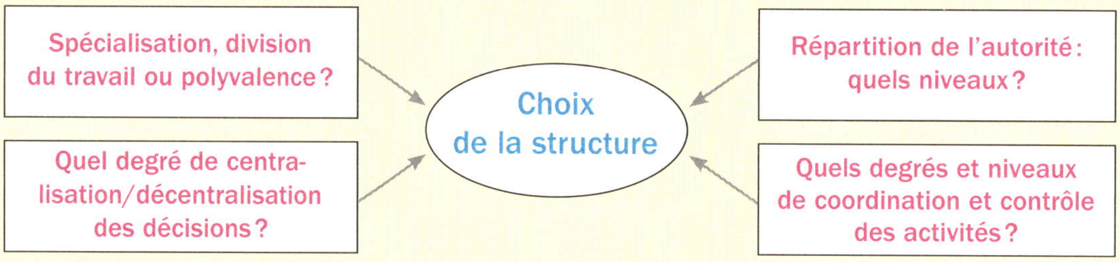

La **spécialisation ou division du travail** permet de découper le travail en une série d'étapes. Le mode et le degré de spécialisation se font à la fois horizontalement (largeur de l'organigramme, spécialisation par fonction, par produit, par zone géographique, *etc.*) et verticalement (hauteur de l'organigramme, développement des niveaux hiérarchiques, *etc.*).

La **répartition de l'autorité** définit le degré et la forme du partage des responsabilités. On distingue l'autorité hiérarchique et l'autorité fonctionnelle basée sur le niveau de compétences des individus.

La **décentralisation des décisions** est un processus par lequel le pouvoir de décision, détenu par la direction générale, est transféré aux autres niveaux hiérarchiques. La décentralisation verticale implique une répartition du pouvoir vers le bas de la hiérarchie alors que la décentralisation horizontale consiste à partager le pouvoir avec les directions fonctionnelles (directeurs, spécialistes, *etc.*)

La **coordination des activités** doit permettre aux différentes composantes de l'entreprise d'agir en cohérence. H. Mintzberg décrit les 5 principaux mécanismes de coordination du travail :
- l'ajustement mutuel qui se réalise par de la communication informelle ;
- la supervision directe qui se réalise par des ordres donnés par un supérieur aux subordonnés ;
- la standardisation des résultats qui consiste à définir les performances à atteindre ou les caractéristiques des produits à obtenir ;
- la standardisation des qualifications qui s'appuie sur le niveau de compétences ou de savoir-faire acquis ;
- la standardisation des procédures qui consiste à définir avec précision les tâches à réaliser ainsi que leur succession, c'est-à-dire la formalisation du travail.

©Delagrave, 2017.

RESSOURCE 3 Apports des théories de la contingence structurelle

Des auteurs en management ont analysé le rôle de certaines variables, encore appelées facteurs de contingence, sur la structure d'entreprise. H. Mintzberg (1978) en a réalisé une synthèse.

FACTEURS EXTERNES

- **La stratégie :** **Chandler** établit un lien entre structure et stratégie. (Ex. : La stratégie de diversification nécessite la mise en place d'une nouvelle structure ou nouvelle division).
- **L'environnement :** **Lawrence** et **Lorsch** étudient l'influence du degré de stabilité/d'instabilité environnementale sur la structure.

FACTEURS INTERNES

- **L'âge et la taille :** Les jeunes et petites entreprises disposent d'une structure simple avec peu de niveaux hiérarchiques. Les grandes entreprises, plus anciennes, ont des structures plus rigides et complexes.
- **La technologie :** **Woodward** montre que les technologies de production expliquent les différences d'organisation et donc de structure.
- **La culture d'entreprise et le style de management :** Ces éléments peuvent favoriser ou freiner l'adaptation aux changements structurels.

→ **Structure organique** (flexible) *versus* **structure mécanique** (rigide)

©Delagrave, 2017.

Alfred A. Chandler (1918-2007)
→ biographie p. 148

Paul Roger Lawrence (1922-2011)
Jay William Lorsch (1932-...)
→ biographie p. 148

Joan Woodward (1916-1971)
→ biographie p. 148

RESSOURCE 4 Les configurations structurelles selon Mintzberg

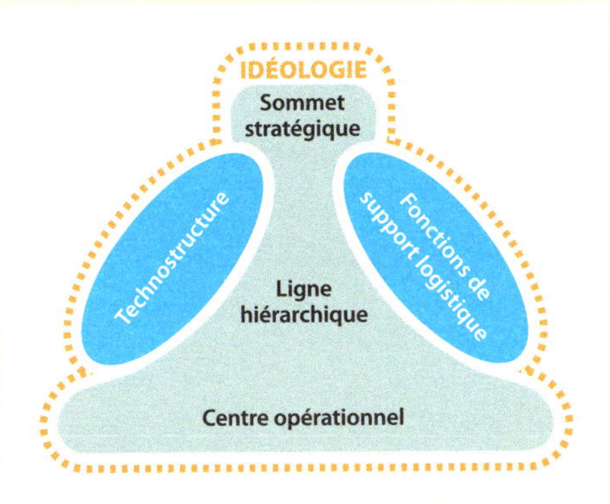

Le **sommet stratégique** est composé de personnes ayant la responsabilité de l'ensemble de l'organisation. Il s'agit d'une équipe de direction prenant en charge les décisions au niveau stratégique. Le **centre opérationnel** comprend les travailleurs réalisant les missions de base de l'organisation. Il peut s'agir d'ouvriers de production, d'ingénieurs, *etc.* **La ligne hiérarchique** regroupe les travailleurs qui se situent entre le sommet stratégique et les opérateurs. Il s'agit des chefs d'atelier en impression ou finition. De part et d'autre de la ligne hiérarchique, on retrouve ce que Mintzberg appelle **la technostructure** et **les fonctions de support logistique**. La technostructure prend en compte le personnel qui standardise, planifie et contrôle le travail. Le personnel chargé de l'organisation de la production et le personnel en charge de la confection des bordereaux de production sont les opérateurs apparaissant dans cette catégorie. Les travailleurs occupant les fonctions de support logistique réalisent des missions de base en support indirect par rapport à la tâche. Par exemple : les conseillers juridiques, R&D, la réception, *etc.*

©Delagrave, 2017.

RESSOURCE 5 L'approche des structures par M. Aoki

M. Aoki identifie deux formes types d'entreprises qualifiées de A (entreprise américaine) et de J (entreprise japonaise). Il oppose, à partir de caractéristiques structurelles et institutionnelles, ces deux formes d'entreprise et montre que l'entreprise J est plus efficiente dans un environnement turbulent grâce à son mode de coordination. L'entreprise de type A (ou modèle H comme hiérarchique), s'appuie sur les principes du modèle taylorien (forte spécialisation des tâches, coordination par la hiérarchie, *etc.*). Cette structure est qualifiée de rigide. L'entreprise de type J (appelée modèle horizontal) possède une organisation du travail plus souple et plus flexible qui repose notamment sur la rotation des tâches, le partage d'informations et de compétences, ainsi que sur la polyvalence des salariés.

©Delagrave, 2017.

Masahiko Aoki (1938-2015)
→ biographie p. 148

Avant de commencer QCM

La structure de l'entreprise

Testez vos connaissances sur le chapitre 1 à l'aide d'un QCM interactif. Connectez-vous sur lienmini.fr/M391-qcm1

ACOME

Après avoir pris connaissance du cas, de la ressource proposée et à partir de vos connaissances, vous répondrez aux questions suivantes :

PREMIÈRE PARTIE – ANALYSE DU CONTEXTE ET DE LA SITUATION DE L'ENTREPRISE

1 **Caractérisez, à partir des travaux de Mintzberg, la structure de l'entreprise ACOME puis celle de son usine de production.**

2 **Identifiez la particularité structurelle en matière d'innovation.**

3 **À partir des travaux de Chandler, montrez que la stratégie choisie a influencé l'évolution de la structure.**

4 **Analysez les différentes composantes de la structure de l'entreprise ACOME en termes de répartition du pouvoir, d'implication et de coordination.**

DEUXIÈME PARTIE – IDENTIFICATION DU PROBLÈME DE MANAGEMENT ET PROPOSITION DE SOLUTIONS ARGUMENTÉES

5 **Montrez les éventuelles difficultés managériales liées à ce choix de structure et proposez des solutions pour y remédier.**

PRÉSENTATION DU CAS

ACOME est leader en Europe sur le marché des systèmes de câblage, fils et tubes de synthèse. Avec un chiffre d'affaires consolidé de 428 millions d'euros en 2015 dont 60 % à l'international et plus de 50 % dans les télécommunications, ACOME est un groupe international qui emploie 1 561 personnes sur quatre continents (Brésil, Chine, EMEA*).

Un peu d'histoire… En 1932, les dirigeants de l'ancienne société Électro-Câble, spécialisée dans la fabrication de câbles électriques, créent à Argenteuil l'Association coopérative d'ouvriers en matériel électrique, dite l'ACOME, sous la raison sociale « L'Électrique ». Sept ans plus tard, cette première SCOP de France (Société coopérative de production, appelée Société coopérative et participative depuis 2010) adopte son nom définitif : ACOME. Depuis sa création en 1932, ACOME a choisi de se développer en s'appuyant sur l'innovation et la diversification. Cette stratégie lui a permis d'acquérir une place de leader européen dans l'industrie des câbles. Peu à peu, la société s'est développée dans les nouvelles technologies, les fils et câbles, la fibre optique, les tubes de synthèse et les systèmes associés destinés à trois marchés :

- les réseaux de **télécommunications** et les **infrastructures** ;
- l'**automobile** et les **solutions embarquées** ;
- le **bâtiment**.

Ce déploiement de compétences a permis à la société de surmonter la crise du marché des télécoms au début du XXIe siècle. Forte de sa faculté de recherche et d'innovation, ACOME est devenue une experte technique reconnue en termes de métallurgie et tréfilage du cuivre, de plasturgie, de fibre optique et de maîtrise industrielle des moyens de contrôle et de mesure.

* Europe, Moyen-Orient, Afrique

PRÉSENTATION DU CAS (SUITE)

Le site industriel français : le centre d'expertise du groupe

Avec 115 000 m² de bâtiments regroupant l'ensemble de la fabrication, le site industriel normand d'ACOME est aujourd'hui l'un des plus importants d'Europe. La société y réunit ses capacités de production, de recherche et de développement. Plus de 1 000 collaborateurs travaillent pour la Recherche et le Développement, l'ingénierie, les achats et la logistique du groupe. Cinq usines de production de fibres et câbles optiques, câbles cuivre, fil et tubes de synthèse sont réunis sur le même site pour garantir la compétitivité de l'offre et le service au client. On y trouve aussi le premier Centre d'expertise du très haut débit (CETHD) dédié à l'expérimentation et la démonstration des technologies optiques (infrastructures de télécommunication et de câblage des bâtiments).

Management et structure

Dotée du statut de Société coopérative et participative (SCOP) depuis sa création en 1932, ACOME est le premier groupe industriel coopératif français. Au sein de la SCOP, 100 % des salariés sont appelés à devenir associés dans un délai maximal de trois ans après leur entrée dans l'entreprise. Ce statut confère à chacun d'eux :

- une pleine implication dans le projet de l'entreprise ;
- une mobilisation sur des valeurs coopératives fortes ;
- une participation au capital et aux décisions ;
- un engagement dans les chartes de qualité du travail ;
- un partage des résultats.

Le développement responsable, un des fondements de la stratégie de croissance du groupe

Acome s'est toujours engagée à mettre en œuvre une politique de développement responsable conciliant la responsabilité économique avec l'esprit d'innovation, l'engagement social à travers son statut de SCOP et ses hommes, son implication dans la vie locale et le respect de l'environnement.

www.acome.fr

RESSOURCE Manager en SCOP, les avantages et les inconvénients

Avantages	Inconvénients
Les salariés étant associés aux résultats, ils sont davantage motivés.	Les salariés des SCOP ont des attentes supérieures vis-à-vis du management.
La direction est plus légitime puisqu'elle est élue par les salariés qui lui font *a priori* confiance.	Lorsque le manager s'adresse à son équipe, il sait qu'il parle autant à ses salariés qu'à ses co-associés.
Il est toujours plus motivant de travailler pour soi que pour d'autres.	Il y a une tension entre les salariés associés et ceux qui ne souhaitent pas l'être.
La culture d'entreprise est plus forte qu'ailleurs.	La participation aux résultats étant automatique et collective, elle ne motive pas individuellement les salariés.
Les salariés sont mieux formés à la gestion et comprennent davantage les contraintes économiques de l'entreprise.	

©Delagrave, 2017.

La structure de l'entreprise

Pour se développer et atteindre ses objectifs stratégiques, l'entreprise doit se doter d'une structure et la faire évoluer. La structure formelle établie par les dirigeants détermine son organisation et contribue à atteindre certains facteurs clefs de succès voire à obtenir un avantage concurrentiel. Quant à la structure informelle, elle se développe naturellement au gré des affinités interpersonnelles et échappe à tout contrôle.

La structure formelle d'une entreprise

STRUCTURER L'ENTREPRISE, C'EST :

Répartir les tâches
(spécialisation du travail, polyvalence…)

Coordonner les tâches
(*cf.* mécanismes de coordination de MINTZBERG)

Contrôler les activités et répartir l'autorité
(centralisation/ décentralisation)

↓

STRUCTURE Mécanique (rigide) / Organique (flexible) ou Entreprise A / Entreprise J (AOKI)

La structure est influencée par des déterminants

Les facteurs internes :
- son âge, sa taille ;
- sa technologie (WOODWARD) ;
- sa culture d'entreprise ;
- le style de management…

THÉORIE DE LA CONTINGENCE

Les facteurs externes :
- son environnement : complexité, incertitude, instabilité (LAWRENCE et LORSCH) ;
- sa stratégie (CHANDLER).

Les formes ou configurations structurelles types

La structure simple (ou entrepreneuriale)	Leader avec unité de commandement Adaptée aux entreprises de petite taille
La structure fonctionnelle	Autorité divisée par fonction (marketing, production, finance, *etc.*)
La structure divisionnelle	Structure organisée en fonction des produits, des types de clients ou des zones géographiques
La structure matricielle	Combinaison des structures fonctionnelle et divisionnelle
Configuration structurelle (synthèse de MINTZBERG)	Représentation d'une structure à partir de 5 caractéristiques clés : sommet stratégique, ligne hiérarchique, centre opérationnel, technostructure et fonctions support

CHAPITRE 2

Les configurations structurelles flexibles

LES PROBLÉMATIQUES

- Pourquoi une entreprise doit-elle faire évoluer sa structure ?
- Quelles sont les caractéristiques clés des structures flexibles ?

Ces questions sont abordées dans le contexte du cas Air France-KLM, compagnie aérienne franco-néerlandaise, dont l'environnement ne cesse d'évoluer. Ces changements sont pris en compte au niveau de sa stratégie et nécessitent dorénavant une adaptation de son organisation vers des structures flexibles encore appelées organiques.

LES COMPÉTENCES

- Identifier une structure flexible et analyser les causes de sa mise en œuvre.
- Montrer l'incidence des choix stratégiques et de l'évolution de l'environnement sur l'adaptation des structures.

LES NOTIONS

- Structure organique/flexible
- Structure transversale
- Structure par projet
- Structure par processus
- Structure en réseau
- Structure innovatrice (adhocratie)
- *Reengineering*

LES AUTEURS

- J. Champy
- M. Hammer

CAS AIR FRANCE-KLM

En 2004, Air France se rapproche de KLM pour former l'un des leaders mondiaux du transport aérien. Avec 583 avions en exploitation, Air France-KLM dessert 231 destinations dans 103 pays à travers le monde. Son réseau aérien, le plus important entre l'Europe et le reste du monde, est efficacement coordonné et équilibré autour des *hubs*[1] de Paris-Charles-de-Gaulle et Amsterdam-Schiphol. Plus de 95 000 collaborateurs participent au dynamisme de ses activités. Les principaux métiers sont le transport de passagers, le transport de fret et la maintenance aéronautique. C'est dans un contexte hyperconcurrentiel, avec notamment le développement du *low cost*, qu'Air France-KLM doit se démarquer. Jean-Marc Janaillac, le nouveau PDG du groupe nommé en 2016, a présenté un projet de développement d'une nouvelle filiale (« Boost ») qui a pour vocation à terme de concurrencer les compagnies du Golfe sur les lignes moyen et long-courriers en jouant sur les prix. À l'origine de cette récente réorganisation, des choix stratégiques affirmés depuis quelques années à travers le plan « Perform 2020 ».

1. *Hub* : terme anglais signifiant plateforme de correspondance aéroportuaire.

Après avoir pris connaissance du cas Air France-KLM et des ressources proposées, vous réaliserez le travail demandé parties 1 et 2 .

LE CAS

PARTIE 1 : Caractériser les structures transversales

CAS AIR FRANCE-KLM

Air France-KLM a présenté le plan de développement « Perform 2020 » qui vise à redresser le groupe franco-néerlandais, confronté à la concurrence, et à s'adapter à la mondialisation et aux évolutions des NTIC dans le domaine aérien. Tout en conservant les impératifs de compétitivité et de consolidation de la situation financière, ce plan de croissance s'articule autour de deux axes stratégiques majeurs :

– le groupe poursuit la restructuration de l'activité « point-à-point[1] », avec l'objectif d'un retour à l'équilibre d'exploitation à l'horizon 2017. Outre le plein effet des mesures lancées en 2013, cet objectif sera atteint grâce à de nouvelles initiatives de restructuration du réseau et de réduction des coûts, ainsi que la mise en place d'une *business unit* unique regroupant Hop![2] et le « point-à-point » d'Air France ;

– dans le marché du loisir en Europe, Air France-KLM souhaite s'adapter aux nouveaux comportements d'achat en matière de transport aérien et va donc accélérer son développement sous la marque Transavia, vouée à s'imposer à terme parmi les acteurs *low cost* du secteur.

1. L'activité « point-à-point » comprend les vols courts et moyens-courriers qui ne desservent pas les aéroports de Roissy et Orly.

2. Hop! Air France : nouvelle marque du réseau court-courrier de la compagnie aérienne qui regroupe l'ensemble des lignes intérieures et intra-européennes du groupe Air France, à l'exception de celles desservant le *hub* de Paris-Charles-de-Gaulle.

Cercle de Finance, www.bfmbusiness.bfmtv.com, 11 septembre 2014.

vidéo sur le web | 1' 55" | Aeronews TV

Présentation du plan « Perform 2020 »
lienmini.fr/M391-perform-2020

Structure organique/flexible
→ lexique, p. 149

Structure transversale
→ lexique, p. 149

Structure par projet
→ lexique, p. 149

Structure par processus
→ lexique, p. 149

Reengineering
→ lexique, p. 149

TRAVAIL DEMANDÉ

1 **Repérez et expliquez les décisions stratégiques prises par Air France-KLM dans le cadre du plan « Perform 2020 ».** Annexe 1

2 **Analysez plus précisément les enjeux auxquels répond la nouvelle organisation de l'activité « point-à-point ».** Annexes 1 et 2

3 **Caractérisez la structure adoptée par Air France-KLM pour son activité court et moyen-courriers.** Annexes 1 et 2 | Ressource 1

4 **Présentez les caractéristiques et les enjeux de la nouvelle relation client souhaitée par Air France-KLM (projet Embark).** Annexe 3

5 **Présentez les caractéristiques organisationnelles du projet Embark et qualifiez l'organisation adoptée à l'aide d'auteurs.** Annexe 3 | Ressource 2

6 **Expliquez et qualifiez les facteurs qui amènent les entreprises à faire évoluer leur structure puis énoncez les objectifs poursuivis.**

ANNEXE 1 Réorganisation de l'activité point-à-point

PERFORM 2020

La compagnie aérienne Air France va progressivement réorganiser son activité « point-à-point », dans le cadre du plan de redressement baptisé « Perform 2020 » du groupe Air France-KLM. Cette activité est opérée sous les marques Air France point-à-point et Hop! de la compagnie aérienne. Lionel Guérin, actuel président-directeur-général de Hop!, est nommé chef de projet en charge de la définition détaillée et de la mise en place de cette nouvelle unité regroupant l'ensemble de l'activité point-à-point du groupe Air France. L'activité moyen-courrier d'Air France a fait l'objet d'une double réorganisation :

– le groupe s'est réorganisé à compter du 1er janvier 2013 en deux pôles : un pôle en charge des vols au départ du *hub* de Paris-Charles-de-Gaulle, et un autre couvrant les activités de « point-à-point » au départ de Paris-Orly et des bases de province ;
– l'activité régionale, anciennement opérée par trois compagnies (Brit Air, Régional et Airlinair) a été rassemblée dans une seule, Hop!, lancée le 31 mars 2013.

Cette nouvelle organisation devra permettre de clarifier le périmètre de chacune des marques, de rapprocher les fonctions clés dans la définition de l'offre et de l'expérience client et de faciliter le pilotage économique global de l'activité pour continuer à retrouver une structure de coûts compétitive.

www.air-journal.fr, 9 novembre 2014.

vidéo sur le web 1' 54"

Hop! Une nouvelle compagnie
lienmini.fr/M391-Hop

ANNEXE 2 Organisation de la marque Hop! Air France

Hop! regroupe au sein d'une même entité économique baptisée « Hop! Air France », l'ensemble des lignes intérieures et intra-européennes d'Air France et de Hop!, à l'exception des lignes Air France alimentant le *hub* de Roissy-CDG. Soit quelque 800 vols quotidiens et 15 millions de passagers par an, pour 1,7 milliard d'euros de chiffre d'affaires. […] Contrairement à Air France, qui se recentrera sur la clientèle d'affaires en correspondance à Roissy, et à Transavia qui vise essentiellement la clientèle loisir des *low cost*, Hop! Air France devra concilier les bas tarifs pour la clientèle voyageant pour motifs personnels et la clientèle d'affaires.

B. Trevidic, www.lesechos.fr, 20 novembre 2014.

ANNEXE 3 Le projet Embark

La relation client est l'un des principaux objectifs du nouveau projet d'entreprise « Embark » du groupe Air France-KLM. Air France-KLM entend capitaliser sur l'innovation technologique et devenir leader sur les applications pour mobile et dans les réseaux sociaux. Dans le cadre de ce projet, Air France propose aux voyageurs deux nouveaux services gratuits utilisant les technologies mobiles. Air France Connect informe les passagers, par SMS ou courriel, en cas d'aléa (annulation de vol, retard, changement de porte d'embarquement, livraison différée des bagages, *etc.*). Quant au site Internet mobile de la compagnie aérienne et à ses applications pour iPhone, Android et BlackBerry, ils permettent d'acheter un billet, de gérer sa réservation, de consulter l'actualité des vols et les horaires en temps réel ainsi que d'accéder à son compte Flying Blue. Ce projet nécessite la mise en place d'une nouvelle organisation ainsi qu'une remise à plat des processus client et système d'information de l'entreprise. Les informations contenues dans les SMS et les e-mails proviennent des systèmes d'exploitation d'Air France. Auparavant, ils alimentaient uniquement les écrans des aéroports. Désormais, ces messages seront retravaillés, personnalisés en fonction des événements et envoyés au client de manière automatisée, gratuitement et sans abonnement. La mise en place de ce service, visant à faire communiquer entre eux différents systèmes et bases de données de différents acteurs aéroportuaires, a représenté un réel défi technologique.

corporate.airfrance.com

PARTIE 2 :
Caractériser les structures en réseau et innovatrices

CAS AIR FRANCE-KLM

L'évolution de la structure Air France-KLM ne se limite pas à la mise en place d'une organisation plus transversale en interne. Elle consiste également à développer un réseau avec d'autres compagnies aériennes. Créée en 2000, SkyTeam est une alliance mondiale qui compte 20 membres au 31 mars 2016 : Aeroflot, Aerolineas Argentinas, Aeromexico, Air Europa, Air France, Alitalia, China Southern Airlines, China Eastern Airlines, China Airlines, Czech Airlines, Delta Airlines, Garuda Indonesia, Kenya Airways, KLM, Korean Air, Middle East Airlines, Saudia, TAROM, Vietnam Airlines et Xiamen Airlines. Tout en conservant leur identité et leur marque, les compagnies travaillent ensemble pour offrir à leurs clients 1 062 destinations vers 177 pays et des services globaux, notamment en matière de fidélisation (enregistrement prioritaire, programme miles…).

vidéo sur le web | 1' 53" | Garuda Indonesia
L'expérience SkyTeam
lienmini.fr/M391-skyteam

TRAVAIL DEMANDÉ

1. Dégagez les caractéristiques principales du réseau SkyTeam pour Air France-KLM. Annexe 4 | Ressource 3
2. Montrez dans quelle mesure la structure en réseau mise en place par Air France-KLM obéit à une stratégie d'externalisation et de croissance conjointe. Annexe 4 | Ressource 3
3. Identifiez d'autres formes d'entreprises réseau et expliquez pourquoi cette structure est également appelée « structure virtuelle ». Annexe 5 | Ressource 3
4. Présentez les particularités organisationnelles de l'innovation au sein d'Air France Industrie-KLM. Annexe 6 | Ressource 4
5. Expliquez pourquoi cette structure favorisant l'innovation peut être qualifiée d'adhocratie au sens de Mintzberg. Cette structure est-elle favorable à l'intrapreneuriat ? Annexe 6 | Ressource 4
6. Montrez en quoi ces évolutions structurelles redéfinissent les frontières traditionnelles de l'entreprise.

Structure en réseau
→ lexique, p. 149

Structure innovatrice
→ lexique, p. 149

ANNEXE 4 Le réseau SkyTeam

Le réseau de SkyTeam est organisé autour de grands *hubs* permettant à l'alliance d'offrir de très nombreux vols en correspondance et d'assurer à ses 588 millions de passagers annuels des voyages sur une ou plusieurs compagnies membres. L'alliance a développé des produits spécifiques comme les « Pass » qui permettent de voyager dans la région de destination à des conditions de prix compétitifs, les contrats globaux réservés aux grandes entreprises ou encore les contrats pour les organisateurs et les participants à des congrès et des événements internationaux. L'alliance SkyTeam a organisé une plate-forme informatique centralisée, Skylink, qui permet à n'importe quel membre de se connecter à tous les autres.

www.airfranceklm-finance.com

ANNEXE 5 Airbus, une autre forme d'entreprise réseau

Airbus est un puzzle dont les différentes pièces sont fabriquées aux quatre coins de l'Europe [...] pour être finalement assemblé à Toulouse pour les modèles A300/310, A320, A330/340 ou à Hambourg pour les A318/319/321, les deux sites se partageant l'assemblage du dernier-né, l'A380. Un vrai casse-tête quand on sait que cet avion, par exemple, est composé d'environ trois millions de pièces détachées. Cet éparpillement de la production est le produit de la volonté de chacun des pays parties prenantes du projet Airbus de continuer à tirer des bénéfices directs de cette alliance. Mais il n'est pas irrationnel pour autant : la division technique du travail entre les sites correspond aussi à une véritable spécialisation selon les compétences acquises, renforcée par la proximité de sous-traitants et la collaboration avec les structures universitaires de recherche locales. La conception d'ensemble de l'avion et sa commercialisation sont, quant à elles, des fonctions totalement intégrées, ce qui assure la cohérence globale des projets. C'est ce système, archétype de « l'entreprise en réseau » qui a participé au succès d'Airbus. [...] Cette complexité s'est heurtée à une insuffisante uniformisation des outils et des *process* informatiques. À Hambourg et à Toulouse, les outils utilisés, notamment de CAO (conception assistée par ordinateur) sont différents : les Allemands n'ont jamais souhaité en particulier adopter l'outil de modélisation CATIA, développé par Dassault Électronique. Paradoxalement, ces problèmes émergent alors même que, depuis la fusion des différentes entités du consortium en une société unique en 2001, Airbus a mis en place une infrastructure informatique unique, achevée en 2004.

M. Chevallier, www.alternatives-economiques.fr

ANNEXE 6 Structure Innovation Qualité

Chez AFI KLM[1], la créativité prend plusieurs visages, à commencer par ceux des employés du groupe, qui rythment la dynamique dite de « l'innovation participative » en soumettant leurs idées susceptibles de profiter à l'entreprise et à sa compétitivité. Une démarche structurée en interne autour d'une organisation dédiée, animée par un responsable coordination qualité et innovation participative, d'un réseau de correspondants dans les différents services et directions de l'entreprise qui se matérialise à travers le Programme Innovation Qualité, d'où sont issues plusieurs milliers d'idées chaque année, et dont certaines seront déployées de manière effective dans nos processus, avec plusieurs millions d'euros d'économies à la clé. Cette première voie de l'innovation se complète d'une seconde, plus traditionnelle, provenant des fonctions « naturelles » de la R&D et des démarches de progrès, axées notamment sur les produits et clients. Le Programme Innovation Qualité constitue un accélérateur de performance. Frédéric Roi, responsable chantier, et Luc Derycke, agent engineering production, ont par exemple imaginé une nouvelle procédure de dépose et de repose du train principal des B.777-200/-300, permettant de s'affranchir de la levée de l'avion qui caractérise la procédure habituelle. Comment ? En concevant un outillage original, sous la forme d'un chariot-support sur roues grâce auquel ils peuvent démonter et coucher les fûts de train sans avoir à immobiliser l'avion.

1. AFI KLM : Air France Industrie a pour activité la maintenance et la réparation d'avions.

airfranceindustries.airfrance.com

LES NOTIONS

RESSOURCE 1 La structure par projet

Pour répondre aux défis de modernisation et d'adaptation, la plupart des entreprises construites selon un modèle plutôt pyramidal, centralisé et hiérarchisé tentent de faire évoluer leur structure et leurs pratiques managériales en introduisant des modalités d'organisation et de management « par projet ». Le « management par projet » désigne le choix fait de manager sous la forme de projet un ensemble significatif d'activités innovantes qui doivent déboucher sur un produit spécifique, livré à un client identifié, dans un délai donné et à un coût objectif fixé. À la différence du simple management de projet qui se limite à la définition des objectifs et au pilotage des ressources, le mode de management par projet fait travailler ensemble et simultanément des personnes qui, dans les organisations classiques, auraient travaillé séparément les unes après les autres. Cette évolution renouvelle en profondeur les modes de relations dans l'entreprise. Les salariés doivent construire de nouveaux repères professionnels sans totalement se détacher des repères métiers traditionnels. Les managers doivent mobiliser des personnes en s'appuyant sur des compétences autres que celles habituellement attachées à la hiérarchie.

www.anact.fr

RESSOURCE 2 L'approche par les processus

Michael Hammer (1948-2008)
➜ biographie p. 149

James Champy (1942-…)
➜ biographie p. 149

Processus

Ensemble d'activités organisées dans le temps produisant un résultat précis et mesurable.

Précisons que les entrées et les sorties sont clairement identifiables. Le processus offre une vision transversale orientée métier de l'entreprise et non plus verticale et orientée fonction. La vision transversale est ni plus ni moins celle du client. C'est en adoptant ce type de représentation, dynamique et non plus statique, qu'il sera possible de percevoir et donc d'améliorer les cycles orientés client.

Activité

Tâches identifiables du processus aux entrées et sorties clairement définies et dont la valeur ajoutée est mesurable.

Processus type

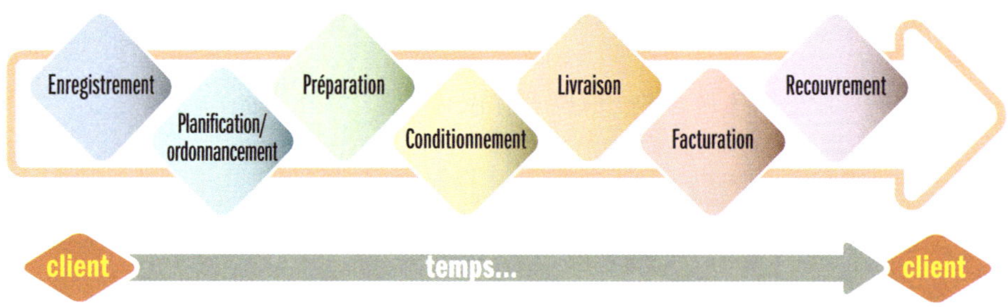

© Delagrave, 2017.

RESSOURCE 3 La structure réseau

La structure réseau (également appelée structure réticulaire) est une forme d'organisation qui met en relation plusieurs acteurs et qui résulte, en général, de stratégies d'externalisation. Cette structure réseau est composée :

- d'une entreprise « tête de réseau » qui pilote l'ensemble ;
- d'une multitude d'entreprises partenaires, en amont et en aval, qui tissent des liens de coopération.

Les formes de partenariat sont variées au sein du réseau : alliance, coopération, franchise, sous-traitance, *etc.* Il s'agit de mettre en commun des ressources afin de générer des synergies et des économies. Pour ce faire, le réseau encourage le partage de l'information et stimule l'innovation.

La structure réseau peut se transformer en structure virtuelle grâce aux opportunités liées aux NTIC et ainsi développer une organisation du travail complètement dématérialisée. L'entreprise virtuelle s'allie à d'autres entreprises partenaires situées à travers le monde et reliées à partir de systèmes d'information performants pour proposer des produits/services à la demande. Selon les cas, l'intégration peut être plus ou moins forte, au même titre que la dépendance économique entre l'entreprise pilote de réseau et les entreprises membres. L'entreprise réseau a déplacé, voire partiellement supprimé, les frontières organisationnelles traditionnelles de l'entreprise.

RESSOURCE 4 L'adhocratie ou l'organisation innovatrice

Le terme « adhocratie » est un néologisme qui désigne un mode de travail dans une entreprise ou une organisation qui utilise des compétences pluridisciplinaires, spécialisées et transversales, pour conduire des missions précises ou réaliser des projets. L'universitaire canadien, Henry Mintzberg, spécialiste en management, définit l'adhocratie par des caractéristiques propres : spécialisation des tâches horizontales basée sur une formation solide de la part des acteurs (experts), tendance à regrouper les professionnels dans des unités fonctionnelles pour atteindre les objectifs fixés, tendance à les disperser en petites équipes pour réaliser leur projet (management par projet) et ajustement mutuel qui est le mécanisme de coordination clé, à l'intérieur et entre les équipes. Mise en œuvre dans des contextes d'environnements instables et complexes, l'adhocratie est basée sur une organisation flexible, multidisciplinaire, dynamique, innovante et sur un ajustement mutuel et permanent entre les différents opérateurs. Elle consiste à choisir des personnes dans l'organisation pour les faire travailler ensemble dans des groupes-projets peu formalisés avec une autonomie importante et un mode de management souple, favorisant l'innovation, par opposition aux procédures et aux relations hiérarchiques habituellement en vigueur. Elle s'oppose ainsi à la bureaucratie. Ce mode de fonctionnement est souvent comparé au fonctionnement normal de la nature.

www.toupie.org

Henry Mintzberg
(1939-...)
➜ biographie p. 148

Avant de commencer QCM

Les configurations structurelles flexibles

Testez vos connaissances sur le chapitre 2 à l'aide d'un QCM interactif. Connectez-vous sur lienmini.fr/M391-qcm2

ALTRAN

Après avoir pris connaissance du cas, de la ressource proposée et à partir de vos connaissances, vous répondrez aux questions suivantes :

PREMIÈRE PARTIE — Analyse du contexte et de la situation de l'entreprise

1 Repérez la structure organisationnelle mise en place pour favoriser l'innovation au sein de l'entreprise.

2 Recensez les enjeux et limites de l'organisation THE i PROJECT mise en place dans l'entreprise.

3 Dans quelle mesure cette structure favorisant l'innovation peut-elle être qualifiée d'adhocratie ?

DEUXIÈME PARTIE — Identification du problème de management et propositions de solutions argumentées

4 Montrez les difficultés managériales liées à ce choix de structure.

5 Proposez d'autres solutions envisageables pour favoriser l'innovation dans l'entreprise.

PRÉSENTATION DU CAS

Fondée en France en 1982 autour de deux idées : l'innovation comme facteur de différenciation décisif pour les entreprises et la capacité à mobiliser les meilleurs talents comme condition de succès, Altran s'est imposée rapidement comme le leader de son secteur en inventant le métier du conseil en technologies. Pays d'origine au cœur du développement du groupe, la France représente aujourd'hui environ 50 % des activités mondiales autour de deux grands métiers :

- le monde des technologies et de l'innovation ;
- le conseil en organisation et systèmes d'information.

De la conception de nouveaux produits et services à l'optimisation des systèmes d'information et des processus métiers associés, Altran propose une approche unique au cœur de solutions innovantes, d'expertises métier, de nouvelles technologies et de modes d'engagement adaptés.

Leader de la performance et de l'innovation, partenaire stratégique des grandes industries, Altran accompagne ses clients dans leur démarche de globalisation, pour opérer avec excellence leurs grands projets critiques avec ses meilleurs ingénieurs.

PRÉSENTATION DU CAS (SUITE)

THE i PROJECT

THE i PROJECT – *i for innovation* – permet d'identifier et de soutenir des innovations pensées par nos collaborateurs (appelés les «*Innovation Makers*») afin de satisfaire les futurs besoins de nos clients dans le monde entier, quels que soient leur industrie et leur secteur. L'objectif de THE i PROJECT est de promouvoir la recherche et l'innovation en interne par le biais d'un important programme organisé autour de concours, de récompenses et de création de valeur afin de renforcer le leadership mondial en matière d'innovation de l'entreprise. Ouvert à tous les «*Innovation Makers*», ce programme a pour objectif de soutenir tout type d'innovation: les offres techniques et de services, les business models, *etc.*

Chaque projet présenté par les «*Innovation Makers*» doit être nouveau et intéressant pour le plus grand nombre, s'inscrire dans la stratégie d'Altran et avoir un impact sur nos clients, notre réputation, notre attractivité. Jusqu'à 10 projets sont financés par an qui sont sélectionnés par un jury composé d'experts du groupe Altran ayant une expérience à la fois technique et commerciale. THE i PROJECT est ouvert à tous les collaborateurs et privilégie les équipes de différents secteurs, métiers, compétences par rapport à ceux qui font cavalier seul. Chaque équipe gagnante se voit attribuer un budget significatif pour couvrir les frais de personnel nécessaires, les dépenses externes, le prototypage...

Les membres d'une équipe gagnante qui réussissent à développer leur projet reçoivent un «*Distinctive Innovation Makers Award*» remis par le comité exécutif du groupe. Par ailleurs, les collaborateurs non impliqués dans les équipes gagnantes mais qui les ont parrainées, encadrées ou soutenues reçoivent un «*Best Sponsor Innovation Award*». Cependant, la culture de l'entreprise Altran, basée sur l'individu et la rémunération au mérite, limite le développement et le potentiel de ce type de projet.

www.altran.fr

RESSOURCE Les freins au management par projet

Vouloir introduire un management par projet au sein d'une entreprise qui conserve une structure organisationnelle pyramidale en limite le sens. De même, introduire un mode d'organisation par projet sans changer les pratiques de management peut être voué à l'échec. Deux processus interdépendants doivent ainsi être conduits conjointement par l'entreprise: l'introduction d'une organisation par projet et l'introduction d'un management par projet. Cependant, l'introduction d'une organisation «par projet» peut rencontrer de nombreux freins dans les entreprises décidées à appliquer ce type de fonctionnement. L'organisation «par projet» demande une certaine maturité de la part de l'ensemble des acteurs de l'entreprise face à l'instauration d'une nouvelle culture du travail basée sur l'apprentissage de la coopération transversale. Elle exige un pilotage et un outillage GRH adapté: formation, gestion des carrières, mobilité maîtrisée, reconnaissance, redéfinition des responsabilités... Alors, les opportunités de réduction des délais et des coûts, d'action sur la motivation et la mobilité interne des salariés et de développement des apprentissages individuel et collectif deviennent réelles.

www.anact.fr

L'ESSENTIEL

Les configurations structurelles flexibles

Si de nombreuses structures conventionnelles restent observables, de nouvelles formes organisationnelles flexibles (ou organiques) émergent afin de répondre aux nouveaux enjeux d'une économie mondialisée.

Les raisons de l'émergence et de la mise en place de structures organiques

Mondialisation de l'économie → STRUCTURE ORGANIQUE

Stratégie d'entreprise → STRUCTURE ORGANIQUE

Innovations technologiques et NTIC → STRUCTURE ORGANIQUE

Exigences des clients → STRUCTURE ORGANIQUE

STRUCTURE ORGANIQUE
- réactivité, flexibilité
- décentralisation
- communication latérale

Les évolutions structurelles s'observent à différents niveaux :

→ En interne (ou intra-entreprise) : des structures plus transversales

Organisation en processus ou *reengineering*

Reconfiguration des processus existants afin d'améliorer la qualité, les services et les délais et de réduire les coûts. (M. HAMMER et J. CHAMPY)

Organisation par projet ou structure matricielle

Organisation de l'entreprise autour d'équipes constituées pour mener un projet.

Organisation innovatrice ou adhocratie

L'adhocratie est une structure organique qui est relativement bien adaptée aux environnements instables et qui convient aux activités par projet et innovantes. (H. MINTZBERG)

→ En externe (ou interentreprises) : des structures en réseau

Organisation en réseau

La structure réseau est une forme d'organisation qui met en relation plusieurs acteurs et qui résulte en général de stratégies d'externalisation. Cette structure réseau est composée d'une entreprise tête de réseau qui pilote l'ensemble d'entreprises partenaires développant des relations de coopération et connectées entre elles grâce aux technologies de l'information (entreprise virtuelle) : partenariat, alliance, coopération, franchise, *etc.*

CHAPITRE 3

La dynamique structurelle

LES PROBLÉMATIQUES

- Quelles raisons provoquent l'évolution des structures organisationnelles ?
- Comment les entreprises peuvent-elles accompagner ces changements organisationnels ?
- Quelle est leur dynamique et pourquoi génèrent-ils des résistances, voire des crises ?

Ces questions sont abordées dans le contexte de la PME française Poult qui a connu, au cours de ces dernières années, des changements structurels importants pour accompagner son développement.

LES COMPÉTENCES

- Montrer l'incidence des choix stratégiques et de l'évolution de l'environnement sur l'adaptation des structures.
- Mettre en évidence les difficultés et les enjeux relatifs à l'évolution des structures.

LES NOTIONS

- Changement environnemental
- Structure
- Changement organisationnel
- Dynamique de changement
- Cycle de vie des entreprises
- Résistance au changement
- Conduite du changement

LES AUTEURS

- M. Crozier
- L. Greiner

CAS POULT

Fondé en 1883, Poult est le numéro 2 de la fabrication de biscuits sucrés en France (20 % de parts de marché), et le leader des ventes sous marques de distributeurs (40 % de parts de marché). Poult produit 330 millions de paquets par an pour les distributeurs français (Carrefour, Leclerc, Casino, Leader Price) et en sous-traitance auprès de grandes marques comme Michel et Augustin. La société, dont le siège est basé à Toulouse, emploie environ 800 personnes réparties sur 5 sites de production et un site logistique. En 2015, le groupe a réalisé un chiffre d'affaires de 180 millions d'euros (dont 20 % à l'export). Porté par une équipe dirigeante expérimentée et ambitieuse, le groupe s'est considérablement développé ces dernières années, tant en France qu'à l'international, et ce malgré un environnement hyper concurrentiel. Les phases de croissance rencontrées par Poult ont nécessité d'importants changements structurels. Une réflexion stratégique a été menée sur la conduite du changement et un management a été mis en œuvre afin d'accompagner les collaborateurs de façon à anticiper les résistances.

vidéo sur le web — 8' 23"
Poult, l'entreprise libérée
lienmini.fr/M391-Poult

Après avoir pris connaissance du cas Poult et des ressources proposées, vous réaliserez le travail demandé **parties 1 à 2**.

LE CAS

PARTIE 1 :
Identifier les types, déterminants et enjeux des changements structurels

CAS POULT

À 40 ans, Mehdi Berrada a pris la suite de Carlos Verkaeren pour diriger la biscuiterie Poult. Le changement de direction a eu lieu début avril et la nouvelle vision du nouveau PDG se fait déjà ressentir : la récente acquisition du spécialiste hollandais de la gaufre Banketgroep (en juin 2016) témoigne de la stratégie de centrage sur l'Europe de Mehdi Berrada. Cette opération a hissé Poult au rang des leaders européens du biscuit en marque de distributeur (MDD) et lui permet d'afficher aujourd'hui un CA total de 300 millions d'euros avec un effectif global de 1 400 salariés. La vision du jeune PDG tient en un mot : la simplification. « *Nous ne devons pas nous éparpiller plus loin et nous devons veiller à rester les meilleurs sur les pays limitrophes* », explique le nouveau PDG. Le jeune dirigeant espère annoncer d'autres opérations de croissance dans les 12 mois à venir. En interne, il mise sur 3 éléments : « *l'essor de produits simples et bons avec une forte valeur ajoutée* », l'innovation (la biscuiterie est engagée dans l'usine du futur) et les principes du management « libéré[1] » qui font la réputation du groupe. Dans le même temps, Poult poursuit sa stratégie de développement à l'international et la diversification de ses activités. Cette politique de croissance nécessite des changements organisationnels constants (mise en place de nouvelles divisions, modification des systèmes d'information, PGI[2]…) et une politique managériale innovante afin de garantir les choix stratégiques. Mais avant de rencontrer ce succès, la situation n'a pas été facile… Pour Poult, l'année 2007 a été décisive.

1. Management « libéré » correspondant ici à un management de type participatif, basé sur la confiance, la responsabilisation et l'autonomie.

2. PGI : Progiciel de gestion intégré.

www.lejournaldesentreprises.com, 9 septembre 2016.

TRAVAIL DEMANDÉ

Changement organisationnel
lexique, p. 150

Changement environnemental
lexique, p. 150

Dynamique de changement
lexique, p. 150

Cycle de vie des entreprises
lexique, p. 150

1. **Identifiez les changements organisationnels mis en œuvre par Poult depuis 2007 et indiquez-en les raisons.** Annexes 1 et 2
2. **Repérez les impacts de ces changements sur la structure de l'entreprise et ses salariés.** Annexes 1 et 2
3. **Expliquez en quoi les changements organisationnels opérés agissent sur la performance de l'entreprise.** Annexes 1 et 2
4. **Qualifiez, en justifiant votre réponse, le type de changement opéré depuis 2007.** Annexes 1 et 2 Ressource 1
5. **Qualifiez, à partir du modèle de Greiner, le type de crise traversé par Poult en 2007.** Ressource 2
6. **À partir des travaux de Greiner, identifiez d'autres dimensions susceptibles d'influencer la structure d'une entreprise et donc le changement.** Annexe 2 Ressource 2
7. **Présentez, de façon structurée, les enjeux du changement structurel, ses types et ses déterminants.** Ressources 1 et 2

ANNEXE 1 Retour sur les changements opérés par Poult dès 2007 pour sortir de l'impasse

En 2007, l'entreprise est en difficulté et traverse une grave crise, la concurrence est rude et le marché se dégrade. On parle même d'un plan social. Au lieu de se laisser abattre, le groupe décide de prendre son destin en main et écrit les grandes lignes de son projet. Le changement est radical [...]. L'entreprise a mis en place pour soutenir sa croissance une structure beaucoup trop rigide et très centralisée. Cette structure devient inadaptée pour faire face aux nouveaux enjeux concurrentiels et environnementaux. Les salariés sont invités durant une journée à réfléchir à une réorganisation : deux niveaux hiérarchiques sont supprimés, les chefs de ligne deviennent des experts, et les comités de direction sont supprimés. Un projet de management Cap'Org (changement, autonomie, performance, organisation) encadre cette démarche. Des outils sont progressivement mis en œuvre pour favoriser l'autonomie, l'expression et la responsabilisation du salarié. L'idée est que le salarié devienne acteur de son propre développement, et donc de la performance de l'entreprise. Ainsi, dès 2007, le Word Café[1] permet à 350 salariés de s'exprimer. En 2010, une plateforme conversationnelle et collaborative permet aux salariés de proposer leurs axes d'amélioration. Enfin, en 2012, le groupe crée la Poult Académie, institut de formation à l'intrapreneuriat et au leadership. L'attribution des ressources dans l'entreprise est également collaborative : 95 % des investissements sont validés par un collectif de 15 personnes représentatives de toutes les communautés de l'entreprise. Les 5 % restants sont décidés par l'équipe incubateur[2], sur des projets de rupture, dans une logique d'exploration de nouvelles opportunités business. Néanmoins, plus que des outils et une stratégie bien définie, toute démarche d'innovation participative qui ne reposerait pas sur « *une envie de progresser ensemble* » et une certaine solidarité est vouée à l'échec. La notion de « *participatif* » induit d'inclure dans le processus l'ensemble de ses collaborateurs, de l'ouvrier au cadre supérieur. La croissance est liée à des produits de moins de trois ans. L'innovation, incontournable, doit donc se poursuivre. En 2009, le groupe lance les biscuits sécables, à la manière d'une tablette de chocolat, aujourd'hui dans les linéaires, le cookie avec cœur fondant, chez Carrefour et Casino. S'agissant du bio, l'entreprise dispose déjà d'une petite offre qui va probablement s'étoffer. Mais pour rester compétitif, il faut trouver l'adéquation entre juste prix et volume, alors que le bio et son cahier des charges poussent aussi à faire des ajustements dans les usines. Spécialiser certaines lignes pourrait peut-être s'envisager...

1. Word Café : lieu d'expression et d'échange d'idées entre les salariés sur l'organisation du travail.
2. Équipe passionnée par l'innovation et l'entrepreneuriat, qui a pour objectif la réussite des projets.

www.openinnovation.fr

vidéo sur le web — 5' 52"

La dehiérarchisation
lienmini.fr/M391-dehierarchisation

ANNEXE 2 Le projet Cap'Org (2007)

Cette nouvelle organisation s'est voulue innovante, adaptable à la conjoncture et dans le prolongement de la démarche initiée dans le groupe sur la vision, les valeurs et les processus collaboratifs.

Le projet Cap'Org avait pour but de redonner de la performance au site de Montauban par des temps de réaction très courts (échelle de décision raccourcie) et des liens de travail transversaux (collaboratifs). « *Chaque personne compte et on compte sur chaque personne* ».

Voici quels étaient les objectifs du projet :

- Nos préoccupations quotidiennes sont centrées sur l'excellence industrielle et opérationnelle.
- Renforcer la solidarité et les processus internes de compréhension (décloisonnement des services).
- Développer l'initiative et l'autonomie de tous les salariés (déhiérarchiser).
- Être au service du client et de l'innovation.

NOTRE BUT : devenir une usine parmi LES PLUS PERFORMANTES de France.

www.cmrh.fr, 7 avril 2011.

PARTIE 2 : Comprendre le processus de changement structurel

CAS POULT

Paris, le 30 juin 2014, LBO France annonce avoir finalisé la cession du groupe Poult, leader français des biscuits sous marques distributeurs, à Qualium Investissement. LBO France avait acquis 96,5 % du capital du groupe Poult en 2007. Au cours des dernières années, soutenu par LBO France et grâce au travail réalisé par le management du groupe, Poult s'est fortement développé autour de trois axes stratégiques :

– une politique d'innovation marquée par la conception et le lancement de nombreux nouveaux produits, notamment les biscuits diététiques et les compléments alimentaires ;
– la conquête de nouveaux clients en marques distributeurs et en marques nationales ;
– la croissance internationale, notamment *via* des accords de sous-traitance au Royaume-Uni. Thomas Boulman, associé chez LBO France, déclare : « *Nous sommes très fiers d'avoir accompagné le groupe Poult depuis 2007. La croissance significative du groupe dans un marché du biscuit mature en France s'explique par sa forte capacité d'innovation, un atout majeur sur le segment des MDD. Aujourd'hui, le groupe Poult est parfaitement placé pour poursuivre son développement.* »

www.lbofrance.com

TRAVAIL DEMANDÉ

1 **Analysez la décision prise par LBO France en 2014 et montrez ses conséquences sur le management stratégique.** Annexes 3 et 4 Ressource 1

2 **Repérez les acteurs ou parties prenantes concernés par ce changement organisationnel et indiquez leurs réactions.** Annexes 3 et 4 Ressource 3

3 **Expliquez pourquoi ce changement organisationnel suscite des résistances chez les salariés.** Annexes 3 et 4

4 **À partir des travaux de Crozier, proposez une autre explication.** Ressource 3

5 **Proposez d'autres causes possibles de résistance aux changements dans les entreprises et dégagez les conditions de réussite d'un changement de structure.** Ressources 3 et 4

6 **À partir de votre analyse, présentez de manière structurée le rôle des managers dans la conduite du changement organisationnel et les points de vigilance qu'ils doivent observer.** Ressource 4

Résistance au changement
→ lexique, p. 150

Conduite du changement
→ lexique, p. 150

vidéo sur le web 6' 16" Le Figaro
Réussir le changement en entreprise
lienmini.fr/M391-changement

ANNEXE 3 Rachat de Poult par Qualium Investissement

Qualium Investissement est une filiale du secteur concurrentiel du groupe Caisse des Dépôts. Partenaire des PME et ETI[1] présentes dans tous les grands secteurs d'activité, Qualium Investissement investit en fonds propres sous forme de « leveraged buy out »[2] et en majoritaire dans leur capital afin d'assurer le financement de leur transmission ou de leur croissance externe. Qualium Investissement privilégie les entreprises leaders françaises ayant un management expérimenté, une activité dans un secteur en croissance et bénéficiant de réelles possibilités de consolidation et de développement.

1. ETI : Entreprise de taille intermédiaire.
2. Leveraged buy out : technique de rachat des actions d'une entreprise reposant sur l'endettement. Concrètement, une holding est constituée pour acheter la cible. Elle paiera les intérêts de sa dette et remboursera celle-ci grâce aux dividendes provenant de la société rachetée.

www.caissedesdepots.fr

ANNEXE 4 Points de vue divergents sur le rachat de Poult

Carlos Verkaeren, ancien PDG de Poult

Quelle a été la réaction des salariés à l'annonce de l'accord ?

« Il y a eu beaucoup d'émotion après plusieurs mois d'incertitude. Les salariés ont reçu, dans l'ensemble, la nouvelle très positivement. Cela montre que les salariés sont très attachés à l'entreprise Poult et qu'ils se sentent très concernés par l'avenir. C'est pour moi une grande satisfaction personnelle. »

La mobilisation des salariés sur les réseaux sociaux, et plus particulièrement Twitter, a-t-elle joué un rôle important dans cet accord ?

« Je ne connais pas vraiment l'influence qu'a eue cette mobilisation. Mais il est certain que Qualium Investissement est parfaitement au fait de notre culture particulière. Ils la soutiennent et c'était un des points qu'il fallait absolument valider au cours des négociations. Les huit ans de collaboration avec LBO France se sont très bien passés. C'était un partenariat riche et il n'y a aucune raison que cela soit différent avec Qualium Investissement. Ils vont nous accompagner sur le plan stratégique mais nous aurons les mains libres au niveau opérationnel. »

Délégué syndical

Quelle a été votre position sur cet accord ?

« Le rachat d'entreprise sous forme de "leveraged by out" est à la mode. C'est un montage financier utilisé pour racheter une entreprise, inventé dans les pays anglo-saxons dans les années 1970, et importé en France au cours de la décennie suivante. L'objectif étant de prélever le maximum de dividendes sur la société rachetée. On cherche à réduire les coûts et maximiser les profits et donc, à terme, couper dans les effectifs. Peu de garanties nous sont apportées sur ce dernier point. De ce point de vue, il n'est pas satisfaisant contrairement à ce que pensent les actionnaires et la direction du groupe. À aucun moment l'avis de l'ensemble des salariés n'a été pris en compte. »

Comment allez-vous réagir ?

« Nous serons très vigilants et nous utiliserons tous les recours et moyens possibles pour dénoncer cet accord. »

D'après www.collectif-lbo.org

RESSOURCE 1 La dynamique structurelle

La structure d'une entreprise est soumise à des modifications plus ou moins fréquentes et profondes, au rythme du développement, des réorientations stratégiques, des évolutions des nouvelles technologies de l'information et de la communication, de la mobilité du personnel… Chaque entreprise doit en permanence savoir s'adapter et faire évoluer ses structures, c'est ce qu'on appelle la dynamique structurelle.

Le changement structurel peut se définir comme une modification ou une transformation de la structure de l'entreprise qui affecte les différents acteurs (actionnaires, dirigeants, managers, employés). Ce changement peut prendre des formes multiples. Il peut être **progressif** ou **rapide**, **mineur** (logique de continuité) ou **majeur** (logique de rupture), **global** ou **partiel**.

Certains auteurs distinguent deux types de changement :

- **le changement planifié** qui découle de l'analyse anticipée de l'évolution d'une situation ou de l'environnement. Le changement organisationnel peut dès lors être conduit selon une approche rationnelle et délibérée par les managers ;
- **le changement spontané** qui émerge naturellement de l'organisation sans avoir été initié et piloté par le management.

Les changements, notamment planifiés, peuvent générer des résistances, voire des crises qu'il convient de piloter. Le management est ainsi essentiel dans la dynamique structurelle.

RESSOURCE 2 Modèle du cycle de vie de l'entreprise selon Larry Greiner

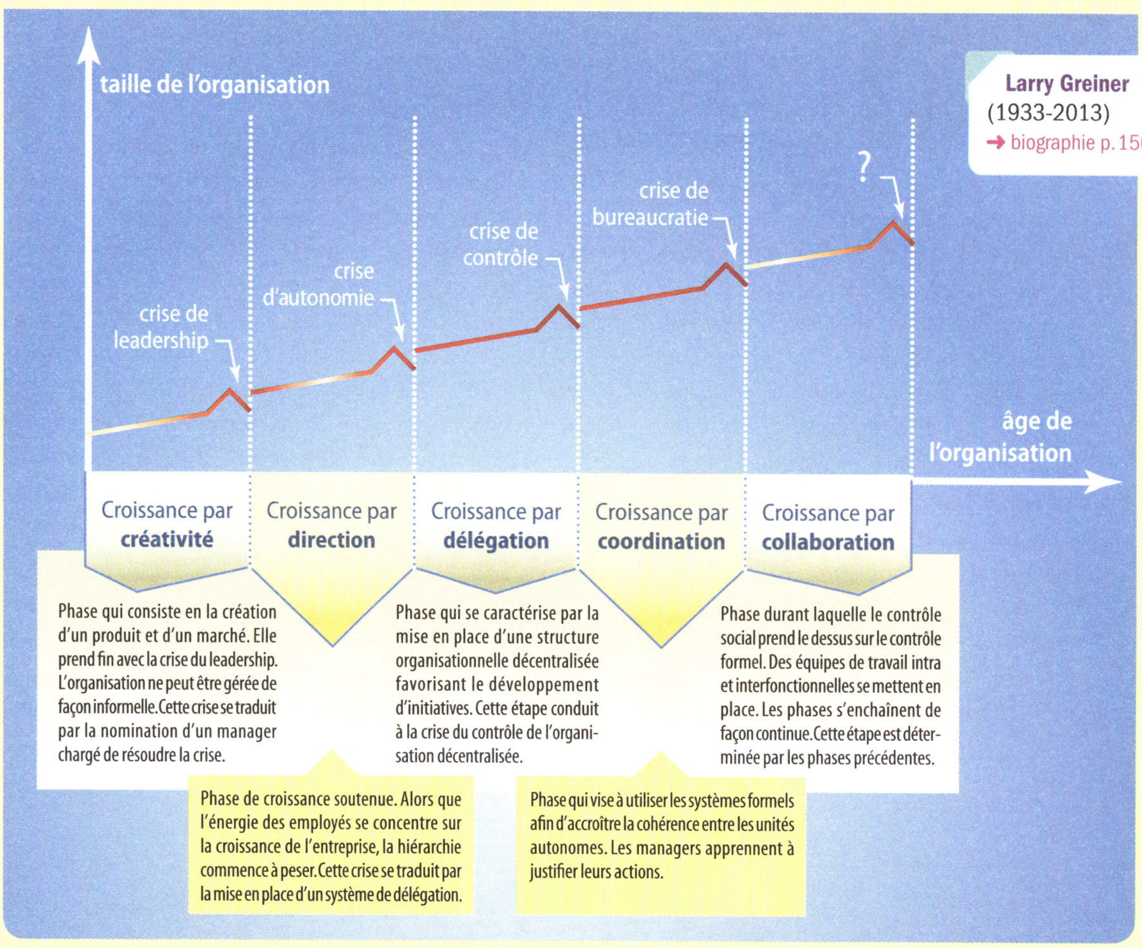

Larry Greiner
(1933-2013)
➜ biographie p. 150

D'après L. Greiner.

RESSOURCE 3 Le pouvoir dans les organisations et la résistance aux changements

Michel Crozier a élaboré, avec Erhard Friedberg, la théorie de l'acteur stratégique. Ces auteurs montrent que l'élément central du comportement individuel réside dans le jeu de pouvoir et d'influence auquel l'individu participe.

Dans toute entreprise, ils existent des zones d'incertitude. Elles correspondent aux failles dans les règles, aux déficiences techniques, aux pressions économiques, *etc.* qui perturbent son fonctionnement théorique (souhaité par les dirigeants et matérialisé dans son organigramme) et constituent des freins dans la poursuite des objectifs de l'organisation. Le salarié, comme tout acteur d'une organisation, repère ces zones dans lesquelles il va se créer des marges de liberté, donc du pouvoir, permettant d'atteindre ses propres objectifs. Le pouvoir de tout individu dépend de sa capacité à maîtriser son environnement de travail et notamment ces zones d'incertitudes. Les acteurs peuvent avoir également intérêt à masquer leur véritable jeu, afin de conserver une certaine capacité de négociation.

Tout changement est potentiellement dangereux pour les individus, dans la mesure où il remet en question leur pouvoir et leur liberté d'action. La résistance au changement peut être très forte lorsqu'il est imposé par la hiérarchie. Elle peut aussi être expliquée par d'autres facteurs (charisme du dirigeant, culture d'entreprise, contexte d'activité…). Tout changement, dans son analyse, sa décision et sa conduite, doit intégrer cette réalité.

Michel Crozier
(1922-2013)
➜ biographie p. 150

RESSOURCE 4 La conduite du changement

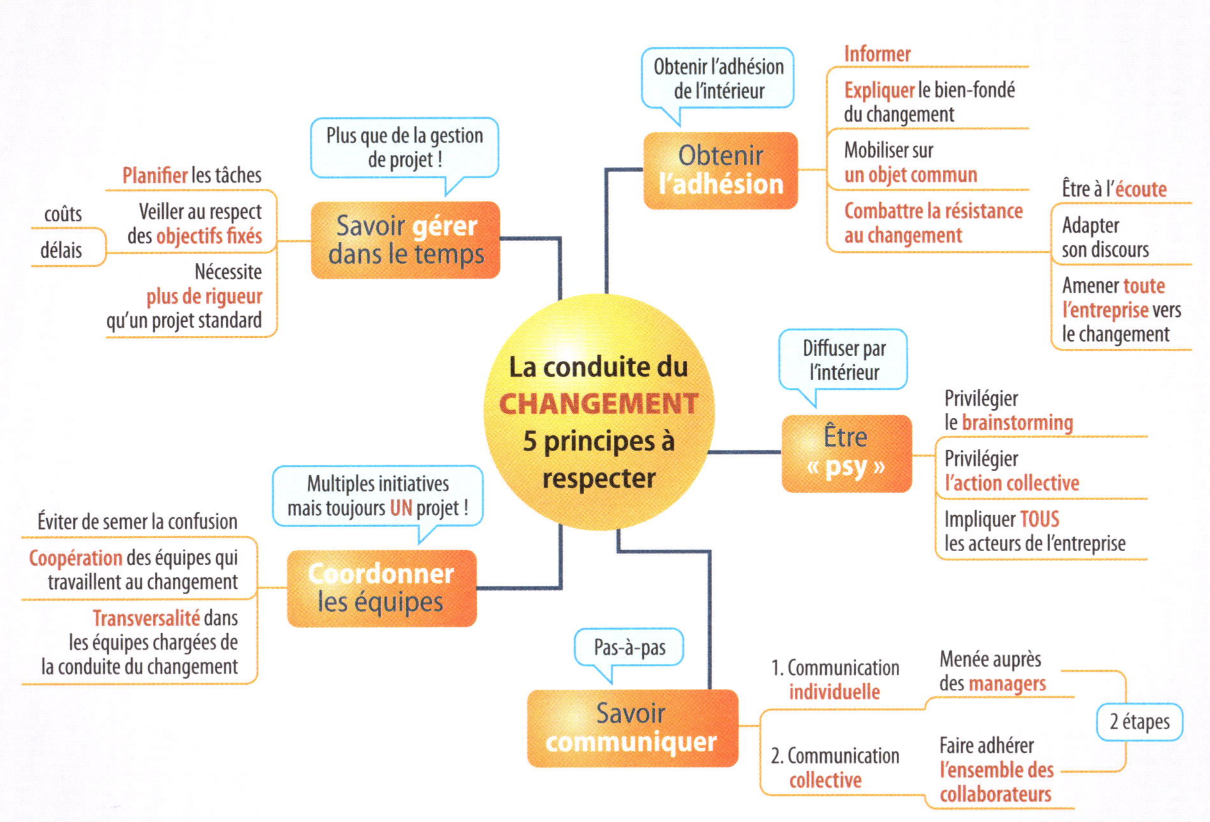

Source : www.journaldunet.com

Avant de commencer QCM

La dynamique structurelle

Testez vos connaissances sur le chapitre 3 à l'aide d'un QCM interactif. Connectez-vous sur lienmini.fr/M391-qcm3

CHRONO FLEX

Après avoir pris connaissance du cas, des ressources proposées et à partir de vos connaissances, vous répondrez aux questions suivantes :

PREMIÈRE PARTIE — Analyse du contexte et de la situation de l'entreprise

1. **Identifiez le métier de l'entreprise Chrono Flex.**
2. **À partir de l'organigramme de départ, caractérisez la structure de l'entreprise Chrono Flex.**
3. **Décrivez le changement opéré par Chrono Flex et qualifiez son type (caractéristiques, mode de mise en œuvre).**
4. **Expliquez les avantages recherchés par Chrono Flex.**

DEUXIÈME PARTIE — Identification du problème de management et proposition de solutions argumentées

5. **Repérez les résistances au changement et montrez les difficultés managériales qui peuvent être liées à ce choix de structure.**
6. **Proposez des modalités de mise en œuvre du changement organisationnel pour l'entreprise Chrono Flex.**

PRÉSENTATION DU CAS

Chrono Flex a été fondée en 1995 à Nantes. Leader en France sur son marché, l'entreprise s'est spécialisée dans un domaine original : le dépannage sur sites de flexibles hydrauliques pour les secteurs manutention, agricole, industrie, environnement et BTP. Cette force déployée face à l'urgence a une capacité d'intervention 24 h / 24 et 7 j / 7 et dispose de véhicules ateliers parfaitement équipés pour démonter, fabriquer et remonter les flexibles. Depuis 2005, Chrono Flex a élargi son offre de services en proposant à ses grands comptes clients des prestations de contrat de maintenance. Chrono Flex s'est également diversifiée *via* le service Chrono Watt, proposant du dépannage électrique 12-24 volts. On compte parmi ses clients : Loxam, Bouygues et Kiloutou. Pour missionner le technicien (ATC, *cf.* organigramme) le plus proche sur tout le territoire, Chrono Flex utilise un système de géolocalisation (chaque véhicule est géolocalisé) et transmet l'intervention au technicien *via* son PDA[1].

En 2012, l'entreprise Chrono Flex est mal en point. Le secteur est touché par la crise du bâtiment et de l'industrie. Le PDG, Alexandre Gérard, inspiré par les travaux d'Isaac Getz, décide de tester le concept d'entreprise libérée et annonce qu'il va refondre son organisation et revoir les modes de management. Chez Chrono Flex, les changements sont venus de la base, c'est-à-dire des salariés qui ont été consultés plusieurs mois avant la mise en place d'une organisation radicalement nouvelle. Ce sont surtout les cadres managers qui ont vu leur statut et leur pouvoir remis en question. Ils ont parfois manifesté des signes de résistance. Le PDG a d'ailleurs décidé de suivre une formation dans le domaine du coaching afin de montrer l'exemple à l'ensemble de l'encadrement, modifier son rapport au pouvoir et accompagner ses collaborateurs vers plus d'autonomie et d'autogestion.

1. Un assistant numérique personnel, un pocket PC, ou un agenda électronique est un appareil numérique portable, souvent appelé par son sigle anglais « PDA » pour « *Personal Digital Assistant* ».

D'après www.chronoflex.fr

RESSOURCE 1 Organigramme de départ de Chrono Flex (organigramme simplifié)

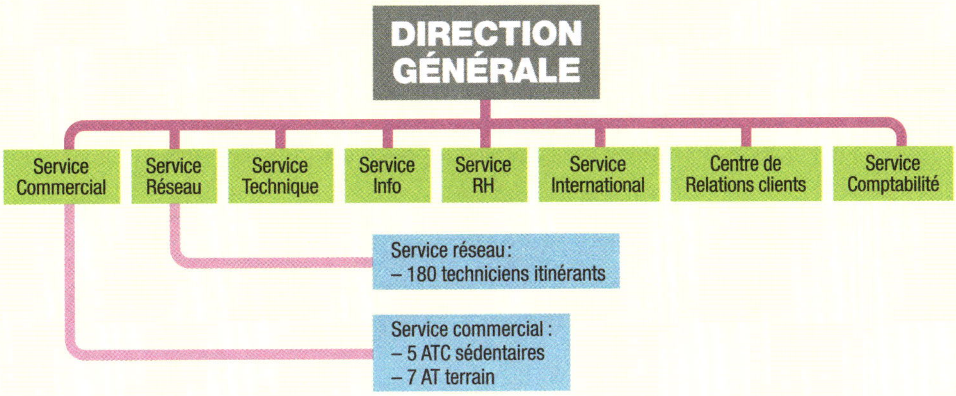

RESSOURCE 2 Le concept d'entreprise libérée

Isaac GETZ, professeur à l'ESCP[5], [...] définit l'entreprise libérée comme le lieu « *où la majorité des salariés peuvent décider de toutes les actions qu'ils considèrent eux-mêmes comme étant les meilleures pour l'entreprise sans qu'elles soient nécessairement imposées par les décideurs ou une quelconque procédure.* » Suppression des lignes d'encadrement intermédiaire et des systèmes de suivi, instauration du télétravail et mise en place d'équipes autonomes chargées de prendre leurs décisions, sont quelques-unes des formes que peut prendre l'organisation dite « libérée », comme l'illustre d'ailleurs le film *Le Bonheur au travail*, film réalisé par Martin Meissonnier et produit par Arte France et Productions Campagne Première.

5. ESCP : École supérieure de commerce de Paris.

D'après www.anact.fr

RESSOURCE 3 L'entreprise libérée a-t-elle un avenir ?

La promesse de l'entreprise libérée est de rendre l'entreprise plus performante avec des employés libérés de la hiérarchie et du contrôle. L'entreprise libérée fait l'économie des coûts de structure que sont les services support du siège, la pyramide hiérarchique, les services de contrôle. Elle part du principe que les employés libérés et passionnés par l'atteinte d'un objectif ne frauderont jamais à hauteur des coûts faramineux atteints par la structure. Cela donne une entreprise plus performante et des salariés plus engagés. [...] Cependant, l'entreprise libérée n'offre aucune perspective à ceux qui se destinent à une carrière de manager. On n'a pas besoin de manager, en tout cas pas au sens traditionnel. Dans le modèle de Getz, tous les signes de pouvoir sont combattus. L'organisation est totalement plate. Dans certains cas, le dirigeant est désigné par les employés pour une durée limitée. Pour être libéré, il faut oser mettre son ego de côté. Tout le monde n'est pas prêt à cela. Avoir un travail, c'est aussi avoir des signes de pouvoir pour beaucoup.

D'après Yves Cavarec, www.lesechos.fr, 9 avril 2015.

La dynamique structurelle

La structure adoptée par une entreprise n'est jamais définitive. Elle est pensée à un instant t dans un environnement donné. Or, son environnement change. Il convient de penser, planifier et conduire le changement organisationnel. Mais le processus est complexe et les résistances sont nombreuses. Le rôle du manager est fondamental.

Le changement structurel

DÉTERMINANTS

Internes :

– hausse du chiffre d'affaires ;
– (ré)orientations stratégiques ;
– évolution des effectifs ;
– cycle de vie de l'entreprise… (L. GREINER)

Externes :

– contextes économique et concurrentiel, évolution de la demande, *etc.* ;
– évolution et rôle des NTIC ;
– cadre réglementaire et légal.

TYPES

Selon ses caractéristiques :

– progressif/rapide ;
– marginal/majeur ;
– partiel/global.

Selon son mode de mise en œuvre :

– spontanné ;
– planifié.

ENJEUX

Stratégiques :

réactivité, pérennité, compétitivité, flexibilité…

Managériaux :

gestion du changement, motivation des salariés…

Le processus de changement structurel

LES OBSTACLES :

Nécessité de surmonter les résistances aux changements (individuelles, collectives)
Cf. M. CROZIER
(*Les zones d'ombre dans les entreprises, sources de pouvoir et de résistances*)

CHAPITRE 4

La gestion prévisionnelle des emplois et des compétences (GPEC)

LES PROBLÉMATIQUES

- Que recouvre la notion de ressources humaines ?
- Pourquoi l'entreprise doit-elle adapter les ressources humaines à ses besoins ?
- Quels sont les enjeux de la GPEC ?

Ces questions sont abordées dans le contexte de l'entreprise Nespresso, filiale du groupe Nestlé, qui considère la GPEC comme un support de son action stratégique.

LES COMPÉTENCES

- Proposer des actions appropriées dans le cadre d'une gestion des emplois et des compétences.

LES NOTIONS

- Ressources humaines, emplois, compétences
- GPEC
- Démarche compétence
- Formation
- Mobilité des salariés
- Avantages concurrentiels

CAS NESPRESSO

L'idée de Nespresso est née en 1970 chez Nestlé, qui estime que le marché du café représente un enjeu économique considérable. C'est un ingénieur qui invente le système de la capsule à café. Le procédé (breveté en 1970) est révolutionnaire car il consiste à introduire une capsule de café dans un système intégré qui prépare un expresso avec ce goût et cet arôme si particuliers.

L'entreprise passe un contrat avec Turmix, une autre société suisse, afin de produire les premières machines. Cette tentative sur les marchés professionnels se solde par un échec. Nespresso change alors de stratégie pour se diriger vers le marché domestique. Le système devient un succès mondial au point que plusieurs implantations s'ensuivent dans le monde. La marque est actuellement présente dans 64 pays et emploie 12 000 collaborateurs.

La qualité de la relation client Nespresso est exceptionnelle. La marque propose une relation personnalisée pour chacun de ses clients à travers des mails, des magazines, des offres exclusives et des séries limitées. En boutique, les vendeurs sont assimilés à de véritables conseillers proposant un service de qualité et une expérience utilisateur très agréable pour le client. Leur nombre est par ailleurs finement pensé. Cela suppose, en arrière-plan, une réflexion soutenue de la part de Nespresso dans la définition de ses besoins en ressources humaines, tant aux niveaux qualitatif que quantitatif.

Après avoir pris connaissance du cas Nespresso et des ressources proposées, vous réaliserez le travail demandé parties 1 à 3.

vidéo sur le web — 5' 06"

Nespresso, la relation collaborateur, la quête du geste parfait
lienmini.fr/M391-geste-parfait

LE CAS

PARTIE 1 :

Comprendre le rôle stratégique de la gestion des ressources humaines

CAS NESPRESSO

Nespresso, une entreprise qui s'est engagée à faire de ses collaborateurs un avantage compétitif. Tous les ans depuis sa création en France, Nespresso crée des emplois. « *Nous étions 120 en 2000, nous sommes plus de 1 400 aujourd'hui.* »

En tant que société de services, Nespresso France a fait le choix de la relation humaine. « *Nos collaborateurs sont notre avantage compétitif. C'est pourquoi le rôle joué par la direction des ressources humaines est essentiel : attirer et faire grandir les talents, les passionnés de la relation client, qui auront à cœur de porter haut nos valeurs et d'être nos ambassadeurs.* » Plus qu'un outil de ressources humaines ou une obligation légale, la formation est au cœur de la stratégie d'entreprise de Nespresso : aujourd'hui, chaque collaborateur bénéficie en moyenne de 35 heures de formation par an. […] « *Nous sommes profondément convaincus que c'est grâce à la formation que nos collaborateurs pourront contribuer à la performance de l'entreprise et grandir professionnellement.* »

Concrètement, les formations commencent dès le premier jour : le parcours d'intégration représente près de la moitié des heures dispensées. Il se déroule en interne avec des formateurs dédiés et certifiés, qui conçoivent et animent des parcours sur-mesure pour les différents métiers de l'entreprise autour de 3 thèmes : l'expertise café, l'expertise vente & relation client et l'expertise managériale.

www.nespresso.com

TRAVAIL DEMANDÉ

Avantages concurrentiels
lexique, p. 151

Démarche compétence
lexique, p. 151

1. **Repérez les actions mises en œuvre par Nespresso dans le cadre de la gestion des ressources humaines et expliquez leurs objectifs.**
2. **Identifiez la stratégie mise en place par la maison mère, Nestlé, auprès des jeunes talents ainsi que les objectifs visés.** Annexe 1
3. **Expliquez les choix de Nestlé de réduire ses effectifs en indiquant les informations ayant orienté sa décision.** Annexe 2
4. **Pourquoi les ressources humaines et leur management peuvent-ils être qualifiés de stratégiques ?** Ressources 1 et 2

vidéo sur le web | 10' 28" | cadremploi TV

Nespresso : « Nous mettons la barre très haut dans nos recrutements »
lienmini.fr/M391-metiers

ANNEXE 1 Attirer et garder les meilleurs salariés chez Nestlé

[...] La marque employeur s'impose comme un élément clé de la stratégie de séduction des DRH. Tant les enjeux – attirer les plus brillants candidats – sont devenus cruciaux dans cette fameuse guerre des talents. [...]

Ce nouveau concept à coloration marketing gagne du terrain dans tous les secteurs. Pourquoi un tel engouement ? En dépit d'un contexte économique dégradé, les entreprises sont confrontées à des difficultés de recrutement et voient en la marque employeur une vraie martingale pour réussir à recruter voire fidéliser leurs salariés.

Enjeux : attirer les meilleurs diplômés

[...] Les besoins en jeunes talents sont patents dans les grandes entreprises de tous secteurs. Le cabinet Mazars y repère par exemple ses hauts dirigeants de demain. « *Dans un système pyramidal, ces postes de l'audit ou la comptabilité confiés à de jeunes diplômés permettent d'asseoir les bases techniques et méthodologiques*, explique Martin Huerre, directeur des ressources humaines France de Mazars, *indispensables pour progressivement muscler leur jeu et accéder à l'encadrement d'équipes.* » Pas moins de 600 recrutements sont ainsi programmés en 2015 au sein de ce cabinet d'audit français, les trois-quarts concernent des jeunes diplômés, un peu moins intéressés a priori. « *Les métiers subissent des modes, et l'audit est moins "strass" qu'il y a 20 ans.* »

Autre secteur, même pratique et même appétit des jeunes talents : « *On va les chercher, on ne les attend plus* », explique d'emblée Caroline Flandrin, en charge de la marque employeur à l'international de L'Oréal. [...] Pour les recruteurs de Nestlé aussi, les jeunes – en particulier s'ils sont ingénieurs – constituent la première cible. Leurs prévisions ? 1 800 recrutements de 2014 à 2018. Soit la moitié des recrutements de cadres. Le management s'appuie sur une véritable stratégie de marque employeur pour atteindre ces ambitieux objectifs. Elle passe d'abord par une politique d'information des plus détaillée.

Approche directe, détaillée et de plus en plus précoce

Quel effort en matière de formation ? Quelles opportunités à l'international ? Quelle évolution au bout de trois à cinq ans ? Quelle place faite à l'autonomie ? Quelles responsabilités accordées ? À quelle vitesse ? Autant de points à ne pas négliger d'entrée de jeu – le mieux étant de les aborder dans le texte de l'offre d'emploi, premier point de contact. [...]

Fidéliser les collaborateurs

Reste que résumer la marque employeur à sa seule dimension de valorisation de la notoriété extérieure auprès des jeunes diplômés serait une fatale erreur. Le travail n'est fait qu'à moitié. « *Les salariés doivent être embarqués* », insiste Martin Huerre, DRH France de Mazars.

La communication en silo, étanche, est contre-productive. La marque employeur doit refléter ce qui se passe en interne. On peut parler d'effet miroir... Les meilleurs ambassadeurs des entreprises ? Leurs collaborateurs. Cette considération qui leur est portée est un bon moyen de les fidéliser. Du deux en un, en quelque sorte.

Murielle Wolski, www.lenouveleconomiste.fr, 13 mars 2015

ANNEXE 2 Les choix RH de Nestlé France

Tassement de la croissance, inflation zéro, pression à la baisse des prix de vente, c'est clairement le contexte économique qui a conduit Nestlé France SAS [...] à se pencher sur l'aménagement des fins de carrière. Souhaitant réduire les effectifs au siège et dans les unités de production, cette entité du groupe suisse offre à ses seniors de partir dès 61 et 62 ans. « *Bien sûr, nous aurions pu attendre les départs naturels, ce qui était simple, d'autant que la pyramide des âges est largement favorable. Avec un risque majeur, le trou dans la raquette, autrement dit le défaut de compétences stratégiques* », confie A. Châtaignier, DRH de Nestlé France SAS. Car si le DRH cible 480 départs à l'horizon 2017 [...], il table également sur 180 embauches et environ 100 mobilités internes par an.

Marie-Sophie Ramspacher, lesechos.fr, 16 octobre 2015.

LE CAS

PARTIE 2 :

Comprendre les enjeux de la GPEC

CAS NESPRESSO

Chez Nespresso France, la gestion prévisionnelle des emplois et des compétences (GPEC) est synonyme de vision stratégique, de dynamique. Parcours de formation dès l'intégration, pluralité des échanges, information poussée, *etc.* contribuent à rendre le collaborateur acteur de son développement et de son employabilité. Décryptage avec Sophie Coustaury, ancienne DRH Nespresso France.

Chez Nespresso France, on parle de GPEC sans réticence, l'acronyme[1] ne souffre pas ici de l'association du dispositif aux plans de sauvegarde de l'emploi, il renvoie à la vision stratégique de l'entreprise. « *C'est pour nous quelque chose de dynamique. Le point de départ, la priorité d'une GPEC est de faire en sorte que chaque collaborateur soit en confort dans son poste, à partir de là, nous pouvons identifier ensemble des talents et aider le collaborateur à construire un projet d'évolution s'il en a envie* », explique l'ancienne DRH. Si les collaborateurs doivent quitter la société, il faut qu'ils aient développé leurs compétences, c'est l'engagement de cet employeur. L'effectif de Nespresso France, dont 27 % ont moins de 25 ans, est composé à 80 % de conseillers clientèle, les autres profils étant des commerciaux B to B[2], des techniciens qui entretiennent les machines et des profils en service client sur la partie comptable.

Former dès l'embauche

Le développement de leurs compétences passe notamment par la formation : chaque salarié de l'entreprise bénéficie en moyenne de 35 heures de formation par an. À ses débuts, la filiale française de Nespresso comptait 11 salariés. Avec plus de 1 400 collaborateurs aujourd'hui, la gestion prévisionnelle des emplois et des compétences devient nécessaire pour déterminer les savoir-faire qu'il faut développer « *pour aller dans le sens de la relation client telle qu'elle a été décrite, il s'agit d'une démarche très participative* », précise Sophie Coustaury.

1. Acronyme : sigle.
2. B to B (*business to business*) : relations d'affaires entre professionnels.

S. Girardeau, www.myrhline.com, 4 février 2014.

TRAVAIL DEMANDÉ

Ressources humaines
lexique, p. 151

Avantages concurrentiels
lexique, p. 151

Compétences
lexique, p. 151

GPEC
lexique, p. 151

1. **Repérez les actions mises en œuvre par Nespresso dans le cadre de sa GPEC et leurs objectifs.**
2. **Identifiez les problèmes actuellement rencontrés par Nespresso sur son marché.** Annexe 3
3. **Envisagez les conséquences financières, commerciales, managériales si ces difficultés devaient perdurer.** Annexe 4
4. **Quelles conséquences ces difficultés pourraient-elles entraîner aux niveaux des ressources humaines de l'entreprise ?**
5. **Indiquez les enjeux d'une GPEC dans ce cadre précis puis, de façon plus générale, pour une entreprise, les salariés et les collectivités.** Ressource 3

vidéo sur le web | 3' 55" | Vincent Kantorski

Trois DRH donnent leur vision de la GPEC

lienmini.fr/M391-GPEC

ANNEXE 3 Nespresso sur son marché

C'est le dernier épisode de la saison 7 de la série « La guerre des dosettes ». Une histoire interminable et riche en rebondissements qui dure depuis... fort longtemps, avec des protagonistes forts en caféine, prêts à tous les coups pour l'emporter.

Dans cet épisode, l'Américain Starbucks, roi des salons de café, lance sa dosette compatible avec les machines de son rival Nespresso. Ce n'est pas forcément glorieux de sa part, de proposer, bon dernier, après tous les autres acteurs du marché, des dosettes compatibles avec le génial système de Nestlé, alors même qu'il a lancé ses propres machines baptisées « Starbucks Verismo » en 2012 avec dosettes dédiées. Mais elles n'ont jamais eu le succès escompté, voire aucun succès du tout. Du coup, soucieux de développer sa présence sur le marché du café dégusté à la maison, majoritairement en dosettes aujourd'hui, Starbucks a décidé, après L'Or, Carte Noire, Ethical Coffee Company, Café Royal, Méo, Richard, Auchan, Carrefour, Casino, Franprix, Lipton... d'adopter à son tour le fameux système Nespresso. Même en arrivant le dernier sur ce marché moins lucratif qu'autrefois, Starbucks dispose d'atouts importants : son réseau de boutiques et la force de sa marque. C'est important car il s'agit pour lui de renforcer sa présence globale à tous les moments de consommation [...].

Nespresso comme Apple peinent de plus en plus à fournir des produits exclusifs et différenciants, donnant à leurs clients le sentiment d'être d'heureux privilégiés, les membres d'un club élitiste justifiant des prix plus élevés. Les concurrents font parfois aussi bien, et beaucoup moins chers, et fournissent eux, à leurs clients le sentiment, très valorisant aussi, d'être des consommateurs malins, capables de faire des choix judicieux, sans être victimes du marketing. Bref, la désirabilité n'est plus aussi forte et risque de changer de camp.

Le phénomène est aggravé par une innovation en panne, voire de fausses innovations. Chez Nespresso, hormis le design, les innovations ont été très limitées depuis 20 ans. Il y a eu de nombreux lancements de nouveaux « crus » et nouvelles saveurs de capsules, souvent plus chères, et aussi des perfectionnements techniques destinés à freiner l'invasion des machines par des capsules concurrentes. Mais récemment, le consommateur n'a pas eu l'impression que l'innovation lui profitait, qu'elle lui permettait d'en avoir toujours plus. Même sentiment pour les fans d'Apple qui peinent de plus en plus à accepter qu'on leur présente les changements de connectique des nouveaux iPhone comme des avancées réelles et un confort accru.

Dans le même registre, les deux icônes Nespresso et Apple, malgré leur statut et leurs prix élevés, ne sont pas irréprochables sur la qualité. Beaucoup de clients Nespresso n'ont pas du tout apprécié que la marque s'ingénie à élaborer de nouvelles machines très chères, dont la principale caractéristique était de se mettre en panne dès qu'on les utilisait avec des capsules concurrentes ne supportant pas la température plus élevée de l'eau ou les nouvelles griffes du mécanisme. Les réponses entendues par les clients mécontents, de la part du Club Nespresso joint par téléphone, n'étaient pas non plus à la hauteur. [...] Enfin, la magie s'émousse mais les coûts restent élevés. Les boutiques Nespresso comme les Apple Store coûtent cher aux deux marques, alors que leurs concurrents utilisent des réseaux plus économiques. Tant que les clients acceptent de payer plus cher, tout va bien. Mais on risque de voir bientôt les traces d'usure autour de ces marques qui peinent de plus en plus à nous convaincre que la notion de luxe accessible n'est pas une simple vue de l'esprit.

Jean-François Arnaud, www.challenges.fr, 9 septembre 2016.

ANNEXE 4 Quelles conséquences pour Nespresso ?

Côté Nespresso, un énième concurrent ne va pas causer de dégâts immédiats. En revanche, à moyen terme, il va aggraver deux phénomènes apparus avec l'émergence de ses premiers concurrents : la banalisation grandissante de son système et de sa marque et, plus grave encore, la baisse de sa rentabilité. Selon un concurrent qui ne souhaite pas révéler son identité, la marge de Nespresso serait aujourd'hui inférieure à la marge moyenne du groupe Nestlé. Or, elle était trois fois plus importante avant l'arrivée de ses concurrents. Cette pépite est en train de s'user.

Jean-François Arnaud, www.challenges.fr, 9 septembre 2016.

LE CAS

PARTIE 3 : Comprendre la démarche compétence et les outils utilisés

CAS NESPRESSO

Pour être acteur de son parcours professionnel, il est extrêmement important d'avoir de la visibilité sur le champ des possibles. Parfois, la fonction RH peut « pécher » par manque de transparence et cela crée des attentes qui ne sont pas réalistes. Nous avons donc fait développer un « *Blend Path* », soit une cartographie fondée sur les filières métiers. Cette application est accessible sur notre intranet, et sur iPad. Pour l'élaborer, nous avons mis en place des groupes de travail, réunissant nos salariés par secteur d'activité. Ils ont ainsi défini les différents métiers de l'entreprise, les compétences et les niveaux qu'ils requièrent ainsi que les passerelles possibles pour passer de l'un à l'autre. En cliquant sur un métier, le collaborateur voit alors les fonctions auxquelles il peut prétendre et toutes les évolutions possibles selon son profil. Parallèlement, dès leur entrée dans l'entreprise, nous remettons à nos nouveaux collaborateurs un passeport professionnel. Nous les invitons à y rassembler leur CV, leurs bilans d'entretien d'évaluation et ceux relatifs aux formations qu'ils ont suivies afin de valoriser leurs compétences. En combinant ce support et le « *Blend Path* », ils ont ainsi de la matière pour mettre en relief leur savoir-faire et expliciter leurs objectifs lors de leur entretien de développement auprès de leur manager.

www.myrhline.com, 4 juin 2014.

TRAVAIL DEMANDÉ

Formation
lexique, p. 151

Mobilité des salariés
lexique, p. 151

1. **Développez l'intérêt de l'outil « Blend Path » pour Nespresso.**
2. **Montrez comment le passeport professionnel remis par Nespresso aux nouveaux embauchés permet de valoriser leurs compétences.**
3. **Proposez d'autres outils susceptibles d'être utilisés par une entreprise dans le cadre de la démarche compétence. Énoncez leurs intérêts respectifs.** Annexes 5, 6, 7 et 8 | Ressource 4
4. **Résumez la philosophie de la démarche compétence.** Ressource 4
5. **Montrez comment la démarche compétence s'inscrit dans la GPEC.**
6. **À partir de vos connaissances et des vidéos, résumez la GPEC (cadre réglementaire, enjeux, outils...).**

vidéo sur le web — 5' 51" — RéseauExperts05

La GPEC : démarche, outils, enjeux

lienmini.fr/M391-demarche-GPEC

ANNEXE 5 Fiche de poste d'un conseiller clientèle en boutique

Missions :

- Accueillir, conseiller et satisfaire notre clientèle dans un esprit de fidélisation en lui apportant un service personnalisé.
- Réaliser les objectifs quantitatifs et qualitatifs définis par l'équipe managériale.
- Être responsable de la gestion de caisse et appliquer l'ensemble des processus (gestion des commandes et de l'espace dégustation, mise à jour de la base de données clients, *etc.*).

Formation et expérience :

- BAC à BAC + 2
- Une première expérience de l'accueil et de la vente, idéalement
- La connaissance de l'univers du luxe sera appréciée

Aptitudes et compétences :

- Capacité d'écoute et empathie
- Capacité à travailler dans un environnement exigeant
- Proactivité
- Agilité et adaptabilité
- Excellente présentation et qualité de discours
- Capacité à travailler en équipe

www.nespresso.com

ANNEXE 6 Que contient le bilan social de l'entreprise ?

De nombreuses données sont analysées [...] : l'emploi, les rémunérations, les conditions d'hygiène et de sécurité, les conditions de travail, la formation, les relations professionnelles et les autres conditions de vie relevant de l'entreprise. [...] Le bilan social constitue un véritable instrument pour analyser les conditions sociales des salariés au sein de leur entreprise et avoir une vue d'ensemble sur les modifications qui se sont produites lors des trois années écoulées. Il permet également de dégager des pistes d'amélioration et de définir les actions à mener dans l'avenir.

www.journaldunet.com, décembre 2014.

ANNEXE 7 Le plan de formation

Le plan de formation peut désormais, dès lors qu'un accord d'entreprise le prévoit, avoir une durée de trois ans, sans pour autant que le Comité d'entreprise cesse d'être consulté annuellement sur son exécution.

Le plan de formation peut comporter deux types d'actions :

- actions visant à assurer l'adaptation du salarié au poste de travail ou liées à l'évolution ou au maintien de l'emploi dans l'entreprise ;
- actions ayant pour objet le développement des compétences des salariés.

© Delagrave, 2017.

ANNEXE 8 Nestlé a recruté 3 000 jeunes de 2013 à 2016

La firme helvétique connue pour ses marques Nescafé, Herta, Nespresso... s'était engagée à recruter 3 000 jeunes en France en 4 ans : 1 200 en CDI et CDD et 1 800 en apprentissage et en stage. Cette prévision devait alors permettre à Nestlé de préparer l'avenir en anticipant les besoins de recrutement qui devaient s'accroître, notamment à partir de 2017, en raison de la pyramide des âges et de ses effectifs.

D'après J.F. Arnaud, www.challenges.fr, 15 novembre 2013.

vidéo sur le web 2' 29" BFM business

Cadre réglementaire et enjeux de la GPEC

lienmini.fr/M391-emploi-formation

RESSOURCE 1 La fonction ressources humaines : quelle définition pour quels enjeux ?

La fonction ressources humaines a pour mission de faire en sorte que l'organisation dispose du personnel nécessaire à son fonctionnement et que ce personnel fasse de son mieux pour améliorer la performance de l'organisation, tout en s'épanouissant.

L'importance de la fonction ressources humaines peut s'appréhender à plusieurs niveaux :

- Sur le plan de la production, la fonction ressources humaines va permettre à l'entreprise de disposer d'un personnel compétent qui pourra améliorer la productivité de l'entreprise.
- Sur le plan commercial, la gestion des ressources humaines va contribuer au recrutement de personnel de vente (vendeurs, directeurs de magasin) efficaces et motivés. Grâce à eux, les ventes pourront donc être améliorées.
- Sur le plan financier, une gestion pertinente du personnel va permettre de limiter les dépenses liées aux salaires. Le salaire ne sera plus seulement un coût pour l'entreprise, mais un investissement.
- Sur le plan stratégique, la fonction ressources humaines permet à l'entreprise de se différencier de la concurrence grâce à l'excellence de son personnel. Ses salariés vont permettre à l'entreprise de créer une valeur supplémentaire pour les clients.

www.economie.gouv.fr

RESSOURCE 2 Le management des compétences, une activité cruciale

La mondialisation de l'économie oblige les entreprises à être de plus en plus compétitives et les salariés représentent, à ce titre, un capital humain incontournable à leur réussite. L'entreprise doit adapter ses besoins en fonction des réalités économiques tout en essayant d'obtenir le meilleur en termes de compétences de ses salariés.

La compétence peut se définir comme l'ensemble des savoirs (connaissances théoriques), des savoir-faire opérationnels (application des connaissances à une situation pratique) et des savoir-être (attitude de l'individu au sein d'un groupe) qu'un salarié met en œuvre dans le cadre de son travail. Des compétences comme le sens de l'organisation, la prise d'initiatives et de responsabilités ou la créativité sont autant d'éléments qui peuvent constituer un avantage concurrentiel pour l'entreprise. La politique de gestion des ressources humaines est une réalité de l'entreprise. Selon les besoins définis, celle-ci doit trouver et enrichir les compétences des salariés à travers notamment :

- un recrutement adapté au profil de poste déterminé ;
- une formation continue justifiée par les constantes évolutions technologiques, économiques, environnementales et organisationnelles ;
- une promotion par mobilité interne qui consiste à puiser dans son « vivier de compétences » pour pourvoir un poste. Cette solution, lorsqu'elle est préférée au recrutement externe, offre un double avantage :
  - le personnel est déjà acculturé aux spécificités de l'entreprise (organisation, produits, *etc.*) ;
  - le salarié retenu fait l'objet d'une promotion interne.
- un système de rétribution attractif, *etc.*

© Delagrave, 2017.

RESSOURCE 3 Les objectifs de la GPEC

La GPEC (gestion prévisionnelle des emplois et des compétences) consiste à :
- prévoir l'évolution des métiers dans l'entreprise afin d'anticiper les changements d'organisation ;
- développer les compétences des salariés pour améliorer leur employabilité.

Depuis 2005, les entreprises concernées par la loi de cohésion sociale, dite loi Borloo, ont une obligation de négocier avec les représentants du personnel tous les 3 ans un accord GPEC portant sur :
- la stratégie de l'entreprise et ses effets prévisibles sur l'emploi et les salaires ;
- les mesures d'accompagnement susceptibles d'être associées à la GPEC (formation, VAE, bilan de compétences, mobilité professionnelle et géographique, *etc.*) ;
- les conditions d'accès à la formation professionnelle et de maintien dans l'emploi des salariés âgés.

[…] La GPEC est un formidable outil de pilotage car elle permet à l'entreprise de projeter la gestion de ses ressources humaines dans le temps. Elle incite les responsables RH à dépasser les problématiques du quotidien (formation, recrutement…). Pour se développer, une entreprise a besoin d'un plan stratégique. La GPEC en est sa déclinaison RH : elle permet d'anticiper les besoins en compétences des salariés pour accroître la compétitivité de l'entreprise.

www.toutsurlagpec.fr

RESSOURCE 4 La démarche compétence comporte cinq grandes étapes

Analyser la problématique « compétence » de votre entreprise →
- Clarification de vos priorités industrielles et humaines
- Cadrage du champ et de l'horizon de temps
- Définition des indicateurs de réussite
- Communication autour de la démarche

Définir les métiers-clés et les compétences nécessaires à votre entreprise →
- Cartographie des emplois et passerelles de mobilité
- Élaboration des référentiels métiers et de compétences
- Mise à jour des fiches de fonctions
- Mise en place éventuelle d'un outil informatisé de gestion des compétences

Mesurer les écarts entre les compétences requises et celles disponibles dans l'entreprise →
- Conception / évolution des outils d'évaluation
- Mise en place des entretiens individuels
- Construction des outils et des supports d'entretien
- Formation de l'encadrement à la conduite de l'entretien
- Mécanisme d'exploitation des entretiens

Gérer et réduire les écarts de compétences →
- Élaboration du plan de formation
- Mise en place du transfert des savoirs d'expérience
- Mise en place du tutorat
- Recrutement
- Conduite du changement

Évaluer la démarche mise en place →
- Retour d'expérience sur la démarche
- Appréciation des indicateurs de mesure
- Mise en place d'actions correctives

Source : www.ceficem.fr

Avant de commencer QCM

La gestion prévisionnelle des emplois et des compétences

Testez vos connaissances sur le chapitre 4 à l'aide d'un QCM interactif. Connectez-vous sur lienmini.fr/M391-qcm4

VEOLIA

Après avoir pris connaissance du cas, des ressources proposées et à partir de vos connaissances, vous répondrez aux questions suivantes :

PREMIÈRE PARTIE — ANALYSE DU CONTEXTE ET DE LA SITUATION DE L'ENTREPRISE

1 **Identifiez succinctement le contexte environnemental dans lequel Veolia et son principal concurrent, Suez, évoluent.**

2 **Décrivez les actions développées par Veolia et Suez pour adapter leurs ressources humaines.**

3 **Montrez comment la politique de formation participe à la stratégie de Veolia et de Suez et leur permet de maintenir leur compétitivité.**

DEUXIÈME PARTIE — IDENTIFICATION DU PROBLÈME DE MANAGEMENT ET PROPOSITION DE SOLUTIONS ARGUMENTÉES

4 **Identifiez le(s) problème(s) de management susceptible(s) d'être rencontré(s), en matière RH, par Veolia mais aussi par Suez dans ce contexte.**

5 **Proposez des solutions permettant de limiter ce(s) problème(s).**

PRÉSENTATION DU CAS

VEOLIA

La Compagnie générale des eaux (CGE) a été créée en 1853. Ses fondateurs avaient deux objectifs : irriguer les campagnes et alimenter les villes en eau. En 1998, la CGE devient Vivendi, puis en 2003 le groupe change de nom et devient Veolia Environnement. Depuis 2014, il se nomme Veolia.

Présent sur les cinq continents avec plus de 174 000 salariés, Veolia conçoit et déploie des solutions pour la gestion de l'eau, des déchets, et la gestion énergétique, participant au développement durable et à la compétitivité de ses clients. Veolia a développé une stratégie de ressources humaines centrée à la fois sur la formation continue de ses collaborateurs et sur la qualité du service offert à ses clients. Le groupe accompagne ainsi les industriels, les villes et leurs habitants, dans l'usage optimisé des ressources, afin d'en augmenter l'efficacité économique, environnementale et sociale.

Grâce à ces trois cœurs de métiers complémentaires, Veolia contribue à développer l'accès aux ressources, à préserver les ressources disponibles et à les renouveler.

RESSOURCE 1 Le modèle social chez Veolia

Les métiers de Veolia exigent une technicité de plus en plus grande et une actualisation permanente des compétences. Pour les collectivités comme pour Veolia, les enjeux de la formation dans le secteur de l'environnement sont multiples. Il faut adapter en permanence les compétences à des métiers qui gagnent sans cesse en complexité, mais aussi anticiper les évolutions en formant aux nouvelles technologies de l'économie verte, et permettre des évolutions de carrière de qualité dans l'exercice de notre métier. C'est pourquoi le groupe associe recrutement et formation des collaborateurs, quelle que soit leur qualification, dans l'ensemble des bassins d'emploi où il est présent. Il propose à chacun d'enrichir son parcours professionnel (entretiens annuels d'évaluation, formation dans les Campus Veolia...) tout au long de sa carrière au sein du groupe.

Par ailleurs, Veolia fait de la mobilité interne de ses collaborateurs une priorité et reste très attaché à la mobilité internationale, qui favorise l'échange de savoir-faire et renforce sa présence dans les pays en croissance. La volonté de valoriser les compétences, d'anticiper l'évolution des métiers de service et de créer une culture commune a conduit le groupe à créer le réseau Campus Veolia en 1994.

Chargé d'orchestrer localement la politique de formation, il forme les salariés ou apprentis aux compétences nécessaires à l'exécution de ses métiers. Le Campus Veolia adapte en permanence son offre de formation et coordonne un réseau international de formation dans onze pays: en Europe, en Afrique, en Asie-Pacifique, aux États-Unis et au Moyen-Orient.

www.veolia.com

RESSOURCE 2 Investir dans le développement de nos collaborateurs

Les métiers de Suez Environnement sont en pleine mutation, les compétences requises évoluent et changent de nature. Dans l'activité eau, aux métiers du petit cycle de l'eau (production, distribution d'eau potable et traitement des eaux usées) s'ajoutent maintenant ceux du grand cycle de l'eau (protection des ressources) et de l'ingénierie environnementale. Même constat dans l'activité déchets: les métiers de la valorisation matière et énergie viennent compléter ceux de la collecte et du tri. La formation est donc un enjeu primordial du groupe: elle donne à chacun la possibilité d'être acteur de son évolution professionnelle et garantit la qualité des expertises et des savoir-faire de l'entreprise.

L'effort de formation de l'entreprise est resté important eu égard à l'enjeu de performance. Comme les années précédentes, plus des deux-tiers des collaborateurs, quelle que soit leur catégorie socio-professionnelle, ont bénéficié d'une formation en 2014. La durée de formation annuelle moyenne est de 25 heures par employé. [...]

L'adaptation des programmes de formation et de développement des compétences aux nouveaux enjeux est un processus en continu. De nombreuses sessions de sensibilisation du management de proximité à la prise en compte de la diversité et à l'amélioration du bien-être au travail ont été organisées par les filiales de Suez Environnement.

www.suez-environnement.fr

La gestion prévisionnelle des emplois et des compétences

La GPEC consiste à mettre en adéquation les ressources humaines de l'entreprise avec ses besoins actuels et futurs. Elle permet d'ajuster les ressources humaines tant d'un point de vue quantitatif que qualitatif, dans l'intérêt de l'entreprise mais aussi des salariés. La GPEC est stratégique car elle est susceptible de générer un avantage concurrentiel.

Environnement actuel

Évolutions environnementales envisagées

La stratégie de l'entreprise

Ressources humaines disponibles au sein de l'entreprise

Besoins en ressources humaines (aux niveaux quantitatif et qualitatif) de l'entreprise

La GPEC

Politique de réduction des effectifs : licenciements, départ à la retraite, *etc.*

Formation et recrutement des salariés

Outils :
- la cartographie des métiers et des emplois ;
- la pyramide des âges ;
- la fiche de poste ;
- le référentiel de compétences ;
- l'entretien d'évaluation annuel ;
- le plan de formation ;
- *etc.*

Démarche compétence :
- identifier les compétences ;
- révéler les compétences ;
- compléter par du recrutement ;
- enrichir par de la formation.

accompagne la **STRATÉGIE** de l'entreprise

en assurant le bon nombre de salariés

en organisant leurs compétences

en valorisant leurs performances

COMPÉTITIVITÉ DE L'ENTREPRISE

CHAPITRE 5

La flexibilité des ressources humaines

LES PROBLÉMATIQUES

- Quelles sont les principales modalités de la flexibilité des ressources humaines ?
- Quels sont les enjeux de la flexibilité des ressources humaines pour les entreprises et les salariés ?

Ces questions sont abordées à travers l'étude du cas Danone, entreprise française pour laquelle la flexibilité constitue un enjeu majeur au regard de l'évolution de son environnement.

LES COMPÉTENCES

- Évaluer les besoins en ressources humaines dans une situation contextualisée.
- Proposer des actions appropriées dans le cadre d'une gestion des emplois et des compétences.

LES NOTIONS

- Ressources humaines
- GPEC
- Flexibilité (qualitative, quantitative, interne et externe)
- Facteur clés de succès
- Avantages concurrentiels
- Mobilité, reconversion, licenciement, formation
- Impartition, externalisation

CAS DANONE

Danone est une entreprise française née de la fusion entre BSN et Danone-Gervais en décembre 1972. Sous l'impulsion de son directeur général, Emmanuel Faber, Danone promeut les comportements alimentaires plus sains à travers quatre activités développées au niveau mondial (130 pays) : les produits laitiers (11 Mds d'euros de CA), les eaux (47 Mds d'euros de CA), la nutrition infantile (49 Mds d'euros de CA) et la nutrition médicale (1,5 Mds d'euros de CA). Sur ces différents marchés, Danone observe désormais des résultats satisfaisants puisque le groupe est respectivement n° 1 mondial, n° 2 mondial, n° 2 mondial et n° 1 européen. L'entreprise reste néanmoins prudente face aux fluctuations d'une économie mondialisée. Son histoire récente montre qu'elle a d'ailleurs dû faire face à des contextes difficiles nécessitant une reformulation de sa stratégie, y compris en matière de ressources humaines. Retour sur ces événements…

Après avoir pris connaissance du cas Danone et des ressources proposées, vous réaliserez le travail demandé parties 1 et 2**.**

audio sur le web | 0' 58" | France Info

Le groupe Danone veut supprimer 900 emplois en Europe
lienmini.fr/M391-danone-emplois

LE CAS

PARTIE 1 :

Identifier les différentes modalités de la flexibilité des ressources humaines et ses intérêts

CAS DANONE

Danone a décidé la fermeture de trois usines en Allemagne, en Hongrie et en Italie. Bilan : 325 licenciements. Les usines des trois pays concernés sont en situation de surcapacité locale ; les volumes auparavant produits par ces lignes seront progressivement réaffectés aux usines belges, polonaises, allemandes et françaises. Il s'agit pour l'entreprise d'améliorer l'utilisation de son dispositif industriel, l'objectif étant évidemment d'augmenter la compétitivité du groupe. Plus globalement, le géant de l'agroalimentaire a décidé, en février 2013, de supprimer 900 postes de direction et d'administration, ce qui représente 10 % de ses effectifs en Europe. La consommation en berne depuis 2010 sur le Vieux Continent explique les difficultés de Danone, même si on sent un rebond depuis le premier trimestre 2014 (+ 3,9 %). Les disparités régionales, et notamment les difficultés en Allemagne et en Italie, sont malheureusement de nature à réduire la voilure en Europe.

M. Bazoge, *Le journal de l'Économie*, 11 juin 2014.

TRAVAIL DEMANDÉ

1 **Caractérisez succinctement le marché des produits laitiers au début des années 2010 et identifiez le problème de management rencontré alors par Danone.** Annexe 1

2 **Identifiez et expliquez les décisions prises par Danone pour y faire face.** Annexes 1 et 2

3 **Soulignez l'intérêt de la formation pour Danone et ses salariés.** Annexe 2

4 **Qualifiez la forme de flexibilité des ressources humaines observée chez Danone. Justifiez votre réponse.** Annexes 1 et 2 Ressource 1

5 **Citez, à partir de recherches ou de votre culture managériale, des entreprises qui ont recours à l'*outsourcing* en mettant en exergue les avantages recherchés.** Annexe 3

6 **Énoncez l'intérêt de la « flexibilité des ressources humaines » pour les entreprises, ses déterminants, ses principales modalités. Rappelez les outils RH que les entreprises peuvent utiliser dans ce cadre, leurs intérêts et leurs limites.** Ressources 1, 3 et 4 – Chapitre 4

Flexibilité
→ lexique, p. 152

Externalisation
→ lexique, p. 152

Mobilité des salariés
→ lexique, p. 152

GPEC
→ lexique, p. 152

vidéo sur le web | 2' 21" | Capstan TV

La mobilité interne
lienmini.fr/M391-mobilite-interne

ANNEXE 1 Les modalités de départ des salariés Danone

Avec un chiffre d'affaires de 20 milliards d'euros, le groupe se porte bien mais uniquement grâce à ses activités en Asie, en Russie et aux États-Unis. Par contre, c'est « la cata » en Europe, plombée notamment par l'Italie et l'Espagne. Pour la direction du groupe : hors de question de se dire que l'activité extra-européenne compensera la récession sur le Vieux Continent : il faut agir tout de suite, « nettoyer », pour réinvestir et « redécoller ». Reste que 900 personnes se retrouvent sur le carreau ! [...] Pas de dégraissage dans les usines... seuls les cols blancs sont concernés (reclassements internes, mobilité, plan de départs volontaires, *etc.*) : l'encadrement et la gestion mais pas les ouvriers. On ne touche pas à l'outil de production car c'est grâce à lui que l'on va rebondir. Danone va rationaliser son management sur deux ans, mutualiser les moyens pour reconquérir le marché européen.

E. Cugny, Danone dégraisse pour mieux rebondir, www.franceinfo.fr, 20 février 2013.

ANNEXE 2 *One learning a day*, l'apprentissage multicanal chez Danone

Dans un contexte où 30 % des compétences deviennent obsolètes d'une année sur l'autre, les formats traditionnels de la formation ne sont plus suffisants. Avec « *one learning a day* », le groupe Danone permet à ses collaborateurs d'accélérer leur développement au rythme des évolutions de notre environnement.

Interview de Juliette ROY, Head of Danone Academy Topline, Leadership & Management

Quand et dans quel contexte le groupe Danone a-t-il lancé le « one learning a day ? »

C'est en 2012 qu'est né le concept [...]. Le Learning & Development est identifié comme un levier clé au service de la transformation, qu'elle soit individuelle, collective ou liée à l'organisation. « One learning a day » ou « un apprentissage par jour » a été identifié chez Danone comme un facteur clé de réussite pour relever nos défis business, tout en restant ancrés dans notre double projet économique et social.

Quelle est la philosophie de « one learning a day » ?

Cela rend compte de la nécessité de se renouveler dans ses connaissances, ses attitudes, ses façons de travailler, dans les outils et modèles que nous utilisons au quotidien, afin de pouvoir répondre aux enjeux de notre environnement. Une stratégie a donc été mise en place afin de répondre au challenge d'aujourd'hui qui est d'apprendre au rythme du changement, voire plus rapidement que le changement. Cela veut dire anticiper les changements de demain dans nos différents métiers et fonctions [...].

Notre modèle chez Danone se résume à 4 chiffres :
- 60 % de ce que nous apprenons nous l'apprenons « on the job », dans notre quotidien de travail ;
- 20 % avec les autres, les pairs, *via* le *networking* et notre culture de proximité ;
- 10 % grâce aux outils du digital ;
- 10 % lors de sessions de formation plus formelles en présentiel. [...]

Quels sont les bénéfices pour l'entreprise et les collaborateurs ?

[...] Accélérer le développement professionnel mais aussi personnel de tous, afin de faire grandir à la fois nos équipes et notre business.

Pierre Gauthier, dailydigital.fr, 10 décembre 2015.

ANNEXE 3 L'*outsourcing*

Réduire les coûts, se débarrasser des fonctions à faible valeur ajoutée, accéder à de nouvelles compétences [...]. Président du club DéciDRH, O. Lajous avertit que « *l'*outsourcing *est une action stratégique qui permet aux organisations de se concentrer sur leurs domaines de compétences* ». Avec à la clé plusieurs bénéfices : des prestataires externes plus faciles à maîtriser que ses propres équipes et un meilleur contrôle des coûts. Mais en quoi réside précisément l'externalisation RH ? Directrice commerciale chez NorthgateArinso, M. Routeau explique que ses clients externalisent surtout des « *fonctions consommatrices de temps et à faible valeur ajoutée pour se recentrer sur des actions stratégiques comme la gestion et la détection des talents* ». Le modèle le plus courant en France d'externalisation est le « *payroll processing* » qui consiste à externaliser la paye. « *La paye est souvent contrôlée par peu de personnes au sein des organisations, ce qui fait courir un risque à l'entreprise en cas de départ ou d'indisponibilité du responsable paye. L'externalisation élimine ce risque.* »

R. Giry, *Focus RH*, « Que penser de l'externalisation RH ? », 27 mars 2013.

PARTIE 2 :
Identifier les risques de la flexibilité des ressources humaines

CAS DANONE

Danone a signé des accords-cadres avec l'UITA (Union internationale des travailleurs de l'alimentaire), les premiers accords ayant été signés dès 1988. Au 31 décembre 2015, neuf accords mondiaux et un accord européen signés entre Danone et l'UITA sont en vigueur. Ces accords définissent des règles et bonnes pratiques notamment en matière de diversité, dialogue social, étapes à mettre en œuvre lors du changement d'activité affectant l'emploi ou les conditions de travail, lutte contre toute forme de discrimination et d'encouragement à la diversité, droit syndical, modalités de consultation des représentants des salariés en cas de modifications d'activités ayant des conséquences sur l'emploi. Le dernier accord mondial entre Danone et l'UITA a été signé le 29 septembre 2011 sur la santé, la sécurité, les conditions de travail et le stress, faisant ainsi suite à l'accord-cadre signé en 2010 avec les organisations syndicales en France. Cet accord définit les principes suivants :
– prise en compte des conséquences humaines du changement, en amont des évolutions majeures d'organisation ;
– préservation de l'équilibre entre vie professionnelle et personnelle ;
– identification des pistes de simplification du travail afin d'améliorer l'efficacité mais aussi le bien-être des salariés ;
– participation des salariés aux actions de prévention de la sécurité permettant d'assurer leur sécurité mais aussi leur droit de retrait en cas d'exposition à une situation de danger ;
– mise en place d'un suivi médical dans l'ensemble des filiales et des sites.

Rapport financier 2015, www.danone.com

TRAVAIL DEMANDÉ

1 **Indiquez la philosophie générale de l'accord-cadre signé entre Danone et l'UITA ainsi que la forme de flexibilité des ressources humaines visée.**

2 **Précisez les risques que la politique ressources humaines de Danone et cet accord-cadre visent à limiter.** Annexe 4

3 **Recensez plus généralement les risques supportés par une entreprise et les salariés dans le cadre d'une baisse d'effectif.** Annexes 5, 6 et 7 Ressource 2

4 **Montrez en quoi le cadre juridique vise à réduire certains risques pour les entreprises et les salariés.** Ressources 3 et 4

5 **Expliquez les risques supportés par une entreprise dans le cadre d'une augmentation d'effectifs (recrutement) et d'une politique de formation de ses salariés.** Ressource 2

6 **Concluez sur les enjeux managériaux et socio-économiques de la flexibilité des ressources humaines en soulignant leurs champs de tension éventuels.** Ressource 5

Formation
→ lexique, p. 151

Flexibilité
→ lexique, p. 152

vidéo sur le web | 2' 56" | BFMTV

La flexisécurité
lienmini.fr/M391-flexisecurite

ANNEXE 4 Ressources humaines et restructurations chez Danone

Danone travaille de manière continue à améliorer son efficacité, à la fois pour gagner en performance, mais aussi pour anticiper les adaptations nécessaires aux évolutions du marché, des projets, de la concurrence, et ce en termes d'organisation, d'emploi et de compétence. Cette politique peut se traduire parfois par des décisions difficiles en matière d'emploi (fermeture de site, plan de restructuration avec suppression de postes, *etc.*). Ces décisions peuvent être mal comprises et mal acceptées tant par les salariés que par les parties prenantes locales (élus locaux, pouvoirs publics, *etc.*) et pourraient affecter les relations de Danone avec les salariés, déboucher sur des conflits sociaux, notamment des arrêts de travail, des grèves, des perturbations et, dès lors, seraient susceptibles d'avoir, outre des impacts financiers, des effets négatifs sur l'image, les activités de Danone et ses résultats. [...] Enfin, [cela] pourrait accroître le risque lié à l'attraction et la rétention des personnes disposant des compétences et talents nécessaires. Afin de limiter ces différents risques [...], la politique de Danone consiste à préparer une décision de restructuration le plus en amont possible, lorsque Danone a le temps et les moyens de prévenir et de gérer, avec responsabilité, les conséquences sociales et humaines de ces restructurations, et en limiter les conséquences éventuelles à travers :
– le déploiement d'équipes dédiées complétées par des ressources externes pour mettre en œuvre les projets majeurs ;
– l'organisation d'un dialogue social permanent au sein de l'entreprise;
– le développement de l'employabilité de tous les salariés ;
– la signature d'accords collectifs avec l'UITA.

Rapport financier 2015, www.danone.com

ANNEXE 5 Désorganisation et pertes de compétences chez Air France

Air France a décidé de mettre en place une troisième vague de départs volontaires qui pourraient concerner jusqu'à 2 800 personnes en 2014. [...] Reste à savoir si ces objectifs précis seront cette fois atteints. [...] Michel Salomon, délégué CFDT, dénonce la désorganisation provoquée par les précédents plans. « *Des secteurs touchés comme le commercial ou l'informatique se sont retrouvés sinistrés à cause d'une perte de compétences forte. Des jeunes cadres ont quitté leur poste et n'ont pas été remplacés.* »

M.-P. Haddad, avec AFP,
www.lexpansion.lexpress.fr, 18 septembre 2013.

ANNEXE 6 Les effets des PSE sur la santé sont appréciés par le tribunal administratif

Les arrêts Fnac (2012) et Phone House (2013) avaient indiqué qu'un plan de sauvegarde de l'emploi (PSE) pouvait être suspendu si l'employeur n'avait pas suffisamment pris en compte les conséquences de son projet en matière de risques psychosociaux pour les salariés restants. Depuis la loi de sécurisation de l'emploi et la mise en œuvre de la procédure d'homologation du PSE (ou de validation de l'accord d'entreprise) par l'administration, un doute subsistait sur la juridiction compétente. [...] « *L'ensemble du contentieux du contrôle d'un projet de restructuration comprenant un PSE relève de la compétence exclusive de la juridiction administrative* ».

Entreprise et Carrières, n° 1208, 30 septembre 2014.

ANNEXE 7 Le licenciement des « ex-Conti » à nouveau annulé

La cour d'appel d'Amiens a confirmé le 30 septembre le jugement des prud'hommes de Compiègne. Elle confirme donc l'absence de motif économique pour le licenciement des salariés de l'usine Continental de Clairoix, fermée fin 2009. Comme le conseil de prud'hommes, elle retient trois motifs à l'appui de sa décision : l'absence de justification économique au regard des résultats du groupe, le non-respect de l'obligation de reclassement et la responsabilité de la maison mère, en tant que co-employeur.

Entreprise et Carrières, n° 1209, 7 octobre 2014.

RESSOURCE 1 Les différentes formes de la flexibilité des ressources humaines

	FLEXIBILITÉ QUANTITATIVE	
	Explications	**Exemples**
Interne	L'adaptation RH s'effectue par une baisse du nombre de salariés et/ou une modulation de leurs horaires de travail.	– Heures supplémentaires – Annualisation du temps de travail – Temps partiel – Chômage partiel, licenciement (dont PSE) – Mobilité
Externe	L'adaptation RH s'effectue en liaison directe avec le marché du travail et/ou en lien avec d'autres entreprises.	– Embauche (CDI, CDD, contrat intérimaire, emploi saisonnier) – Externalisation

	FLEXIBILITÉ QUALITATIVE	
	Explications	**Exemples**
Interne	L'entreprise affecte ses salariés à des postes différents afin de répondre aux attentes du marché dans les délais les plus courts. Cela suppose des salariés une certaine polyvalence.	– Formation – Enrichissement des tâches
Externe	L'entreprise développe son potentiel de compétences en recourant au marché du travail ou à des entreprises tierces.	– Recrutement – Travail partagé (entre plusieurs entreprises) – Externalisation (on parle également d'impartition, de sous-traitance, d'*outsourcing*)

© Delagrave, 2017.

RESSOURCE 2 Les risques de la flexibilité des ressources humaines

Risques pour les entreprises	– Difficulté à motiver les intérimaires et le personnel en CDD du fait d'une relation d'emploi relativement courte (absence de déroulement de carrière, *etc.*) (*cf.* chapitre 6). – Plus grande complexité de la gestion quotidienne du travail. – Risques de perte de compétences, de modification de la culture d'entreprise, de détérioration du climat social en cas de licenciements notamment. – Nécessité de prévoir l'intégration des nouvelles recrues. – Coûts liés à la formation des salariés et risques de « non retour sur investissement ».
Risques pour les salariés	– Les réductions d'effectifs et notamment les licenciements (perte d'emplois) génèrent stress et insécurité chez les salariés et sont sources de dysfonctionnements : baisse de la productivité, maladie, absentéisme, conflits au travail, démotivation (*cf.* chapitre 6). – Risques de licenciements en cas de sous-traitance. – Difficulté à intégrer une nouvelle entreprise, une nouvelle culture en cas de travail partagé (*cf.* chapitre 7). – Les aménagements du temps de travail ne contribuent pas, dans certains cas, à améliorer les conditions de travail des salariés et sont sources de tensions.

© Delagrave, 2017.

RESSOURCE 3 La loi de sécurisation de l'emploi[1]

Le parlement a définitivement adopté, mardi 14 mai (2013), le projet de loi sur la sécurisation de l'emploi qui prévoit davantage de flexibilité pour les entreprises en échange de nouveaux droits pour les salariés. L'accord prévoit notamment que les entreprises puissent négocier des baisses de salaires en échange d'un maintien des effectifs [...].

1. Pour une présentation détaillée : http://travail-emploi.gouv.fr/evenements-colloques,2215/la-loi-de-securisation-de-l-emploi,2288/presentation,2289

www.lemonde.fr, 14 mai 2013.

vidéo sur le web | 5' 40" | Xerfi Canal TV

Les principales mesures de la loi de sécurisation de l'emploi
lienmini.fr/M391-securisation-emploi

RESSOURCE 4 La loi El Khomri[1] (extraits)

La modulation du temps de travail

La modulation du temps de travail pourra aller jusqu'à 3 ans si un accord majoritaire est obtenu au sein de l'entreprise, et à condition qu'un accord de branche ait prévu cette possibilité. Cela concernera des cas très particuliers, c'est-à-dire des projets d'investissements et des cycles industriels de production qui s'étendent sur plusieurs années. Les salariés seront protégés car, d'une part, cette modulation n'aura aucun impact sur les durées maximales de travail, qui devront être respectées et, d'autre part, l'accord devra prévoir une « limite haute » hebdomadaire au-delà de laquelle les heures supplémentaires seront rémunérées avec le salaire du mois considéré, sans attendre la fin de la période de référence. Il pourra aussi fixer des contreparties pour les salariés.

Le licenciement économique : [...] les difficultés susceptibles de justifier un licenciement économique sont précisées [...] : une baisse des commandes ou du chiffre d'affaires, des pertes d'exploitation, une importante dégradation de la trésorerie ou tout élément de nature à justifier de ces difficultés [...]. En réduisant l'insécurité juridique sur les licenciements économiques, cette réforme aura des effets positifs sur le marché de l'emploi et sur la croissance :

– l'objectivation du motif économique du licenciement va lever la réticence à embaucher dans les TPE-PME et favoriser l'embauche en CDI ;
– des conditions de reclassement plus favorables pour les salariés concernés [...] ;
– procéder à un licenciement économique peut permettre de rétablir la situation d'une entreprise pour éviter de devoir procéder, plus tard, à davantage de licenciements [...].

Droit à la formation : le compte personnel d'activité (CPA). Passage à 48h par an contre 24h dans le droit commun des heures de formation versées au compte personnel de formation des salariés sans qualification [...]. Le but du CPA est de donner à chacun les moyens de construire son parcours professionnel. L'époque où l'on gardait le même emploi toute sa vie est révolue, avec le CPA, chacun pourra désormais accumuler des droits tout au long de sa vie active et les utiliser au moment où il le souhaite. [...]

travail-emploi.gouv.fr, Quelles sont les principales mesures de la loi Travail ?

1. La loi El Khomri a été promulguée et publiée au Journal officiel le 09 août 2016.

RESSOURCE 5 Un marché du travail dual ?

Faire le choix d'une « flexibilité responsable » n'est pas seulement un enjeu majeur sur le plan social, c'est aussi un gage d'efficacité économique. [...] Ainsi, au plus fort de la crise, entre le 2e trimestre 2008 et le 1er trimestre 2009, près des 2/3 des suppressions d'emploi en équivalent temps plein ont eu lieu dans le seul secteur du travail temporaire : les risques économiques sont donc très inégalement répartis au sein de la population salariée. Une deuxième caractéristique de ce compromis tient à la propension des organisations à affecter prioritairement les salariés en contrats temporaires ou des entreprises de sous-traitance sur des emplois d'une qualité moindre (en termes de conditions de travail, d'accès à la formation continue, *etc.*). Le marché du travail est ainsi largement « dual », segmenté entre « *insiders* » et « *outsiders* ».

C. de Froment, www.lemonde.fr, 30 mars 2012.

ENTRAÎNEMENT AU BTS

Avant de commencer QCM ☒ **La flexibilité des ressources humaines**

EMC²

Testez vos connaissances sur le chapitre 5 à l'aide d'un QCM interactif. Connectez-vous sur lienmini.fr/M391-qcm5

Après avoir pris connaissance du cas, des ressources proposées et à partir de vos connaissances, vous répondrez aux questions suivantes :

PREMIÈRE PARTIE — ANALYSE DU CONTEXTE ET DE LA SITUATION DE L'ENTREPRISE

1 Présentez le métier d'EMC².

2 Identifiez et justifiez les objectifs que se fixe EMC² en matière de ressources humaines.

3 Mettez en évidence les actions mises en œuvre à cette fin et indiquez les outils susceptibles d'être utilisés. Qualifiez le type de flexibilité observé dans l'entreprise.

4 Expliquez en quoi ces actions respectent les intérêts des parties prenantes (employeur, employés).

DEUXIÈME PARTIE — IDENTIFICATION DU PROBLÈME DE MANAGEMENT ET PROPOSITION DE SOLUTIONS ARGUMENTÉES

5 À l'aide de la ressource 3 et de vos connaissances, identifiez le(s) problème(s) de management au(x)quel(s) pourrait être exposé EMC² en matière de GRH. Proposez des solutions susceptibles d'y remédier.

6 À l'aide de la ressource 4 et de vos connaissances, identifiez les problèmes de management auxquels DELL-EMC pourrait être exposé en matière de GRH. Proposez des solutions susceptibles d'y remédier.

PRÉSENTATION DU CAS

Fondé en 1979, EMC² est le leader mondial du développement et de la fourniture de technologies et de solutions d'infrastructures informatiques permettant aux entreprises de valoriser au maximum leurs informations (stocker, virtualiser, protéger et sécuriser les informations numériques). EMC² regroupe aujourd'hui plus de 70 000 collaborateurs dans le monde dont 8 500 au siège du Massachusetts (Hopkinton) et 800 collaborateurs en France, répartis entre le siège de Bezons et les agences en province et en région parisienne. Le département *Delivery* d'EMC² a pour vocation la mise en œuvre et l'administration de solutions d'infrastructures de stockage et de sauvegarde complexes. Composé d'architectes en solution, de chefs de projets, de spécialistes en implémentation et administration d'infrastructures IT, ce département regroupe les meilleurs experts dans leur domaine […].

EMC² s'est profondément transformé au cours de la dernière décennie. Cela signifie une politique RH soucieuse de l'acquisition et du développement des compétences des collaborateurs.

RESSOURCE 1 — La politique RH chez EMC²

Une philosophie : « *la formation pour tous, un levier de performance personnelle et collective* ». Un de ses dirigeants déclare : « *Faire évoluer, c'est nous adapter et adapter nos collaborateurs aux forts changements des marchés et, plus encore aujourd'hui, dépasser une des crises les plus fortes depuis des décennies. L'engagement d'EMC² est que chacun puisse accéder tout au long de sa carrière aux formations nécessaires à son métier et à son évolution. Ce sont les compétences de chacun qui font les performances du groupe. Nous formons et*

RESSOURCE 1 (SUITE)

développons nos collaborateurs pour qu'ils enrichissent tous les jours leurs parcours professionnels, acquièrent de nouvelles compétences et de nouveaux savoirs.»

EMC^2 permet aux collaborateurs d'accéder à des formations diverses et de réaliser un bilan de compétences ou une VAE[1]. Tous les ans, un entretien individuel permet à chaque collaborateur d'échanger sur les réalisations et les performances de l'année écoulée. C'est aussi l'occasion de passer en revue les points forts et axes de progrès et de déterminer les activités de développement ou d'acquisition des compétences à mettre en place. Évoluer avec EMC^2, c'est: des actions de formations en interne et externe, des promotions internes, *etc.* C'est aussi des formations en présentiel, un catalogue de modules en ligne de plusieurs centaines de titres, des «*webinars*[2]», des ressources accessibles à tous.

1. VAE: validation des acquis de l'expérience.
2. *Webinar*: séminaire en ligne.

D'après carrieres.emc2.fr

RESSOURCE 2 Offres d'emplois chez EMC^2

Type	Titre
CDI	Spécialiste Implémentation – backup Recovery Systems H/F
CDI	Technicien support informatique H/F
CDI	Ingénieur support technique – spécialiste dépannage H/F

Spécialiste Implémentation – backup Recovery Systems H/F

Secteur: Informatique/Télécom
Fonction: Systèmes, réseaux, bases de données, sécurité
Lieu: Bezons

Compétences techniques requises:

- Expérience significative en matière d'administration et de conception Linux, Unix et Windows.
- 4 à 6 ans de produits de sauvegarde tels que NetWorker, Netbackup, backup Exec ou TSM.
- Maîtrise de la mise en œuvre et de l'administration SQL, d'Oracle et de bases de données.
- Certification EMC Proven specialist et maîtrise des technologies SAN et LAN, *etc.*

carrieres.emc2.fr

RESSOURCE 3 Comment recruter et garder les bons éléments?

Attirer les hauts potentiels et les fidéliser, tels sont les enjeux d'un bon nombre d'entreprises. Or, [...] cette tâche est de plus en plus difficile. Il est donc nécessaire d'agir et d'implanter des solutions visant à faciliter le recrutement, à susciter l'engagement et la mobilisation, à favoriser la rétention du personnel.

S.A. Lâaroussi, *Le Matin*, 10 février 2013.

RESSOURCE 4

vidéo sur le web | 4' | BFM Business

DELL rachète EMC pour 67 milliards d'euros
lienmini.fr/M391-dell

L'ESSENTIEL

La flexibilité des ressources humaines

La flexibilité des ressources humaines renvoie à la capacité de l'entreprise à configurer son potentiel RH aux besoins exprimés. Les ressources humaines doivent être adaptées, tant aux niveaux quantitatif que qualitatif, aux variations de la demande, aux exigences des consommateurs, aux pratiques des concurrents, à la conjoncture économique, aux innovations technologiques, *etc.* Mais cet ajustement n'est pas sans risque…

Les formes de la flexibilité RH

Flexibilité quantitative
- Ajustement du temps de travail par salarié
- Ajustement du nombre de salariés

- **interne** : temps partiel, annualisation du temps de travail, chômage partiel, licenciement, *etc.*
- **externe** : intérim, CDD, embauches, *etc.*

Importance de la GPEC, de la démarche compétence (*cf.* chapitre 4)

Flexibilité qualitative
- Ajustement des compétences des salariés

- **interne** : formation, reconversion, mobilité, *etc.*
- **externe** : recrutement, travail partagé, sous-traitance (ou impartition), *etc.*

Les avantages de la flexibilité RH

- Potentiel RH de l'entreprise adapté aux besoins de l'entreprise
- Maintien, voire amélioration de la performance de l'entreprise
- Augmentation de l'employabilité des salariés (en cas de formation)

Les risques liés à la flexibilité RH

Pour les salariés : stress, insécurité, risques psychosociaux, *etc.*

plus particulièrement en cas de baisse des effectifs

Pour les entreprises : coûts cachés (perte de compétences, contentieux potentiels, changement de la culture d'entreprise, *etc.*)

CHAPITRE 6

Motivation des salariés et performance

LES PROBLÉMATIQUES

- Que recouvre la notion de motivation ?
- Quels sont les enjeux de la motivation des salariés dans les entreprises ?
- Quels sont les leviers de motivation des salariés ? Comment les choisir et pour quelle efficacité ?

Ces questions sont abordées dans le cadre de l'étude du cas PSA Peugeot Citroën dont les orientations stratégiques actuelles (fermeture de sites de production en France) interpellent la capacité du constructeur automobile à préserver la motivation et la performance de ses salariés.

LES COMPÉTENCES

- Repérer les facteurs déterminants de la motivation.
- Choisir les leviers de la motivation qui concilient les objectifs de l'entreprise et la satisfaction du besoin de l'individu.

LES NOTIONS

- Motivation
- Besoin
- Équité
- Contribution
- Rémunération
- Système de rétribution
- Performance

LES AUTEURS

- J. Adams
- F. Herzberg
- A. Maslow
- V. Vroom

CAS PSA PEUGEOT CITROËN

Ancré en France depuis plus de 200 ans, PSA Peugeot Citroën emploie environ 55 000 collaborateurs. Soucieux de saisir les opportunités que représentent les marchés chinois, russe et sud-américain, PSA y oriente son développement. Parallèlement, un ajustement de ses sites de production français – dont l'activité a longtemps été impactée par un marché européen atone – a été opéré. Une reprise s'observe néanmoins pour le groupe en 2016. Un enjeu de taille se dessine : comment maintenir la motivation des salariés dans ce contexte environnemental fluctuant et hyperconcurrenciel ?

Après avoir pris connaissance du cas PSA et des ressources proposées, vous réaliserez le travail demandé parties 1 à 3.

vidéo sur le web | 1' 08" | BFM TV

Économie : PSA Poissy offre une prime à tous ses salariés
lienmini.fr/M391-prime-salaries

LE CAS

PARTIE 1 : Identifier les principaux leviers de motivation des salariés

CAS PSA PEUGEOT CITROËN

Lors de la 2e réunion de négociations salariales du 25 février, la direction de PSA Peugeot Citroën a proposé pour 2016 une politique salariale équilibrée qui concilie les intérêts des salariés et les impératifs de performance du groupe, ceci afin de protéger l'entreprise dans un environnement instable. Cette négociation s'inscrit dans l'esprit de l'accord « Nouveau Contrat Social » signé en octobre 2013 [...]. Dans un contexte d'inflation quasi nulle à 0,2 % en 2015, la direction a proposé un budget global d'augmentation des salaires de 1,25 %, avec notamment une augmentation générale pour les ouvriers de 0,6 %. À ce stade, 4 organisations syndicales (CFE/CGC, CFTC, FO, GSEA) ont signé l'accord, la CFDT se prononcera dans les prochains jours. Cet accord majoritaire traduit la qualité et la maturité du dialogue social chez PSA, atout indispensable pour la performance de l'entreprise.
Par ailleurs, l'accord de participation et d'intéressement signé par 5 organisations syndicales, CFE/CGC, CFDT, CFTC, FO et GSEA, le 4 février 2015, prévoit d'associer les salariés aux résultats du groupe, avec un montant total moyen de 2 000 € versé en 2016, qui n'a pas été atteint depuis plus de 10 ans. Conformément à cet accord, les salariés bénéficieront du succès du plan « Back In the Race » au travers du versement d'un intéressement au titre de l'exercice 2015. Il sera complété par un montant exceptionnel de près de 700 €, directement lié aux résultats générés par le plan « Back In the Race ».
À l'occasion de la signature par les organisations syndicales de l'accord [...], Xavier Chéreau, directeur des ressources humaines du groupe, déclare : « *Dans un contexte d'inflation très faible, nous avons proposé une politique salariale qui permet de valoriser les performances individuelles et collectives. Mon objectif est de concilier les intérêts économiques et sociaux de l'entreprise. Maintenant que PSA Peugeot Citroën est "Back in the Race", il faut que l'entreprise libère tout son potentiel pour assurer sa pérennité* ».

media.groupe-psa.com, 26 février 2016.

TRAVAIL DEMANDÉ

- **Besoin** → lexique, p. 153
- **Contribution** → lexique, p. 153
- **Motivation** → lexique, p. 153
- **Performance** → lexique, p. 153
- **Rémunération** → lexique, p. 153
- **Levier de motivation** → lexique, p. 153

1 Repérez les actions mises en place par le groupe PSA pour récompenser les contributions de ses salariés. (Annexes 1, 2 et 3)

2 Identifiez les besoins que ces leviers permettent de satisfaire à partir des travaux de Maslow. (Ressource 1)

3 Proposez des pistes quant aux effets attendus chez les salariés en termes de motivation, comportement et performance. (Ressources 2, 3 et 4)

4 Classez ces mêmes leviers de motivation à partir de la théorie d'Herzberg. Concluez sur leurs impacts sur la motivation. (Ressource 5)

5 Proposez des leviers de motivation non financiers (non transactionnels). (Annexe 4)

6 En vous appuyant sur l'ensemble des annexes et des ressources :
- rappelez les enjeux de la motivation et expliquez ses mécanismes au regard des théories étudiées ;
- définissez l'expression « système de rétribution » en rappelant ses deux principales composantes.

ANNEXE 1 Les avantages en nature

Billets gratuits, tarifs au rabais, voitures « dégriffées » : les salariés des grandes entreprises françaises ne sont pas tous logés à la même enseigne pour les avantages en nature. Et certains pourraient même voir sous peu les largesses dont ils bénéficient revues à la baisse. […] Du côté des grands constructeurs automobiles, les employés de PSA Peugeot Citroën bénéficient d'« *un taux de remise préférentiel en moyenne de 16 %* » sur les véhicules maison, selon le groupe, tandis que Renault ne souhaite pas communiquer ce taux de remise, qui s'échelonnerait entre 15 et 25 %.

AFP, 2011.

ANNEXE 2 De la rémunération à la rétribution globale

La politique de rémunération chez PSA s'inscrit dans une politique de rétribution plus globale, qui vise à rétribuer les collaborateurs dans trois autres domaines : la formation et le développement professionnel, l'environnement du travail et les avantages sociaux (prévoyance et retraite).

www.psa-peugeot-citroen.com

ANNEXE 3 PSA Peugeot Citroën, soucieux des conditions de travail de ses salariés

La sécurité au travail constitue la première exigence du groupe. Depuis 2010, PSA Peugeot Citroën poursuit une dynamique de sécurité au travail ambitieuse […] : la prévention des troubles musculo-squelettiques[1], des risques chimiques, des risques psychosociaux, des risques routiers et le développement de la détection des comportements à risque. […] Tous les acteurs de la vie du groupe sont invités à partager les comportements fondamentaux en matière de sécurité et santé au travail.

1. Troubles physiques liés essentiellement à une sur-sollicitation des articulations.

www.psa-peugeot-citroen.com

vidéo sur le web — 0' 57"

Journée de la motivation chez PSA
lienmini.fr/M391-journee-motivation

ANNEXE 4 Les Français sont les salariés européens les plus démotivés

38 % des salariés français jugent leur motivation en baisse, contre 29 % de l'ensemble des salariés européens. C'est l'un des enseignements de la 9e édition du baromètre Edenred-Ipsos sur le bien-être et la motivation des salariés européens […]. Ils sont aussi les plus mécontents sur les sujets de la reconnaissance (52 % ne sont pas satisfaits de la reconnaissance de leur implication dans leur travail contre 46 % des Européens), du manque de respect avec lequel ils sont considérés (43 % contre 33 %) et de la rémunération (61 % ne sont pas satisfaits de leur rémunération fixe contre 51 % des Européens).

V. Leblanc, *Entreprise & Carrières*, n° 1194, juin 2014.

PARTIE 2 :
Apprécier la complexité des liens entre les leviers de motivation, la motivation des salariés et leurs performances

CAS PSA PEUGEOT CITROËN

Les salariés de PSA Peugeot Citroën sont mécontents du montant de leurs primes d'intéressement pour 2013. [...] « *On n'est pas des clochards* ». Les salariés de PSA à Valenciennes ne décolèrent pas. Ils ont reçu entre 45 centimes et 18 euros de prime d'intéressement pour l'année 2013. Une « *aumône* » selon eux : certains ont décidé de verser la prime aux Restos du Cœur. Pour l'instant, ils ont récolté 153 chèques, pour un montant de 1 700 euros.

Une action symbolique. « *C'est une décision venue des ateliers* », explique Cédric Brun, secrétaire CGT de PSA Peugeot Citroën à Valenciennes, joint au téléphone par BFMTV. La mesure se veut symbolique : « *un investissement pour l'avenir car beaucoup d'entre nous sollicitent déjà les associations pour subvenir à leurs besoins vitaux* », explique la CGT dans un communiqué. [...] « *On se moque de nous.* » Alors que les syndicats et la direction de l'entreprise ont signé un plan de compétitivité, prévoyant notamment le gel des salaires en 2014, Cédric Brun déplore une provocation de la direction. « *On a reçu notre chèque le jour où l'on a appris le salaire de Carlos Tavares.* »

M. Kagni, wwwbfmtv.com, 16 avril 2014.

vidéo sur le web | 2' 56" | Europe 1

PSA : suppression d'emplois et gel des salaires
lienmini.fr/M391-departs-PSA

TRAVAIL DEMANDÉ

1 **Expliquez la ou les raisons qui ont amené certains salariés de PSA Valenciennes à renoncer à leur prime d'intéressement.** Annexes 5 et 6

2 **Identifiez la logique sous-jacente aux propos de la CFTC et de M. Tavares. Dans quelle mesure cette logique complète-t-elle les travaux de Vroom ?** Annexes 6 et 7 Ressource 6

3 **Envisagez et expliquez les éventuelles réactions des salariés quant au projet évoqué par les médias.** Annexe 8

4 **En vous appuyant sur l'ensemble des annexes et des ressources, et en sollicitant les auteurs et leurs théories, répondez à la question suivante : l'augmentation du système de rétribution garantit-elle une hausse de la motivation des salariés et de leurs performances ?**

Équité
→ lexique, p. 153

Système de rétribution
→ lexique, p. 153

ANNEXE 5 Un salaire fixe de 1,3 million d'euros pour Tavares, le nouveau patron de PSA

Le nouveau numéro un de PSA Peugeot Citroën, Carlos Tavares, va toucher un salaire brut de 1,3 million d'euros par an, selon le document de référence du groupe publié vendredi. «*La part variable pourra s'élever à un montant maximum représentant 150 % de sa rémunération fixe*», selon ce rapport. Carlos Tavares, qui avait déjà rejoint le directoire comme simple membre en début d'année, a été payé avant cette date sur une base de «*618 000 euros bruts annuels*» pour son fixe [...].

www.leparisien.fr, 11 avril 2014.

ANNEXE 6 PSA. Carlos Tavares juge son salaire « normal »

M. Tavares juge son salaire « normal », compte tenu de ses responsabilités. « *J'entends tout ce qui a été dit. Je fais simplement observer qu'il y a pour les patrons des grands groupes industriels, comme les joueurs de football ou les pilotes de Formule 1, un marché* », a déclaré le président du directoire de PSA Peugeot Citroën sur Europe 1. [...]

Transfuge de Renault arrivé à la tête de l'entreprise automobile en difficulté début 2014, M. Tavares a reçu au titre de 2015 un salaire de 5,24 millions d'euros, selon PSA. En 2014, sa rémunération s'était établie à 2,75 millions d'euros. [...] La semaine dernière, M. Tavares avait souligné que ce n'était pas lui qui fixait le mécanisme d'évolution de son salaire, mais le conseil de surveillance de PSA.

www.ouest-France.fr, 5 avril 2016.

ANNEXE 7 Deux questions fondamentales

Pour la CFTC, il est grand temps de mettre fin à cette forme de loi du silence qui, sous couvert de protéger la paix sociale, évite que les cadres comme les autres salariés de l'entreprise, puissent répondre à deux questions fondamentales :

- suis-je ou non bien payé par rapport aux collègues de PSA qui exercent un travail équivalent au mien ?
- serais-je mieux payé si j'exerçais le même travail dans une autre entreprise du secteur ?

www.cftc-psa.org, 1er février 2014.

ANNEXE 8 PSA pourrait supprimer 2 000 postes en France en 2017

Le constructeur automobile français PSA pourrait supprimer 2 133 postes en France en 2017, selon des documents internes révélés par France Info. Un comité central d'entreprise extraordinaire se réunit ce lundi après-midi à Paris, au siège de l'entreprise, pour discuter de ces suppressions de postes. Pas de licenciements secs au programme. Au total, 1 025 départs volontaires ne seraient pas remplacés, détaille France Info. Il y aurait également 983 congés seniors, qui correspondent à des préretraites, ainsi que 125 congés longue durée. Il faut aborder l'avenir « *avec prudence* », précise la direction dans les documents. Le Brexit au Royaume-Uni amène des perspectives un peu moins engageantes et les constructeurs automobiles en ont pris conscience. « *PSA prépare un 4e plan de suppressions d'emplois. C'est un véritable scandale, a déclaré sur RTL Jean-Pierre Mercier, délégué CGT de PSA qui a pu consulter les documents. C'est injustifié car depuis 18 mois ils ont engrangé 2,4 milliards de bénéfices. Les départs volontaires le sont de moins en moins, a-t-il encore réagi au micro de France Info. On sent dans les ateliers et les bureaux d'étude que les pressions sont de plus en plus grandes pour pousser les salariés à la porte. C'est une explosion de la précarité, de plus en plus d'intérimaires qui travaillent avec des droits plus faibles que les embauchés, et ça c'est intolérable.* »

lefigaro.fr, 17 octobre 2016.

PARTIE 3 : Choisir les leviers de la motivation

CAS PSA PEUGEOT CITROËN

Le constructeur souhaite supprimer plus de 2 000 emplois l'an prochain en France. La direction ne veut pas revivre la crise de 2013 et cherche les moyens d'investir sur de nouvelles compétences.

Le traitement n'est manifestement pas encore administré à 100 %. Trois ans après la crise qui a failli mettre le groupe sur le flanc et malgré son retour aux profits, PSA continue de réduire ses effectifs en France. Le constructeur convalescent prévoit de rayer un peu plus de 2 000 postes de ses listes en 2017 [...]. Premiers visés, les sites de Poissy (Yvelines), dont les volumes annoncés sont faibles à horizon 2018, de Rennes (Ille-et-Vilaine), où les opérateurs sont toujours en sureffectif, voire de Sochaux (Doubs), où la question du passage à une ligne de fabrication est posée. Idem pour les trois sites nordistes (Douvrin, Hordain et Valenciennes), qui ont été regroupés et où les services administratifs doivent être revus à la baisse. Tous les chiffres ont été précisés lundi aux représentants des salariés, réunis en comité central d'entreprise extraordinaire.

Clairement, cette nouvelle ponction n'est pas une surprise. En 2013, PSA avait supprimé 8 000 emplois (avec la fermeture d'Aulnay, entre autres). Depuis, le constructeur a supprimé plus de 2 000 postes par an. Fin juin, PSA employait 54 800 salariés en France, contre 61 900 fin 2013. Au total, près de 22 000 postes ont disparu du groupe depuis 2007, souffle la CFDT. « Inacceptable », pour la CGT [...].

Pour les autres syndicats, il s'agit toutefois d'une simple « concrétisation » de l'accord d'entreprise signé cet été, comme le dit la CFDT. Niveau suppression de postes, « *on arrive sur la fin, on devrait atterrir gentiment ces prochaines années* », espère Franck Don, à la CFTC.

De son côté, la direction rappelle qu'il s'agit d'objectifs de mobilité volontaire et que l'embauche de 1 000 CDI est toujours prévue d'ici à 2019 – sur les nouveaux métiers. « *L'Hexagone pour nous, c'est 67 % de la masse salariale, 15 usines terminales, 16 modèles origine France garantie, et un million de voitures produites par an* », souligne-t-on au siège, où l'on tâche depuis l'arrivée de Carlos Tavares aux commandes, fin 2013, de diminuer d'un tiers le coût salarial afin d'abaisser au maximum le « point mort » de l'entreprise. Le tout pour pouvoir encaisser une nouvelle crise sans risquer la faillite, et se positionner sur les domaines d'avenir cités dans le plan stratégique.

Julien Dupont-Calbo, lesechos.fr, 18 octobre 2016.

vidéo sur le web | 1' 20" | BFM Business

Objectifs d'emplois chez PSA pour 2015
lienmini.fr/M391-emplois-PSA

TRAVAIL DEMANDÉ

1. **Présentez le contexte concurrentiel de PSA Peugeot Citroën et identifiez les facteurs clés de succès sur ce marché.** Annexe 9
2. **Identifiez les objectifs poursuivis par PSA Peugeot Citroën en matière de masse salariale.**
3. **Dans quelle mesure le contexte concurrentiel impacte-t-il la stratégie de PSA Peugeot Citroën et sa politique RH ?**
4. **Citez, à partir de vos connaissances et des** Annexes 10 et 11**, d'autres facteurs susceptibles d'influencer la politique salariale des entreprises.**
5. **Récapitulez, à partir de l'ensemble des annexes et des ressources, les facteurs qui influencent la détermination du système de rétribution dans les entreprises.**

Facteur de motivation
→ lexique, p. 153

Facteur clé de succès
→ lexique, p. 152

ANNEXE 9 Le secteur automobile doit d'urgence gagner en volume et aller chercher la croissance

L'inquiétude pour l'automobile française court du sommet de l'État aux usines de Renault et de PSA car les chiffres sont sévères. […] En 2012, PSA annonçait des pertes comptables records de 5 milliards d'euros pour un chiffre d'affaires de 55 milliards, et Renault, un résultat d'exploitation tombé à 122 millions d'euros contre 1,2 milliard en 2011. […] Même phase critique pour les volumes. L'an dernier, dans un marché de 80 millions d'unités, PSA est passé sous les 3 millions et Renault affiche une baisse de 6,5 % (2,5 millions). […] « *Pour rester un grand de l'automobile mondiale, il faut peser 7 à 8 millions de voitures par an commercialisées de manière équilibrée sur les marchés matures (Europe occidentale, Japon…), en légère hausse (Europe de l'Est, Corée…), et les croissances fortes de la Chine, de l'Inde, des États-Unis,* affirme Laurent Petizon, directeur général d'Alix-Partners, *afin de répondre aux défis techniques et stratégiques, tel le développement de méga-plateformes, qui servent de base à des familles de modèles.* » La MQB de Volkswagen sera utilisée en 2017 par 25 modèles du groupe, pour des tarifs compris entre 15 990 et 59 600 euros […]. Ces volumes permettent de diluer le coût du développement de ces plates-formes (environ 1 milliard d'euros) […]. Cette offensive internationale s'accompagne d'une délocalisation des productions pour des groupes très présents en France. C'est le prix de la survie.

C. David, www.lexpansion.com, janvier 2014.

ANNEXE 10 Des accords collectifs très présents

Les lois, travaux et rapports de 2015 s'inscrivent dans la continuité de 2014 et confortent la persistance d'une négociation collective vivante à tous les niveaux : entreprises, branches, négociation nationale et interprofessionnelle. […] La loi du 17 août 2015 a considérablement amélioré le cadre du dialogue social en entreprise […]. Elle renforce la démocratie sociale en entreprise et la légitimité des représentants des salariés. Elle accroît la sécurisation des parcours et le retour à l'emploi, notamment par la création d'un compte personnel d'activité […]. Elle aménage, enfin, certains dispositifs tels que celui du régime de l'intermittence. Cette dynamique a été encore renforcée avec la loi du 8 août 2016 relative au travail, à la modernisation du dialogue social et à la sécurisation des parcours professionnels.

travail-emploi.gouv.fr

ANNEXE 11 Accord collectif, définition et portée

Un accord collectif est un accord conclu entre un employeur ou un groupement d'employeurs et une ou plusieurs organisations syndicales en vue de fixer des règles relatives aux conditions de travail […]. Le contenu de chaque accord collectif porte sur un ou plusieurs sujets bien spécifiques : salaire, complémentaire santé, formation professionnelle.

www.droit-finances.commentcamarche.net

RESSOURCE 1 La théorie des besoins de Maslow

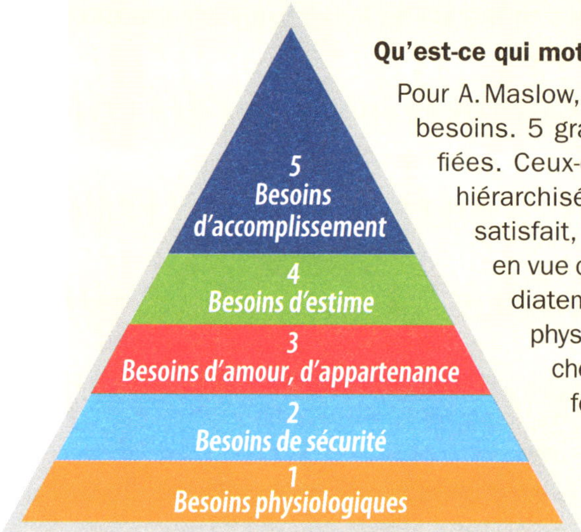

Abraham Maslow
(1908-1970)
➜ biographie p. 153

Qu'est-ce qui motive ?

Pour A. Maslow, les individus cherchent à satisfaire leurs besoins. 5 grandes catégories de besoins sont identifiées. Ceux-ci s'expriment de manière structurée et hiérarchisée : lorsqu'un besoin d'une catégorie est satisfait, les individus orientent leur comportement en vue de satisfaire la catégorie de besoins immédiatement supérieure. Ainsi, lorsque les besoins physiologiques sont satisfaits, les individus vont chercher à satisfaire le besoin de sécurité. Une fois ce dernier satisfait, ce sont les besoins d'amour et d'appartenance qui orienteront les comportements, *etc.*

© Delagrave, 2017.

RESSOURCE 2 L'importance de la motivation au travail

Les entreprises n'existent pas sans les hommes et les femmes qui y travaillent. Et la tâche numéro un de tout cadre consiste à obtenir de ses collaborateurs une productivité et une qualité de travail maximales. Ce qui suppose [...] avant tout, la motivation de tous. Comment créer et entretenir l'implication, l'ardeur au travail, la volonté pour chacun, de faire au mieux, de se perfectionner constamment, de respecter les objectifs assignés ? Quelles stratégies adopter pour motiver ses équipes ? Comment les mettre en œuvre ? Y a-t-il des règles générales à respecter pour rendre efficace le management des hommes et assurer leur motivation ? Faut-il choisir des individus déjà motivés ? Ou adopter des méthodes qui vont les stimuler ? Les mêmes méthodes pour tous ? [...] La motivation au travail est, en effet, un ressort important d'une compétition devenue mondiale. [...] La productivité et la qualité des services, donc la compétence et la motivation du personnel, deviennent des éléments décisifs de la survie des entreprises.

C. Levy-Leboyer, *La motivation au travail*, Éditions d'Organisation, août 2006.

vidéo sur le web 2' 10" TF1

Une illustration des outils de motivation chez Google
lienmini.fr/M391-motivation-google

RESSOURCE 3 La motivation

Depuis les travaux de Lewin, la motivation au travail est supposée être un des facteurs déterminants de la performance au travail. Ainsi, dans les années 1940-1950, les théories de la motivation au travail rencontrent un grand engouement dans le champ de la gestion des organisations. [...] Les psychologues cherchent à comprendre ce qui motive à s'investir dans son travail, à se développer, à progresser et à travailler efficacement. Ces travaux contribuent à l'émergence de l'École des relations humaines [...].

Ainsi, la motivation au travail peut être définie comme un processus qui active, oriente, dynamise et maintient le comportement des individus vers la réalisation d'objectifs attendus (Roussel, 2009). D'un point de vue opérationnel, la motivation est alors décrite par l'ensemble des efforts physiques, intellectuels et/ou mentaux que l'individu déploie dans son travail.

P. Roussel, N. Oubrayre-Roussel, « Motivation au travail », *Encyclopédie des ressources humaines*, Paris, Vuibert, 2012.

RESSOURCE 4 Les effets d'une baisse de motivation

E. Scaviner, dirigeant de Néocoach : « *La perte de motivation conduira un salarié à une forme de sclérose, à un manque de confiance, à une perte de repères qui eux-mêmes engendreront un manque d'initiative et de créativité, de l'indécision, de l'immobilisme. En temps normal, ces phénomènes n'atteindront qu'un seul individu. Mais en temps de crise, le danger est que ce soit l'ensemble de l'équipe qui soit atteinte de ces symptômes dangereux pour la survie de l'entreprise.* »

Y. Le Galès, blog.lefigaro.fr

RESSOURCE 5 La théorie bifactorielle

F. Herzberg distingue deux grandes familles de besoins ou facteurs susceptibles de motiver :

- **les facteurs d'hygiène** qui, lorsqu'ils sont satisfaits, n'entraînent pas de motivation. Ils ne doivent néanmoins pas être sous-estimés car leur non-satisfaction génère de la démotivation. On identifie la rémunération, les conditions de travail, la sécurité de l'emploi, *etc.*
- **les facteurs de motivation**, quant à eux, génèrent de la motivation lorsqu'ils sont satisfaits. On recense le contenu du travail, la reconnaissance, le sentiment d'accomplissement, *etc.*

© Delagrave, 2017.

Frederick Herzberg
(1923-2000)
→ biographie p. 153

RESSOURCE 6 Les théories psychologiques du processus

La théorie des attentes (Vroom) part de l'hypothèse que la motivation est le produit de trois perceptions :

- la valeur pour le salarié qu'a le résultat de son travail **(V)** *[on parle de valence]*;
- la perception du niveau d'effort qu'il faut mettre en œuvre pour atteindre le résultat escompté **(I)** *[on parle d'instrumentalité]*;
- la relation qu'établit l'individu entre la performance et la récompense de son effort **(E)** *[on parle d'expectation]*.

Ce modèle multiplicatif **(VIE)** postule implicitement que si l'une des variables n'a pas de valeur pour l'individu, sa motivation est nulle.

La théorie de l'équité (Adams) pose comme principe que chaque individu compare son ratio contribution/rétribution à celui d'un individu qu'il identifie comme comparable. La motivation est la conséquence des tensions que provoque une situation d'iniquité.

B. Sire, « Motivation au travail », *Encyclopédie de la gestion et du management*, Dalloz, 1999.

Victor H. Vroom
(1932-...)
→ biographie p. 153

John S. Adams
(1925-...)
→ biographie p. 153

Avant de commencer QCM

Motivation des salariés et performance

Testez vos connaissances sur le chapitre 6 à l'aide d'un QCM interactif. Connectez-vous sur lienmini.fr/M391-qcm6

CARREFOUR – LECLERC

Après avoir pris connaissance du cas et à partir de vos connaissances, vous répondrez aux questions suivantes :

PREMIÈRE PARTIE — ANALYSE DU CONTEXTE ET DE LA SITUATION DE L'ENTREPRISE

1. **Identifiez les facteurs clés de succès sur le marché de la grande distribution.**
2. **Recensez les solutions adoptées par Carrefour et Leclerc pour les atteindre.**
3. **Dégagez, dans ce cadre, les principales compétences requises chez les salariés.**
4. **Décrivez les conditions de travail dans la grande distribution.**

DEUXIÈME PARTIE — IDENTIFICATION DU PROBLÈME DE MANAGEMENT ET PROPOSITION DE SOLUTIONS ARGUMENTÉES

5. **Identifiez le/les problèmes de management des ressources humaines au(x)quel(s) peuvent être confrontés Carrefour et Leclerc.**
6. **Repérez les leviers utilisés par Carrefour et Leclerc pour y remédier.**
7. **Expliquez, à l'aide d'auteurs, l'efficacité de ces outils sur la motivation et le comportement des salariés.**
8. **Dans quelle mesure les travaux d'Adams peuvent-ils orienter le système de rétribution dans une grande surface ?**

PRÉSENTATION DU CAS — Carrefour – Leclerc : quel est le plus fort ?

Crise oblige, les prix bas sont devenus le nerf de la guerre entre distributeurs. Avant, pour faire simple, ce terrain était la chasse gardée de Leclerc. Mais depuis 2012, Carrefour revient dans le match, et les autres rivalisent eux aussi sur des promesses. « *Depuis deux ans, on ne lâche rien* », attaque Noël Prioux, patron de Carrefour France. […] Les patrons de centre Leclerc consacrent une partie de leur temps à la vie du groupe, notamment les fameuses négociations annuelles. Ces patrons sont d'abord observateurs pendant un an, puis se spécialisent dans un type de produit pendant quatre à six ans […]. Chacun est flanqué d'un collaborateur salarié, qui prépare des dossiers. Résultats, les « négos » chez Leclerc sont réputées ardues. […] Autre ambiance chez Carrefour […]. Un fournisseur apprécie : « *les négociations sont plus simples, moins folkloriques : comme c'est un groupe intégré, on a un interlocuteur principal. On parle prix, bien sûr, mais aussi produit, assortiment, consommateurs.* » […] En coulisses, les méthodes relatées par les industriels ne sont pas plus tendres […].

Les mastodontes de la grande distribution ne s'affrontent pas que sur les prix, ils se disputent les compétences, avec chacun de bons arguments. Dix années que le cabinet de recrutement de Lionel Deshors, CCLD, travaille pour Carrefour.

PRÉSENTATION DU CAS (SUITE)

Sa mission ? Débaucher les meilleurs chefs de rayons et les meilleurs directeurs de magasins chez les concurrents [...] jusque sur le lieu de travail. [...] « *Ne vous inquiétez pas, Leclerc fait exactement pareil !* » sourit le limier. Car chaque année, les mammouths de la distribution (200 000 salariés à eux deux) doivent attirer de nouveaux collaborateurs, malgré la réputation peu glorieuse du secteur. Les métiers y sont difficiles, avec pression sur les résultats et horaires extensibles. « *Mais les conditions se sont nettement améliorées, qu'il s'agisse de salaire, de pénibilité ou de repos compensatoire,* reprend Lionel Deshors. *Surtout, c'est encore un secteur où l'ascenseur social fonctionne.* » Mais à choisir, l'un vaut-il mieux que l'autre ? [...]

Salaires, avantages : Carrefour loin devant. Une participation, un intéressement, une prime de vacances, un complément à la prime de vacances... Pour améliorer leur fixe, les salariés de Carrefour ne manquent pas de jolis plus. Une caissière gagne en moyenne 1 450 euros net par mois, un chef de rayon 2 400, un manager boucher, 3 000. Sans compter les à-cotés pourtant non négligeables : CE avantageux, titres-restaurant, mutuelle pour toute la famille, réduction de 10 % sur les courses... et chez Leclerc ? À vrai dire, tout dépend du patron du magasin. « *Chaque adhérent est libre de faire ce qu'il veut,* explique Bertrand le Côme, propriétaire de l'hyper de Saint-Amant (Nord). *On a quand même une obligation : reverser 25 % du résultat net en participation, intéressement et gratification.* » Pour certains, c'est énorme [...].

Autonomie, Leclerc toujours plus souple. « *Du moment que je réalise les objectifs que me fixe mon patron, je gère mon rayon à ma guise* », se réjouit Joël Alix, chef boucher de Bois-d'Arcy. De fait, dans sa quasi PME de 8 millions d'euros de CA, c'est lui qui décide de l'assortiment et fixe les prix. Une responsabilisation qui se retrouve dans tous les magasins Leclerc et à chaque poste. « *Si un jour, je veux changer un rayon de place, j'en discute avec l'adhérent propriétaire et c'est réglé,* raconte Franck Bouaziz, directeur à Vitry. *Chez Carrefour, vous devez attendre une directive nationale, l'accord de je ne sais combien de personnes.* »

Formation : Carrefour nettement plus structuré. [...] Chez Carrefour, grand groupe oblige, les salariés bénéficient d'un accompagnement des plus rigoureux. Et ce, quel que soit le poste. Les hôtesses de caisse apprennent les règles de l'accueil, les façons de gérer un conflit avec un client ou les postures à adopter. Durant douze jours répartis sur un an, tout aspirant chef de rayon se voit enseigner le merchandising, l'hygiène ou encore le management au siège et en « *magasin école* ». Quant aux directeurs, tous bénéficient de cours de droit du travail ou de coaching [...]. « *Chaque année, nous formons 57 000 salariés, presque un collaborateur sur deux* », précise Isabelle Calvez, DRH de Carrefour France.

Carrière, le rêve du jackpot chez Leclerc. Entrée chez Leclerc comme hôtesse en 1997, Isabelle Buratti est désormais chef de secteur. « *Mon mari, lui, est directeur,* raconte-t-elle. *Ensemble, on voulait devenir adhérents.* » Traduction : passer propriétaire d'un supermarché [...]. Chaque année, ils sont environ 30 à s'offrir ainsi les portes de la fortune ! Et chez Carrefour ? À défaut de la richesse, on promet de belles carrières. « *Nous offrons de nombreuses possibilités d'évolution. Un salarié peut passer d'un magasin à l'autre, ou d'un magasin vers le siège social et vice-versa,* défend Isabelle Calvez. *La moitié de nos managers et 90 % de nos directeurs sont ainsi issus de la promotion interne.* »

C. Bader « Carrefour-Leclerc, lequel est le plus fort ? », *Capital*, juillet 2014.

L'ESSENTIEL

Motivation des salariés et performance

La performance de l'entreprise repose en partie sur la « qualité » de ses ressources humaines. Parallèlement aux actions menées en direction des compétences des salariés (*cf.* chapitres 4 et 5), l'entreprise a intérêt à s'assurer de leur motivation à travers la mise en place d'un système de rétribution efficace qu'il convient de déterminer avec rigueur, réalisme et psychologie.

Le système de rétribution

Charges supportées par l'entreprise (…)

Dimension transactionnelle

- **Rémunération**
  - Salaire
  - Primes, participation, intéressement
  - Avantages en nature, *etc.*
- Perspectives d'ascension professionnelle, *etc.*

Dimension relationnelle

- Reconnaissance, respect, sécurité de l'emploi, *etc.*
- Conditions de travail, enrichissement des tâches, *etc.*

Motivation des salariés

Performances sociale, productive, organisationnelle

(…) dans l'espoir d'un gain.

Exemples : baisse de l'absentéisme, des conflits, du *turn over*, des accidents du travail, *etc.*

Justifications théoriques :

- **Théories de contenu** (*cf.* MASLOW, HERZBERG, *etc.*)
- **Théories de processus** (VROOM, ADAMS, *etc.*)

Attention, les attentes/besoins varient d'un individu à un autre… et évoluent dans le temps (contingence). Le lien n'est donc pas systématique et la culture d'entreprise peut jouer un rôle (*cf.* chapitre 7).

La performance de l'entreprise

La motivation des salariés contribue à la performance de l'entreprise mais ne la détermine pas. La relation n'est pas automatique ni systématique. La fixation du système de rétribution par le dirigeant nécessite de considérer une diversité de facteurs…

… internes à l'entreprise : sa stratégie, ses résultats (performance sociale), sa situation financière, la sensibilité et formation des managers, *etc.*

… externes à l'entreprise : l'intensité concurrentielle et les pratiques des concurrents, le marché de l'emploi, le cadre légal et réglementaire, *etc.*

CHAPITRE 7

Culture d'entreprise et performance

LES PROBLÉMATIQUES

- Qu'est-ce que la culture d'entreprise ?
- La culture d'entreprise influence-t-elle l'implication des salariés et leur comportement au travail ?
- La culture d'entreprise contribue-t-elle à la performance de l'entreprise ?

Ces problématiques sont abordées dans le cadre de l'étude du cas L'Oréal, groupe industriel français de produits cosmétiques qui a forgé sa culture d'entreprise autour de la performance.

LES COMPÉTENCES

- Établir le lien entre la culture d'une entreprise donnée et l'implication des salariés.

LES NOTIONS

- Culture d'entreprise
- Partie prenante
- Implication
- Performance

LES AUTEURS

- R.M. Cyert et J.G. March

CAS L'ORÉAL

Créé au début du XXe siècle (1909), L'Oréal est désormais un groupe international, leader mondial sur son marché. Présent dans 130 pays à travers un portefeuille de 28 marques internationales, L'Oréal couvre tous les métiers de la cosmétique : soin du cheveu, coloration, soin de la peau, maquillage et parfums. Très complémentaires, ces marques sont gérées au sein du groupe par des divisions, chacune experte de son circuit de distribution. Cette organisation est une force majeure de L'Oréal. Elle permet, d'une part, de répondre aux attentes de chaque consommateur selon ses habitudes et son mode de vie et, d'autre part, de s'adapter aux conditions de distribution locales, partout dans le monde.

L'Oréal a fait le choix d'intégrer son outil de production : 87 % des unités cosmétiques vendues sont produites dans ses 45 usines implantées dans le monde entier. Pour gagner en réactivité et s'adapter aux particularités locales des marchés, l'outil industriel est réparti sur les cinq grandes zones géographiques. L'Oréal est un groupe multiculturel qui emploie 82 900 collaborateurs de 158 nationalités différentes. En 2015, son chiffre d'affaires s'élève à 25,6 milliards d'euros. Sa culture d'entreprise est présentée comme un élément fondamental assurant la cohérence et la cohésion de sa stratégie dans le respect de la diversité de ses collaborateurs et de ses clients.

Après avoir pris connaissance du cas L'Oréal et des ressources proposées, vous réaliserez le travail demandé parties 1 et 2.

vidéo sur le web — 2' 00"

Beauty for all, film-manifeste de L'Oréal, réalisé par Peter Lindbergh
lienmini.fr/M391-loreal-beauty

PARTIE 1 : Identifier les caractéristiques de la culture d'entreprise et comprendre son rôle

CAS L'ORÉAL

Si l'entreprise, fondée par l'ingénieur entrepreneur Eugène Schüller en 1909, n'a pas changé ses valeurs originelles, la stratégie actuelle date des années 1960, quand l'entreprise, spécialisée dans les produits de coiffure, a fait deux choix fondamentaux. D'abord élargir son activité à l'ensemble des cosmétiques, notamment par l'acquisition, en 1965, des Laboratoires Garnier et de la marque de luxe Lancôme, et ensuite partir à la conquête de l'international. Autrement dit, focalisation sur un seul marché, mais couverture totale, tant sur le plan des produits, du petit prix au grand luxe, que sur celui de l'expansion géographique. [...] Par ailleurs, l'entreprise est totalement intégrée, de la recherche de long terme jusqu'à la fabrication. Une stratégie qui a permis à l'entreprise d'afficher une croissance record et de s'affirmer comme le numéro un mondial de sa spécialité. [...]

Mais une telle réussite n'aurait pas été possible sans une culture managériale hors normes qui fait l'admiration de tous les professeurs de management et même de ses concurrents. Elle résulte d'une fierté identitaire très forte, associée à une organisation en réseau totalement souple et informelle. Pas d'organigramme écrit, une mobilisation par projet qui privilégie l'échange, la confrontation et la compétition. Avec une double obsession, celle de la curiosité pour son marché et ses concurrents (une intelligence économique hors pair) et celle des relations humaines. Les meilleurs sont recrutés à la sortie de l'école et tout est fait pour qu'ils ne repartent plus, notamment à coup de formation et de mobilité internationale. Avec en surplomb les valeurs héritées d'Eugène Schüller : culte de la recherche, de l'échange, de l'autonomie, mais aussi du secret et de la fidélité. Une organisation quasi clanique, que l'on rencontre plus dans une PME que dans un groupe mondial, qui peut constituer la limite de l'exception L'Oréal.

P. Escande, www.lesechos.fr, 12 février 2009.

TRAVAIL DEMANDÉ

1 **Repérez les éléments qui caractérisent la culture d'entreprise de L'Oréal.** Annexes 1 et 2 | Ressource 1

2 **Mettez en évidence les valeurs héritées d'Eugène Schüller qui fondent encore la culture d'entreprise du groupe.** Annexe 1 | Ressource 2

3 **Identifiez d'autres dimensions qui nourrissent la culture d'entreprise de L'Oréal.** Annexe 2 | Ressources 2 et 3

4 **Expliquez comment la culture d'entreprise de L'Oréal contribue à la construction d'un objectif commun aux parties prenantes internes.** Annexes 1 et 2 | Ressources 3 et 4

5 **Montrez comment L'Oréal fait de sa culture d'entreprise la pierre angulaire de sa stratégie et la source d'un avantage concurrentiel.**

6 **Définissez, en synthèse, la notion de culture d'entreprise et précisez ses modalités de construction ainsi que ses enjeux pour une entreprise.**

Culture d'entreprise
→ lexique, p. 154

Partie prenante
→ lexique, p. 154

Avantages concurrentiels
→ lexique, p. 154

ANNEXE 1 Les valeurs de L'Oréal

Transmises de génération en génération, les valeurs d'Eugène Schüller (le savoir-faire, l'audace, l'imagination, le goût de l'innovation, la quête permanente de l'excellence, l'amour du travail bien fait, le goût de l'effort et du défi, une foi profonde dans le sens de la beauté) cimentent toujours nos équipes. Une manière d'être qui caractérise la culture du groupe et de ceux qui y travaillent.

Nos 6 valeurs :

- **La passion** pour ce que la cosmétique apporte aux femmes et aux hommes : bien-être, confiance en soi, ouverture aux autres.
- **L'innovation** [...] : chez L'Oréal, elle est vitale. Vouloir sans cesse repousser les limites de la connaissance, c'est ouvrir des voies nouvelles afin de créer des produits vraiment différents, surprenants. Pour garder toujours un temps d'avance.
- **Le goût d'entreprendre** a toujours été stimulé et élevé en mode de management. C'est aujourd'hui encore le moteur d'un groupe qui se construit avant tout sur la confiance dans l'individu et ses talents.
- **L'ouverture d'esprit** : écouter les consommateurs et comprendre leurs cultures, s'ouvrir aux autres et s'enrichir par la différence, sont une exigence absolue pour répondre à l'infinie diversité des aspirations de beauté à travers le monde.
- **La quête de l'excellence** dans tous les pays, et qui se traduit par une manière d'être et une recherche permanente de perfection. Nous partageons tous cette volonté de nous dépasser pour offrir le meilleur à nos clients.
- **La responsabilité** : première invention de L'Oréal, la « teinture inoffensive pour cheveux » exprimait déjà ce souci fondamental d'efficacité, de sécurité et d'innocuité des produits. En tant que leader mondial de la beauté, nous avons, plus que tout autre, le devoir de préserver la beauté de la planète et de contribuer au mieux-être des collaborateurs et des populations qui nous entourent.

www.loreal.fr

ANNEXE 2 Témoignages de salariés L'Oréal

« Pour réussir une carrière chez L'Oréal, il est essentiel selon moi d'être un entrepreneur au sein de l'entreprise, pas seulement un manager. C'est vraiment une spécificité de L'Oréal. On vous donne la possibilité d'essayer de nouvelles choses, de nouvelles idées, de vous remettre en question, tenter des choses qui sont peut-être risquées. Mais vous pouvez le faire dans un environnement sécurisant, et c'est quelque chose que vous n'avez pas souvent l'occasion de faire. » **Saskja, Allemagne.**

« Chez L'Oréal, l'un des facteurs essentiels de réussite, c'est le goût du risque. C'est une entreprise peu cloisonnée. Vous pouvez aller bien au-delà de ce que l'on attend de vous. C'est très gratifiant de pouvoir décider par soi-même et d'avoir beaucoup d'autonomie. » **Pedro, Brésil.**

« J'apprécie particulièrement de pouvoir parler de mes projets et produits librement, même avec le top management, à la cafétéria. C'est probablement quelque chose que les gens ont du mal à faire parce que ce n'est pas toujours facile de parler avec eux dans un environnement informel. Mais profitez-en, lancez-vous ! » **Nicolas, France.**

www.loreal.fr

PARTIE 2 : Établir les liens entre la culture d'une entreprise et la mise en œuvre de sa stratégie

CAS L'ORÉAL

Fort du succès mondial de ses produits, L'Oréal affiche de solides performances qui en font un groupe où la passion et les défis ne manquent pas. Le groupe croît plus vite que le marché, renforçant ainsi sa position de leader. Ses résultats lui donnent les ressources pour réaliser son ambition : conquérir un milliard de nouveaux consommateurs.

Les 4 piliers de notre « *beauty business* » :

– Universalité : chez L'Oréal, nos activités, notre approche des ressources humaines, du marketing et des ventes sont conçues pour accompagner l'universalisation. Tout en cultivant l'image globale de nos marques, nous favorisons les développements locaux et nous nous adaptons aux circuits de distribution de chaque pays. [...]

– Innovation : l'innovation fait partie de l'ADN de notre groupe. Toutes les fonctions de l'entreprise ont pour ambition d'innover dans leur domaine et nous nous sommes organisés pour l'encourager. [...]

– Agilité : la beauté est un métier qui bouge vite. Les tendances évoluent rapidement. Notre groupe sait s'adapter et se montrer proactif dans tous les domaines : recherche, production, ventes, marketing, ressources humaines. Chez L'Oréal, nous sommes constamment à l'affût de nouvelles opportunités : nouveaux produits, catégories, marchés, canaux de distribution, e-business...

– Esprit d'entreprise : pour être hautement performantes et agiles, nos différentes marques sont organisées comme une flottille de bateaux rapides qui bénéficie des moyens d'un croiseur géant. L'Oréal est unique parce que nous couvrons tous les canaux de distribution, toutes les catégories du secteur de la beauté et tous les segments de consommateurs, avec des marques dédiées. Chaque « *business unit* » est autonome, et opère avec son propre « *business model* » et sa propre logique de rentabilité.

D'après www.loreal.fr

TRAVAIL DEMANDÉ

1 Repérez les critères et les objectifs de performance retenus par L'Oréal, y compris ceux avancés dans le plan « *Sharing Beauty with All* ». Annexe 3

2 Mettez en évidence le rôle dévolu à la culture d'entreprise L'Oréal pour atteindre ces objectifs. Annexe 3 Ressource 6

a. Expliquez comment la culture d'entreprise contribue à influencer la motivation, l'implication et le comportement des salariés. Annexes 4 et 5 Ressources 3 et 5

b. Expliquez dans quelle mesure cette culture permet d'attirer et fidéliser les meilleurs salariés. Annexes 4 et 5

3 Proposez des limites d'origine culturelle susceptibles de représenter un frein aux changements impulsés par le plan « *Sharing Beauty with All* ». Ressource 6

4 Expliquez, en synthèse, l'importance de la culture d'entreprise dans la mise en œuvre de la stratégie et dans la conduite du changement.

Performance
lexique, p. 154

Motivation
lexique, p. 153

Implication
lexique, p. 154

ANNEXE 3 L'Oréal, sur la voie du changement durable

Alexandra Palt (directrice de la responsabilité sociétale et environnementale de L'Oréal) a pour mission la mise en œuvre du développement durable de tout le groupe L'Oréal. Le plan dénommé « *Sharing Beauty with All* » est ambitieux, à la mesure du numéro un mondial des cosmétiques. [...] C'est à cette diplômée de Cambridge, experte en innovations sociales et environnementales que Jean-Paul Agon, le président du groupe, a confié la mission d'insuffler les notions durables à tous les niveaux du groupe et de réorienter cet énorme paquebot vers la voie du respect écologique et de l'innovation sociale.

« *Nous avons un projet très clair. Nous avons commencé par nous interroger sur notre métier et sur les différents jalons de notre chaîne de valeurs en dialoguant avec nos parties prenantes partout dans le monde. Comment innover durablement ? Comment réduire l'empreinte environnementale de notre outil de production ? Comment sensibiliser les consommateurs à la consommation durable ? Notre programme répond à ces différents enjeux : chaque marque entre dans une nouvelle logique de développement et de rénovation de ses gammes de produits pour améliorer leur performance environnementale, en particulier l'empreinte eau et la biodégradabilité des formules. Parallèlement, notre engagement durable se déploie sur le plan social avec le développement de projets de solidarité, les pratiques de commerce équitable, les achats solidaires, des modèles de business inclusif.*

À l'échelle d'un groupe tel que L'Oréal, le changement de culture est un enjeu crucial. Nos engagements sont sincères, simples à vérifier, car mesurables quantitativement. Tout notre objectif est de réduire notre empreinte en apportant une contribution positive aux communautés qui nous entourent. Comment y parvenir ? En aidant 100 000 personnes à accéder à un emploi ou à créer une activité d'ici à 2020. »

I. Lefort, www.latribune.fr, 30 novembre 2014.

ANNEXE 4 Dans le Top 20 mondial des développeurs de leaders

L'étude menée par Aon Hewitt (2011), le magazine *Fortune* et le RBL Group sur les pratiques de plus de 450 entreprises parmi les plus puissantes dans le monde a souligné que les groupes en tête de ce classement « *se démarquent par leur volontarisme dans le recrutement, le soutien, le développement et l'appréciation des talents* ». L'Oréal a été particulièrement récompensé pour son savoir-faire à développer ses propres leaders, par des engagements sur le long terme avec les collaborateurs qui construiront le futur du groupe. Une très bonne illustration de cette capacité est le parcours de Jean-Paul Agon, président et directeur général du groupe, qui a été recruté dès sa sortie d'école en 1978, à l'instar de 67 % des patrons de marques mondiales !

www.loreal.fr

ANNEXE 5 Les entreprises préférées des diplômés des grandes écoles

L'étude annuelle du cabinet Universum livre dans ses résultats 2014 une vision très précise des employeurs les plus « alléchants ». Chez les diplômés des grandes écoles de commerce-management, le « top 5 » est composé de LVMH, L'Oréal, Google, Apple et Canal+. [...] L'étude très détaillée montre une forte évolution dans les critères ayant le plus d'importance aux yeux des jeunes diplômés. Chez les jeunes diplômés des grandes écoles de commerce-management, la renommée de l'entreprise apparaît comme un critère primordial, gage d'une meilleure employabilité à venir. À l'inverse, le critère de l'existence d'un potentiel de promotion rapide au sein de l'entreprise apparaît en recul, sans doute une forme de réalisme liée à la crise. [...] La culture d'entreprise apparaît comme un facteur de plus en plus regardé, notamment sur le plan de l'ambiance de travail.

www.lesechos.fr, 17 octobre 2014.

RESSOURCE 1 Définition de la culture d'entreprise

Ensemble des attitudes communes à la plupart des membres d'une entreprise et des principales valeurs partagées. La culture d'entreprise s'exprime à travers un système de valeurs, de rites, de symboles, de mythes et croyances qui résultent de l'histoire des dirigeants et des salariés. Elle influence, le plus souvent de façon inconsciente, les pratiques des entreprises, en particulier dans le domaine de la gestion.

A.-C. Martinet et A. Silhem, *Lexique de gestion et de management*, 8e éd., Paris, Dunod, 2009.

RESSOURCE 2 Culture et valeur

Une valeur est un « *principe idéal auquel se réfèrent les membres d'une collectivité pour fonder leur jugement, pour diriger leur conduite* ». Par « valeur fondatrice » nous signifions qu'une valeur a été transmise à l'entreprise par un dirigeant fondateur, une valeur individuelle à l'origine qu'un collectif s'est réapproprié au cours de l'histoire commune. Ces valeurs peuvent être éthiques, sociales ou encore, dans le cas qui nous intéresse, entrepreneuriales.

La notion de culture réfère à des valeurs, mais aussi à des idées et à d'autres systèmes symboliques signifiants qui distinguent un groupe humain d'un autre et orientent les comportements des individus. Une culture est en quelque sorte une configuration particulière de modèles stéréotypés de comportements qui se transmet d'une génération à une autre. La culture peut être définie pour une assez grande variété de niveaux ou de systèmes sociaux avec des interactions potentielles entre eux. C'est ainsi que l'on peut parler de culture nationale, professionnelle, d'industrie, d'entreprise, familiale, *etc.*

A. Fayolle, T. Legrain, M. Labbé, *Valeurs et culture d'entreprise : genèse et source de l'orientation entrepreneuriale de L'Oréal*, Congrès de l'Académie de l'Entrepreneuriat Sherbrooke, 2007.

RESSOURCE 3 Culture et organisation

On considère là que l'organisation a une caractéristique particulière qui est sa propre culture. [...] L'organisation a une structure, des systèmes de gestion et une culture. Si la culture est une variable du système, le problème devient de savoir ce qu'elle apporte et comment elle interagit avec les autres variables. On considère que sa fonction est de contrôler les comportements individuels, de les unifier et de les orienter vers les buts de l'organisation : on parle ainsi de culture forte quand elle oriente fortement les comportements.

La culture est aussi une variable externe parce qu'elle intervient dans un contexte qui est aussi culturel : c'est la culture nationale ou de tout autre niveau de contexte pertinent, comme le secteur d'activité ou les métiers.

M. Thévenet, *La culture d'entreprise*, 6e éd., Paris, PUF, coll. « Que sais-je ? », 2010.

vidéo sur le web 3' 22" Xerfi Canal

La culture d'entreprise est-elle un avantage concurrentiel ?
lienmini.fr/M391-culture-entreprise

RESSOURCE 4 Culture et théorie du décideur politique

Cyert et March montrent que seuls les individus ont des buts. Les objectifs d'une organisation résultent alors de négociations ou de compromis entre des coalitions d'individus qui mènent une stratégie conforme à leurs propres intérêts au sein même de l'organisation.

La culture permet de réduire les divergences et l'influence des stratégies individuelles en offrant aux différentes parties prenantes un point commun, un élément fédérateur, un véritable repère qui indique la direction à suivre tout en donnant du sens à l'action. Elle permet ainsi de lever les résistances au changement organisationnel.

© Delagrave, 2017.

Richard M. Cyert (1921-1998) et **James G. March** (1928-...)
→ biographie p. 154

RESSOURCE 5 Définition et caractéristiques de l'implication

L'implication est « *l'attachement psychologique ressenti par la personne pour l'organisation* », qui s'exprime parce que cet individu internalise ou adopte les valeurs, les buts et les normes de l'organisation. Elle peut être vue comme « *une force générale conduisant l'individu à s'identifier et à s'engager envers l'organisation dans laquelle il travaille* ».

L'implication organisationnelle peut prendre trois dimensions :
- l'implication affective (l'attachement émotionnel à l'organisation) ;
- l'implication calculée (l'attachement à l'organisation résulte d'un calcul. Il y a implication calculée lorsque l'individu y trouve un intérêt financier, symbolique, *etc.*) ;
- l'implication normative (l'attachement à l'organisation est lié à un devoir moral).

© Delagrave, 2017.

RESSOURCE 6 La culture d'entreprise, un facteur de compétitivité ?

La culture d'entreprise va au-delà des simples actions de mécénat, des chartes ou des week-ends d'intégration qui ont comme objectifs de stimuler les sentiments d'appartenance des salariés, d'accompagner un changement organisationnel ou de refermer des plaies ouvertes à l'occasion d'une crise. Ces dispositifs ont leur importance certes, mais ne suffisent pas à transformer la cohésion sociale en efficacité collective. Car c'est bien à ce niveau-là que se situe le principal enjeu de la culture d'entreprise.

Des études ont démontré qu'il existe une relation de causalité entre la culture d'entreprise et ses résultats : les entreprises qui réussissent le mieux – c'est-à-dire les plus rentables dans des environnements fortement concurrentiels – ont une culture « forte ». Une culture « forte » est facteur de compétitivité pour au moins 3 raisons.

Premièrement, parce qu'en véhiculant des valeurs et des coutumes qui lui sont propres, l'entreprise développe le sentiment d'appartenance qui est un levier de motivation. Incidemment, l'identification aux valeurs de l'entreprise est aussi un outil de recrutement et de fidélisation qui diminue le *turn over*.

Deuxièmement, parce que la culture d'entreprise exerce une influence sur l'ensemble des collaborateurs qui marchent dans la même direction en vue d'atteindre un objectif.

Ajoutons que les périodes de crises conjoncturelle ou structurelle exacerbent les comportements et révèlent ainsi la capacité de résistance et les valeurs d'une entreprise.

Une culture forte est facteur de compétitivité, mais pas automatiquement gage de survie. Pour cela, l'ensemble des valeurs diffusées au sein de l'entreprise doit être évolutif. [...] Un système de valeurs figé, sans possible remise en question, accroît les risques d'adopter une attitude incorrecte face au changement.

www.archives.lesechos.fr, 27 septembre 2012.

Avant de commencer QCM

Culture d'entreprise et performance

Testez vos connaissances sur le chapitre 7 à l'aide d'un QCM interactif. Connectez-vous sur lienmini.fr/M391-qcm7

AIRBUS

Après avoir pris connaissance du cas, des ressources proposées et à partir de vos connaissances, vous répondrez aux questions suivantes :

PREMIÈRE PARTIE – ANALYSE DU CONTEXTE ET DE LA SITUATION DE L'ENTREPRISE

1. **Qualifiez le type de changement opéré par Airbus.**
2. **Expliquez pourquoi l'organisation d'Airbus doit changer.**
3. **Montrez les conséquences de cette réorganisation sur les ressources humaines.**

DEUXIÈME PARTIE – IDENTIFICATION DU PROBLÈME DE MANAGEMENT ET PROPOSITION DE SOLUTIONS ARGUMENTÉES

4. **Identifiez les problèmes de management induits par la réorganisation envisagée.**
5. **Proposez des solutions relevant notamment de la gestion des ressources humaines pour limiter leurs impacts.**

PRÉSENTATION DU CAS

AIRBUS

Airbus est un constructeur aéronautique européen fondé en 1970. Ses principaux sites de production se situent en France, en Allemagne, au Royaume-Uni, en Belgique et en Espagne mais il existe des filiales d'Airbus aux États-Unis, en Chine, au Japon et en Inde. La France accueille le siège du groupe et de nombreux sites de production et de recherche importants.

Airbus est l'une des divisions du groupe Airbus Group renommé ainsi en 2014 (l'ancien nom du groupe est EADS). Les autres divisions sont Airbus Hélicoptère et Airbus Défense and Space. En 2015, le groupe (toutes divisions confondues) emploie 136 000 salariés et réalise un chiffre d'affaires de 64 milliards d'euros.

En 2017, Airbus Group prend le nom de sa principale division « Airbus » et fusionne avec elle. Depuis toujours, Boeing est son principal concurrent. Les deux constructeurs se disputent la place de leader.

RESSOURCE 1 « À propos d'Airbus »

Airbus produit la famille d'avions la plus moderne et la plus complète du marché. Une gamme complète assortie d'une offre support de qualité. Nos centres de production, répartis dans le monde entier, servent de référence et fixent la norme à l'ensemble de l'industrie tant en termes de qualité que d'efficacité. La clé du succès réside dans nos employés qui sont animés par un état d'esprit pionnier. C'est cet état d'esprit qui fait d'Airbus un leader aéronautique reconnu.

La société contribue à façonner le futur du transport aérien et à favoriser une croissance durable de l'activité à travers le monde. Fort de sa compréhension des besoins d'un marché en constante évolution, Airbus développe des technologies incrémentales novatrices et recherche le plus haut niveau de performances, tant en termes d'approvisionnements que de production, afin de favoriser la croissance des compagnies aériennes et d'optimiser le rapprochement des personnes. Airbus, dont le siège social se trouve à Toulouse, est aujourd'hui le fer de lance d'« Airbus Group » (Airbus en 2017) qui s'arroge régulièrement la moitié de l'ensemble des commandes d'avions civils.

www.airbus. com

RESSOURCE 2 Airbus : réorganisation sous un seul et même nom

Le groupe Airbus met la dernière main à l'ultime étape d'un processus d'intégration entamé il y a dix ans. D'ici au 1er janvier 2017, au terme de l'absorption de l'avionneur Airbus par sa maison mère Airbus Group, toutes les divisions prendront le nom d'Airbus avec, à la clef, la disparition de la structure corporate. Un changement d'organisation pour faire passer l'entreprise de sept à cinq niveaux hiérarchiques.

En effet, malgré un carnet de commandes plein, l'entreprise reste pénalisée par des centres de décision séparés, une confusion autour des marques, tandis que la concurrence s'aiguise. Le processus, présenté le mois dernier par le président Tom Enders comme une « *possibilité de consolidation et de réduction des coûts au plus haut niveau de l'entreprise* », devrait entraîner une refonte d'ampleur, qui a commencé à se traduire par une nouvelle répartition des rôles au sein de l'équipe dirigeante. « *Entreprise complexe et lourde, issue de fusions successives, nous aspirons à devenir une entreprise normale* », explique Thierry Baril, DRH d'Airbus. À partir de 2012, une première phase a consisté à intégrer successivement les finances, les ressources humaines, puis la communication et l'innovation, fonctions qui conservaient pourtant plusieurs patrons. La refonte structurelle ébauchée aujourd'hui concrétisera la simplification de la gouvernance : « *Pour réussir à développer un avion plus rapidement, l'objectif est d'être à la fois plus efficace, plus flexible et plus performant. Dans ce cadre, il n'y a plus la nécessité de maintenir deux directions corporate* », argumente le DRH. Alléger l'organigramme permettra de resserrer le contrôle sur les fonctions-clefs et de réduire l'autonomie controversée des divisions. « *Les patrons experts, à fort leadership, offrent des avantages, mais aussi quelques inconvénients, et notamment celui de reproduire l'ordre établi et de ne pas favoriser l'innovation* », remarque un fin connaisseur du groupe. [...]

La future organisation, qui prendra forme au printemps 2017, n'a pas encore de contours. Après la fusion juridique, le management étudiera cet hiver, fonction par fonction, l'impact de la fusion sur le travail et analysera en détail les « doublons », car la vocation de la refonte est de les supprimer [...]. Il reste à savoir ce que seront les conséquences sociales de cette fusion sur l'emploi de tous, y compris celui des cols blancs et des ingénieurs.

Tout en disposant d'une organisation calquée sur celle de son grand concurrent Boeing, groupe intégré fonctionnant avec plusieurs activités et métiers, Airbus espère s'en différencier et prendre quelques longueurs d'avance en matière d'agilité. [...] Dans ce processus, la maîtrise du calendrier sera clef : « *Le changement étant une période désagréable, chaque manager devra être fixé sur son destin le plus vite possible, faute de quoi les vrais enjeux de la transformation – construire un Airbus plus collaboratif, plus digital et plus compétitif – ne seront pas servis. Supprimer des échelons peut faire craindre de moindres relais de carrière* », signale Nicolas Arnaud, cotitulaire de la chaire Innovations managériales d'Audencia Business School. [...] Mais ce modèle de concentration interne n'est pas sans risque, notamment en termes de souplesse et réactivité. L'aplatissement de la hiérarchie dans les fonctions support ne résoudra pas les problèmes de l'A400M ou des hélicoptères, note un expert, qui s'alarme de possibles conflits d'agenda des patrons de divisions – vocable en passe de changement – au vu de leurs nouvelles responsabilités. La réussite du passage d'un holding stratégique à une organisation intégrée peut être soumise à quantité d'obstacles mais, pour de nombreux observateurs, les principaux problèmes relèvent des hommes en place qui avaient jusqu'à présent disposé de tous les leviers stratégiques et opérationnels. « *La réussite du projet va dépendre de la capacité du numéro un à faire pratiquer à l'équipe de tête un jeu collectif* », pointe Christine Greiner, fondatrice du cabinet C_Suites Conseil.

lesechos.fr, 17 octobre 2016.

Culture d'entreprise et performance

L'entreprise est un lieu social où agissent et interagissent des individus. À ce titre, l'entreprise se construit sa propre culture. La culture d'entreprise joue un rôle fondamental, notamment sur l'implication des salariés, leurs performances et la mise en œuvre de la stratégie.

La définition de la culture d'entreprise

Système :
- de valeurs ;
- de rites ;
- de symboles ;
- de mythes et croyances.

communément partagé par →

Les parties prenantes internes :
- salariés ;
- managers ;
- propriétaires.

Les caractéristiques de la culture d'entreprise

Modalités de construction :
- culture nationale et régionale ;
- histoire de l'entreprise ;
- personnalité de ses fondateurs et de ses dirigeants ;
- culture professionnelle de ses salariés…

Enjeux :
- concilier les intérêts contradictoires des parties prenantes internes (CYERT et MARCH) ;
- affirmer une identité auprès des parties prenantes externes ;
- promouvoir la stratégie ;
- façonner l'implication et le comportement des salariés.

Les rôles de la culture d'entreprise

- Agir sur la motivation, l'implication et le comportement des salariés
- Attirer les meilleurs profils
- Donner un sens aux objectifs que s'assigne l'entreprise

→ **UN FACTEUR DE PERFORMANCE**

↓

mais qui peut aussi constituer une source de résistance au changement

CHAPITRE 8

Stratégie et organisation de la production

LES PROBLÉMATIQUES

- Quels sont les principaux modes/modèles d'organisation de la production ?
- Quels sont les outils d'organisation de la production ?
- Quelle est l'influence de la stratégie et de l'environnement sur le mode/modèle de production ?

Ces problématiques sont abordées au travers l'étude du cas Renault, constructeur automobile depuis 1898 dont l'organisation de la production a connu de nombreuses évolutions au cours de son histoire.

LES COMPÉTENCES

- Justifier le choix d'organisation de la production d'une entreprise.

LES NOTIONS

- Mode/modèle de production
- Mode de production hybride
- Outils d'organisation de la production
- Stratégie
- Économie d'échelle
- Flexibilité/réactivité
- Flux poussés/flux tirés
- Servuction

LES AUTEURS

- H. Ford
- T. Ohno
- F.W. Taylor

CAS RENAULT

CHANGEONS DE VIE
CHANGEONS L'AUTOMOBILE
RENAULT

Renault est un groupe international multimarque qui a vendu en 2015 plus de 2,8 millions de véhicules dans le monde (128 pays). Avec un chiffre d'affaires de 45 327 millions d'euros en 2015, le groupe connait une progression en valeur de 3,3 % par rapport à 2014. Il s'appuie sur la complémentarité de ses marques : Renault, Dacia et Renault Samsung Motor.

Avec près de 120 000 collaborateurs, Renault fabrique des véhicules et des produits mécaniques dans 37 sites industriels. En France, le groupe Renault place 6 véhicules dans le « TOP 10 » des véhicules particuliers les plus vendus. Le groupe se fixe à l'issue du plan « *Drive the change* »[1], des objectifs ambitieux : un chiffre d'affaires de 50 milliards d'euros en 2017. Ce plan se caractérise par une première phase de transformations significatives (2011-2013) et une seconde, dite d'accélération (2014 et 2017). Il a deux priorités :
- renouer avec et renforcer la croissance ;
- générer de façon pérenne un cash flow positif.

Pour soutenir ses actions, le groupe Renault s'est engagé, depuis plusieurs années, dans une transformation de son mode/modèle de production et des outils qui lui sont associés.

1. « *Drive the change* » : « Changeons de vie. Changeons l'automobile ».

Après avoir pris connaissance du cas Renault et des ressources proposées, vous réaliserez le travail demandé parties 1 à 3.

vidéo sur le web 2' 04" Renault

Renault. Changeons de vie. Changeons l'automobile
lienmini.fr/M391-changeons-automobile

PARTIE 1 : Caractériser la logique traditionnelle de la production : le modèle taylorien-fordien

CAS RENAULT

D'une production artisanale à une production automatisée

1898-1920 : une production artisanale

Les ouvriers se déplacent de poste en poste pour monter les pièces de chaque voiture. La fabrication en série, dès 1905, et le chronométrage en 1912, issus du taylorisme, ne modifient pas ce process. Aux fonderies et aux forges, les ouvriers travaillent dans des conditions pénibles : bruit, fumées, voire insécurité.

Années 1920 : l'émergence de la chaîne

Après la Première Guerre mondiale, le modèle industriel américain (fordien) s'impose. Renault adopte, à partir de 1922, la chaîne de montage, plus productive : les voitures se déplacent de poste en poste. Les conditions de travail demeurent néanmoins difficiles. L'atelier se transforme en usine.

1947 : les « machines-transferts »[1], une innovation majeure

Pierre Bézier (1910-1999), ingénieur des Arts et Métiers, révolutionne la fabrication des moteurs avec la conception, dès 1945, des « machines-transferts ». Ces équipements de très haute précision transportent des pièces d'un poste à l'autre sans l'intervention humaine directe. Le travail ouvrier est moins pénible mais moins qualifié. De nouveaux métiers, très techniques, apparaissent pour le réglage, le contrôle et la maintenance de ces machines, creusant ainsi l'écart entre OS (ouvriers spécialisés) et OP (ouvriers qualifiés formés aux techniques industrielles). L'usine de Billancourt devenue trop étroite, Renault achète des locaux et des terrains pour produire (usines de Flins, Lardy, Cléon en région parisienne). Renault produit sa première voiture en masse : la 4CV.

Années 1970 : les robots arrivent

Utilisés en priorité pour supprimer les tâches pénibles et insalubres (tôlerie, peinture, masticage), les robots permettent d'accroître la productivité.

1. Machine-transfert : outils munis de postes de travail multiples et de têtes électromagnétiques permettant d'effectuer rapidement des opérations différentes et consécutives sur une même pièce en la faisant passer d'un poste à l'autre.

www.ametis-renault.com

TRAVAIL DEMANDÉ

1. Caractérisez et qualifiez le mode de production de Renault à la fin du XIXe et au début du XXe siècle. Annexe 1 Ressource 1
2. Retrouvez les critères de l'OST et du fordisme dans la chaîne de production des années 1920. Annexe 1 Ressource 2
3. Qualifiez et justifiez le nouveau choix de production après la fin de la Seconde Guerre mondiale. Ressource 1
4. Identifiez et justifiez les stratégies de développement de la production des usines Renault. Annexe 1 Ressource 2
5. Montrez que le modèle taylorien-fordien s'applique également dans des entreprises de production de services, notamment chez Carglass. Annexes 1 et 2 Ressource 2

Mode/Modèle de production
→ lexique, p. 155

Économie d'échelle
→ lexique, p. 155

Taylorisme-fordisme
→ lexique, p. 155

ANNEXE 1 L'émergence du modèle taylorien-fordien

Au début du XXe siècle, **F.W. Taylor** est convaincu que « *the one best way* »[1] sera atteint grâce à l'OST (organisation scientifique du travail).

« *Entre 1900 et 1950, le rythme de la productivité globale est au moins le double de ce qu'il était au XIXe siècle et durant les Trente Glorieuses, il est au moins 5 à 6 fois plus élevé.* »[2]

En 1912, Taylor propose d'instaurer un salaire différentiel définit par une norme de travail : gestes et temps. L'ouvrier qui le dépasse est gratifié. [...]

Influencé par Taylor, Ford rationalise les gestes et les outils, divise le travail et crée le travail à la chaîne. **Henry Ford** va introduire la chaîne de montage et met en application l'OST.

Des ouvriers sont affairés sur la carcasse d'une voiture qui avance sans arrêt. Ils enchâssent, posent, vissent, soudent avec des gestes sûrs et répétitifs. C'est le produit qui se déplace.

Ce modèle de production que les chercheurs qualifieront de « taylorien-fordien » remporte un franc succès jusque dans les années 1970. Ford adopte une « stratégie de volume » : il vend beaucoup un produit peu cher par rapport au prix des automobiles de l'époque et cette baisse de prix est plus que compensée par une hausse des ventes. Cette baisse des prix est possible grâce à un produit standardisé (la Ford T), fabriquée en grande série et de couleur noire, exclusivement.

Cette « stratégie de volume » permet des « économies d'échelles » : les coûts de production se répartissent sur une quantité écoulée importante.

1. Le meilleur moyen d'exécuter une tâche.
2. O. Marchand, C. Thélot, (1991), *Deux siècles de travail en France*, étude, Paris, Insee.

E. Jardin, « Mutations et organisation du travail, *Thème et débats* , Paris, Bréal, 2006.

Frederick W. Taylor
(1856-1915)
➜ biographie p. 155

Henry Ford
(1863-1947)
➜ biographie p. 155

ANNEXE 2 La standardisation des services : le *call center*[1]

Carglass, leader de la réparation de pare-brise en France, correspond au « *nec plus ultra* » des entreprises de services. Présent dans 128 pays, Carglass travaille dans une logique de flux tendus, totalement standardisée et extrêmement rentable. La direction siège au sommet, tandis qu'en dessous, au 2e étage, les cadres organisent, supervisent et améliorent en permanence l'efficacité. Au 1er étage se situe le *call center*[1], centre névralgique de l'entreprise. Les employés réceptionnent les milliers d'automobilistes à la recherche d'un garage. Le travail des téléopérateurs est minuté, ils ont 8 secondes pour trouver une solution : un rendez-vous dans les 48 heures dans un centre de réparation qui dispose du bon pare-brise parmi les 200 000 références. Pour traiter 7 000 appels sur une journée, 180 téléopérateurs sont mobilisés. Le travail des téléopérateurs est encadré et contrôlé. En effet, un coordinateur plateau vérifie informatiquement le travail de chaque téléopérateur sur place et à distance dans les autres *call centers*.

Les témoignages des employés mettent en évidence le travail répétitif, automatique et l'absence de réflexion. Ils doivent se « *logger* » sur l'ordinateur dès leur arrivée, et la moindre minute de retard est relevée. Ils s'identifient à des « robots parlants » qui doivent appliquer un script à la lettre. S'ils s'en écartent, des entretiens « d'amélioration » sont effectués régulièrement.

1. *Call center* : centre d'appels.

© Delagrave, 2017.

vidéo sur le web | 6' 11''

Le mode d'organisation de Carglass
lienmini.fr/M391-carglass

PARTIE 2 : Caractériser les nouveaux modes/modèles de production : le toyotisme et les formes hybrides

CAS RENAULT

En 1970, l'usine de Sandouville employait 12 000 personnes qui sortaient 1 000 véhicules par jour. En 1990, 8 000 suffisent et l'usine a été automatisée à 50 % (85 % en 1993). Les salariés vont suivre une formation pour être polyvalents et autonomes. Le travail a été réorganisé : on ne gère plus les pannes, on les prévient. La maîtrise de la qualité, de la performance, des machines, la bonne utilisation des équipements, les temps de fabrication, *etc.* ont un impact direct sur les coûts de production.

Afin d'améliorer en permanence l'appareil industriel, les usines Renault appliquent différentes démarches : chantiers *Kaizen* visant à améliorer les postes de travail, démarche TPM[1] consistant à identifier les causes principales de pertes de production, à les analyser et les éliminer au cas par cas par un suivi précis mené en groupe multimétiers. Renault fabrique des véhicules commandés par les clients. Livrer chaque client dans les meilleurs délais et adapter le plus possible les processus de montage à chaque nouveau modèle est une condition de la production. L'approvisionnement des pièces en temps réel se fait en fonction des modèles à produire. À l'exception des petites fournitures, l'usine ne possède plus de zone de stockage. Les éléments sont livrés sur les lignes au moment de leur utilisation. Grâce à ces nouveaux modes d'organisation, les stocks des usines ont été réduits de 15 jours de production à 2 jours en 15 ans.

Les gains de trésorerie et financiers sont importants tandis que la qualité s'est fortement accrue.

Le management de la qualité chez Renault s'appuie sur une animation au quotidien dans l'usine, des réunions courtes menées chaque jour et à tous les niveaux hiérarchiques qui garantissent le traitement réactif des incidents. Une série d'outils, audits et contrôles, vérifient en permanence la qualité de la production. Un contrôle 3D (pour la tôlerie par exemple) vérifie la qualité de la pièce fabriquée, sa géométrie. Cet outil informatique puissant diffuse le signal de la commande et permet de suivre le produit en temps réel à travers l'usine jusqu'aux fournisseurs.

1. TPM : *Total Productive Maintenance* ou maintenance productive totale. Il s'agit d'une méthode fondée sur l'observation du terrain et la résolution des pannes qui affectent une installation, avec la participation des opérateurs.

www.group.renault.com

vidéo sur le web 2' 03" INA

Organisation du travail : reportage à l'usine Renault de Sandouville
lienmini.fr/M391-organisation-renault

TRAVAIL DEMANDÉ

Outils d'organisation de la production
lexique, p. 155

Flux poussés/tirés
lexique, p. 155

Flexibilité
lexique, p. 155

Réactivité
lexique, p. 155

1. **Identifiez et expliquez le choix du modèle de production de Renault à partir des années 1980.** Annexes 3 et 4 | Ressource 2
2. **Montrez que Renault a mis en place une démarche qualité dans l'esprit *Kaizen*.** Annexe 4 | Ressources 2 et 3
3. **Identifiez la logique de *lean management* chez Renault.** Annexe 5 | Ressource 3
4. **Expliquez en quoi le modèle taylorien-fordien et le *lean management* sont complémentaires.** Ressources 2 et 3

ANNEXE 3 Les années 1970-80 : la remise en cause de l'ancien modèle

Dans les années 1970, sous le coup de la concurrence des constructeurs nippons et des chocs pétroliers, le modèle taylorien-fordien entre en crise. Le cercle vertueux se brise car la demande de renouvellement, très versatile, à l'affût de nouveaux produits, s'accommode mal de la standardisation. Ce n'est plus la logique de consommation de masse qui prévaut mais la logique de la différenciation. Pour la satisfaire, l'outil de production doit se flexibiliser, ce qui n'est pas toujours compatible avec l'organisation taylorienne-fordienne, très segmentée et très rigide.

Les regards se dirigent vers le Japon : quelles sont les clés de la réussite d'un si petit pays ?

La « *lean production* » ou production frugale qui rassemble le flux tendu, les 5 zéros, le travail en groupe et la polyvalence des opérateurs. [...] Appliqués chez Toyota dans les années 1960, ces principes retiennent l'attention des constructeurs automobiles américains puis européens dans les années 1980.

E. Jardin, « Mutations et organisation du travail, *Thème et débats* , Paris, Bréal, 2006.

ANNEXE 4 Le système de production Toyota

Le système de production Toyota (*Toyota Production System* – TPS) est conçu de manière à « tirer » le produit fini d'un bout à l'autre de la chaîne de production. Les pièces détachées sont approvisionnées au bon endroit, au bon moment, en quantités suffisantes, et sans gaspillage.

[...] En mettant l'accent sur des ensembles de production restreinte et en produisant uniquement pour répondre à la demande du client, Toyota a développé une souplesse et une réactivité qui constituent toujours la norme pour le reste de l'industrie. Le processus d'amélioration continue (*Kaizen*) mis en place par Toyota a permis d'atteindre des temps de changement bien inférieurs à ceux de la concurrence. [...] Au moindre problème survenant lors du processus de production, le système Toyota de détection automatique d'erreurs donne l'alarme et permet ainsi aux employés sur la chaîne de prendre les mesures nécessaires pour le résoudre sur place, même s'il faut pour cela interrompre la production. C'est un système agile et centré sur la qualité. Cette méthode permet non seulement de réduire le gaspillage, ce qui rend le TPS plus respectueux de l'environnement, mais il garantit également au client un produit répondant aux plus hautes exigences en termes de qualité, de fiabilité et de durabilité.

Taiichi Ohno
(1912-1990)
→ biographie p. 155

www.toyota.fr

ANNEXE 5 L'évolution des organisations vers le *lean management*

Les entreprises ont évolué, passant de la production de masse à une production par petits lots, de l'uniformité à la grande diversité. Mais ces changements ne s'opèrent pas uniquement dans l'industrie, on constate un glissement du *lean* du monde des usines vers l'ensemble de l'entreprise, et de l'industrie vers les services. Produire et/ou servir plus, plus diversifié, plus vite, de plus grande qualité, plus attractif en coût, en restant très réactif... Oui mais... Comment ?

Né dans l'industrie automobile, le *lean* reste fortement marqué, au moins dans les outils mobilisés et les exemples utilisés (Toyota, Renault, Valeo, Faurecia, *etc.*) par l'industrie. Le *lean* est un système de recherche de performance par l'amélioration de la satisfaction client et l'élimination des gaspillages.

Il repose sur 6 principes pour satisfaire le client :

- Résolvez entièrement notre problème
- Ne gâchez pas notre temps
- Fournissez exactement ce que nous voulons
- Fournissez-le exactement là où nous voulons
- Fournissez-le au moment où nous le voulons
- Résolvez nos problèmes de manière définitive

vidéo sur le web — 4' 58"
L'évolution des organisations vers le *lean management*
lienmini.fr/M391-lean-management

www.renault-consulting.com

PARTIE 3 :

Identifier les facteurs qui influencent les modes/modèles de production

CAS RENAULT

Succès story de l'alliance Renault-Nissan

En 2015, l'alliance Renault-Nissan a vendu dans près de 200 pays, 8 528 887 véhicules, chiffre en hausse de presque 1 % par rapport à 2014, grâce à des ventes record aux États-Unis, en Chine et en Europe. Ce volume correspond à un véhicule sur 10 vendus dans le monde.

Au départ, personne ne pensait au succès de l'alliance sur la durée. Comment rapproche-t-on sur le plan culturel une entreprise française et une entreprise japonaise ? Lors d'une fusion-acquisition, il y a toujours un perdant, toujours un qui prend le dessus et tente d'imposer sa culture, son processus.

La force de l'alliance « *win-win* » : synergie 1 + 1 = 3

Renault a sa personnalité et il la conserve au même titre que Nissan. Chacun participe à la création de valeur et récupère une partie de la valeur créée. Ils se complètent géographiquement : Nissan est sur le marché nord-américain et asiatique et Renault sur le marché européen et sud-américain. Ils se complètent aussi en ce qui concerne les véhicules et les technologies.

La mise en commun des achats qui représentent 80 % du coût de production d'un véhicule permet d'économiser dans la chaîne de valeur. La mise en commun de véhicules et moteurs permet la réalisation d'économies d'échelle considérables.

Le contexte mondial (avec la crise des *subprimes* aux États-Unis, le tsunami, le tremblement de terre au Japon, les dix années de stagnation, la crise en Europe, *etc.*), laisse supposer que Renault et Nissan n'auraient pas aussi bien réussi séparément.

Le monde a changé : pour exister dans la mondialisation, il faut faire des économies d'échelle et savoir être efficace au-delà de ses propres frontières.

Il faut penser global. Les dirigeants ont la vision et une mentalité multiculturelle qui permettent de mobiliser les différentes cultures autour d'un objectif commun.

L'alliance leur a permis de prendre une envergure internationale grâce à la confiance créée.

Deux grands marchés à développer pour les dix années à venir :
- le marché des voitures électriques (actuellement n° 1) ;
- les marchés émergents (Russie et Inde).

www.group.renault.com

TRAVAIL DEMANDÉ

1 **Expliquez en quoi l'alliance Renault-Nissan est un succès.**

2 **Identifiez et qualifiez les stratégies de production qui ont permis à Renault de s'adapter à l'environnement.** Annexes 6 et 7 Ressource 4

3 **Quels sont les nouveaux enjeux de Renault ? Justifiez votre réponse.**

4 **Montrez que le système de production de Renault est un système hybride.** Ressource 2

5 **Après avoir défini la servuction, vous expliquerez comment Renault cherche à élargir son système de production.** Annexe 8

Supply chain
lexique, p. 155

Mode de production hybride
lexique, p. 155

Servuction
lexique, p. 155

vidéo sur le web 7' 42"

Fonctionnement de Renault-Nissan
lienmini.fr/M391-Renault-alliance

ANNEXE 6 *Supply chain*, un enjeu majeur pour la performance de Renault

La *supply chain*[1] a pour mission de livrer à chaque client des véhicules conformes aux standards de qualité Renault, à l'heure et au meilleur coût. Elle synchronise les flux de pièces depuis les fournisseurs vers les usines, et les flux de véhicules depuis les usines vers les affaires. Elle a également pour fonction de programmer le niveau de production des sites, tout en optimisant les niveaux de stocks, afin de répondre à la demande. La direction de la *supply chain* a été créée en 2008, en remplacement de la direction de la logistique en vue d'optimiser la performance du groupe et gérer la crise.

Les retards de livraison ont baissé de 30 % et les défauts qualité liés au transport de 40 %. Les achats de prestations liées à la *supply chain* ont permis de générer d'importants gains en termes de qualité, coûts et délais.

1. *Supply chain* : chaîne logistique.

www.media.renault.com

ANNEXE 7 Le pari indien réussi de Renault

L'Alliance a créé, pour 1 milliard d'euros, une usine à Chennai dans le sud de l'Inde et un centre de recherche et de design qui emploie 4 000 personnes. Marc Nassif[1] l'affirme : « *Les voitures à moins de 5 000 euros ne peuvent être conçues qu'en Inde, où les ingénieurs ont la culture de la frugalité : la diminution des coûts dépend en effet à la fois de la conception du véhicule, de sa production et des négociations avec les fournisseurs qui sont responsables de 70 % de la valeur* ».

1. Marc Nassif dirige l'entité Renault India.

A. Routier, www.challenges.fr, 10 février 2014.

ANNEXE 8 Respect de l'environnement chez Renault

Gamme écologique

Avec l'arrivée des véhicules électriques, la rupture écologique est en marche. [...] Le véhicule électrique illustre ainsi pleinement la démarche poursuivie par Renault pour réduire l'impact écologique de l'automobile sur l'ensemble du cycle de vie (production, usage et fin de vie). La gamme électrique est traduite par la signature environnementale Renault eco².

Stage éco-conduite : vers une conduite plus responsable

Renault a ouvert dans l'Eure le « Circuit Renault, la route positive », un espace de formation dédié à la conduite sûre et responsable. Pour Carlos Tavares, directeur des opérations du groupe Renault : « *En tant que constructeur, nous avons la responsabilité d'agir concrètement sur les comportements routiers et la réduction d'émission de CO_2. En Europe, 80 % des accidents de la route sont liés à des défaillances humaines. Et en adaptant sa conduite, les études montrent qu'un conducteur peut diminuer sa consommation d'énergie jusqu'à 25 %. En formant chaque année plus de 2 000 personnes à une conduite sûre et éco-responsable, le circuit Renault est une nouvelle preuve de notre engagement en matière de responsabilité sociétale* ».

Économie circulaire

L'économie circulaire est un modèle fondé sur l'observation de la nature : tout y est réutilisé, composté, digéré. Les actions de Renault : concevoir les véhicules avec moins de matière, organiser une seconde vie des pièces et véhicules, recycler les matières au sein même de la filière automobile.

www.group.renault.com

RESSOURCE 1 Les choix en matière de production

ORGANISATION DE LA PRODUCTION				
selon le processus technique		**selon la quantité produite**		
Continu	Discontinu	Unitaire par projet	En petites séries ou par lots	En grande série ou en masse
GESTION DE LA PRODUCTION SELON LA RELATION CLIENT				
En amont : production sur stock. ► Gestion à flux poussés.		En aval : production à la commande. ► Gestion à flux tirés, à flux tendus (en juste-à-temps).		

© Delagrave, 2017.

RESSOURCE 2 Les principaux modes/modèles d'organisation de la production

Taylorisme (F.W. TAYLOR)	**Les principes de l'organisation scientifique du travail (OST):** – une division du travail en tâches élémentaires et simples : c'est la parcellisation du travail ; – ces tâches réalisées par des salariés qui exécutent les gestes professionnels prescrits dans un temps déterminé : importance du chronométrage, gestes répétitifs, ultra spécialisation des salariés sur des tâches élémentaires et répétitives ; – rémunération à la tâche effectuée, en lien avec les quantités produites ; – fort contrôle exercé sur les ouvriers par un important encadrement intermédiaire et de proximité ; – division verticale et horizontale du travail : séparation des activités de conception/réflexion et d'exécution.
Fordisme ou Modèle taylorien-fordien (H. FORD)	**Application de l'OST dans le cadre d'une production fortement automatisée et de masse** (grande série de production se traduisant par d'importants stocks) permise par : • la standardisation des produits et des pièces ; • l'adoption des chaînes de montage (travail à la chaîne) ; • une ultra spécialisation des salariés sur l'exécution de tâches élémentaires. Considéré comme le meilleur, le modèle taylorien-fordien représentait, en matière d'organisation productive, le modèle dominant jusqu'à la découverte du toyotisme au début des années 1980.
Toyotisme (T. OHNO)	**Les principes du modèle de production mis en place chez Toyota :** ► ***Kaizen*** : état d'esprit d'amélioration permanente ; ► **Qualité totale** : 5 zéros (0 stock, 0 défaut, 0 papier, 0 panne, 0 délai) ; ► **Flux tirés** (pas de stock de produits finis, en-cours réduit), **juste-à-temps** ou **flux tendus** (sans stock, version extrême des flux tirés grâce au *Kanban*) ; ► **Autonomation** (autonomie et automatisation) : besoin d'ouvriers autonomes, polyvalents, capables de tirer parti de l'automatisation des moyens de production ; ► **Polyvalence** des ouvriers ; ► ***Kanban*** : système d'étiquettes indiquant le nombre de pièces à produire et permettant de gérer en flux tendus les stocks.

© Delagrave, 2017.

RESSOURCE 3 *Le lean management* : définition et objectifs

Le ***lean management*** est un ensemble de pratiques qui visent à réduire ou à éliminer toutes les activités non rentables d'une entreprise. Une entreprise peut appliquer les méthodes du *lean management* pour :

- réduire :
  - les stocks ;
  - les cycles de production ;
- augmenter :
  - la productivité ;
  - la qualité.

Un état d'esprit

Plus qu'un ensemble de méthodes ou de pratiques, le *lean management* est un réel état d'esprit. Il vise la réduction des pertes :

- de temps ;
- de matière ;
- d'argent.

L'efficacité du *lean management* repose majoritairement sur la motivation du personnel à respecter les règles mises en place, mais aussi à réduire toutes formes de gaspillage.

L'impact du *lean management*

La mise en application des outils du *lean management* est ressentie à différents niveaux de l'entreprise. Le gaspillage est réduit grâce à :

- l'élimination de la surproduction ;
- la réduction des délais ;
- une meilleure gestion des transports ;
- la réduction des stocks ;
- l'optimisation de la communication et de la formation ;
- une meilleure qualité.

ooreka.fr

RESSOURCE 4 La gestion de la chaîne logistique (*supply chain management*)

Le *supply chain management* est la gestion de l'ensemble des maillons (achats, approvisionnement, transport, manutention, *etc.*) qui constituent la chaîne logistique d'approvisionnement.

L'objectif du *supply chain management* ou gestion de la chaîne logistique est d'optimiser les outils et les méthodes d'approvisionnement afin de réduire au plus bas les délais de livraison, les stocks et donc les coûts.

www.supplychainmanagement.fr

Avant de commencer QCM

☒ **Stratégie et organisation de la production**

Testez vos connaissances sur le chapitre 8 à l'aide d'un QCM interactif. Connectez-vous sur lienmini.fr/M391-qcm8

ZARA

Après avoir pris connaissance du cas, des ressources proposées et à partir de vos connaissances, vous répondrez aux questions suivantes :

PREMIÈRE PARTIE — ANALYSE DU CONTEXTE ET DE LA SITUATION DE L'ENTREPRISE

1 **Caractérisez l'organisation du système de production Zara.**

2 **Comparez ce modèle de production à celui adopté par son concurrent H&M.**

DEUXIÈME PARTIE — IDENTIFICATION DU PROBLÈME DE MANAGEMENT ET PROPOSITION DE SOLUTIONS ARGUMENTÉES

3 **Identifiez l'avantage concurrentiel de Zara ainsi que son problème de management.**

4 **Proposez des solutions pour résoudre ce problème de management.**

PRÉSENTATION DU CAS

ZARA

La SARL Zara France est une entreprise filiale du groupe espagnol Inditex qui est l'un des principaux distributeurs de mode dans le monde. Zara France évolue dans le secteur du textile. Elle s'est implantée en France à partir des années 1990. La marque Zara a été créée en 1975 par Amancio Ortega, homme d'affaires espagnol fondateur du groupe Inditex.

Zara produit des habits de mode qu'elle distribue un peu partout dans le monde. L'enseigne compte environ 900 magasins, dont une centaine en France. Le groupe Inditex a une énorme capacité de développement : il ouvre en moyenne 500 magasins par an dans le monde. L'originalité et la force de Zara résident dans sa capacité d'innovation, elle propose une gamme de produits diversifiés. En effet, les produits des magasins Zara sont renouvelés tous les 15 jours. Cette société emploie près de 4 500 personnes en France.

Une chaîne d'approvisionnement courte et efficace

Les équipes de design et de fabrication vont vite, très vite. Généralement moins d'un mois s'écoule entre le moment où le vêtement est dessiné et celui où il se retrouve en boutique : la plupart des tissus sont achetés en Espagne puis envoyés pour la confection « à proximité ». La moitié environ des vêtements sont fabriqués en Espagne, au Portugal et au Maroc, 14 % en Turquie, Roumanie, Bulgarie et Italie. La sous-traitance en Asie (Chine, Thaïlande, Inde, Bangladesh, *etc.*) représente 35 % de la fabrication. Contrairement à de nombreuses autres marques de milieu de gamme, Zara n'a aucun intérêt à délocaliser l'intégralité de sa production en Chine : l'éloignement des usines ralentirait l'approvisionnement des boutiques et freinerait le renouvellement des collections.

www.inditex.com

RESSOURCE 1 Zara et H&M, des modèles d'organisation de la production radicalement différents

Aujourd'hui, deux athlètes surpassent leurs adversaires sur le ring de l'habillement grand public : Hennes&Moritz, plus connu sous ses initiales H&M, et Zara, enseigne phare du groupe espagnol Inditex. Si les deux géants mondiaux n'ont pas le même âge (31 ans pour le premier, 59 pour le second), ils ont en commun d'avoir bouleversé la distribution textile mondiale en une décennie. Dans l'Hexagone, les deux enseignes se développent à vitesse grand V et se livrent à une bataille sans merci. Leur formule : des vêtements à la pointe de la mode, ouvertement inspirés des créateurs et des maisons de haute couture, à des prix imbattables. Mais les deux enseignes n'usent pas des mêmes moyens pour y parvenir.

Au système vertical d'Inditex, maison mère de Zara, H&M oppose une mondialisation à tous crins. Le credo d'H&M, implanté en France depuis 1998, est martelé à tous les niveaux, « la mode et la qualité au meilleur prix ». H&M pense donc ses collections à Stockholm, siège du groupe, mais confie la fabrication à des sous-traitants en Europe de l'Est ou en Asie. Une délocalisation qui ne s'avère pas forcément être un avantage concurrentiel de taille face à Zara. Les tarifs de l'Espagnol sont à peine supérieurs à ceux d'H&M, alors que 65 % des collections sont fabriquées en Espagne. L'Espagnol contrôle toutes les phases de production de ses vêtements, de la conception à la distribution. Un choix assumé par la volonté de l'entreprise de « *s'adapter à la demande du client en un minimum de temps* ». Chez Zara, le plus important c'est le temps. « *C'est le premier facteur à prendre en compte avant tous les autres* » insiste le fabricant. Un choix économique quasi visionnaire. Mieux, un cas d'école enseigné sur les bancs des universités à travers le monde. En regroupant la majorité de son activité industrielle en Espagne, non loin du premier magasin et des origines de son fondateur, Armancio Ortega, Zara fait le pari de la flexibilité maximale.

Le secret de Zara ? Comme la concurrence frontale avec les produits bon marché est impossible, la marque tente de devancer la concurrence. Elle dispose d'un outil de production ultra-flexible proche de sa clientèle et un système d'information intégré à toute la filière. Pour éviter toutes fausses notes, les modèles sont produits à 10 000 ou 15 000 exemplaires. Dans ces conditions, aucun stock et un renouvellement permanent des collections. La production est en lien avec la création. Les fournisseurs et les quelques sous-traitants espagnols exclusifs (35 % de la production) y sont également intégrés. Connectés à l'entreprise, ils s'adaptent à chaque instant. Mieux, Zara crée de la rareté. La multiplicité de l'offre et son renouvellement obligent les clients à revenir régulièrement pour découvrir les nouveautés et ne pas les rater. Cette rareté, H&M s'y adapte plus difficilement. Le temps écoulé entre la création et l'arrivée dans les magasins est parfois six fois plus long. « *Il y a des nouveautés tous les jours* » se défend H&M. Pour emporter l'adhésion de la clientèle, le combat s'effectue contre le temps et dans les magasins.

www.journaldunet.com

RESSOURCE 2 La qualité des produits

Les vêtements importés par les grandes marques internationales comme Forever 21, Zara, H&M et Mango, figuraient en tête de la liste des recalés des tests de contrôle qualité menés par les autorités d'inspection et de quarantaine au premier semestre 2014, a indiqué hier l'organisme chinois de surveillance de la qualité des produits.[…] Les marques de mode rapide, connues pour leur suivi des tendances, le renouvellement fréquent de leurs collections, leur processus de fabrication accéléré et leurs prix abordables, ont souvent été épinglées pour des problèmes de qualité ces dernières années.

Vivienne, french.china.org.cn, 28 août 2014.

Stratégie et organisation de la production

Les modes/modèles de production reflètent les choix stratégiques des entreprises face à un environnement fluctuant. Pendant près d'un siècle, le modèle taylorien-fordien a été prépondérant. Au début des années 1980, la découverte du toyotisme amène certains capitaines d'industrie à revoir leur système de production. Aujourd'hui, de nombreuses entreprises empruntent certains aspects du toyotisme en les adaptant au modèle taylorien-fordien. On parle alors de systèmes hybrides.

Modèle taylorien-fordien		Toyotisme
Stable, changement lent, concurrence limitée, clients passifs	**Environnement**	Instable, changement rapide, concurrence forte, clients actifs, NTIC
Recherche de productivité, maîtrise des coûts de production (économies d'échelle, stratégie de volume)	**Objectifs**	Recherche de qualité, flexibilité, réactivité, écologie
OST Mécanisation de la chaîne de montage, travail à la chaîne	**Principes d'organisation**	Esprit *Kaizen* Juste-à-temps Qualité Totale
En amont Flux poussés (stocks importants)	**Pilotage de la production**	En aval Flux tirés (zéro stock)
Séparation des tâches Division du travail Ultra spécialisation	**Fonctionnement**	Travail en équipe Polyvalence Autonomation
Standardisé et de masse (grandes séries)	**Type de production**	Différencié et modulable selon la demande
Verticale, descendante	**Circulation de l'information**	Verticale et horizontale
Centralisé	**Mode de décision**	Décentralisé
Nombreux niveaux hiérarchiques	**Organigramme**	Faibles niveaux hiérarchiques Aplatissement de l'organigramme
GANTT – PERT	**Outils de production**	5 zéros, *Kanban*

Systèmes de production hybrides
- *lean management* ;
- flux tendus ;
- *etc.*

CHAPITRE 9

La politique d'innovation

LES PROBLÉMATIQUES

- Comment optimiser le processus d'innovation ?
- Quelles sont les modalités d'une politique d'innovation ?
- Quels sont les enjeux de la politique d'innovation ?

Ces questions sont abordées dans le cadre du cas Orange, marque unique du groupe France Télécom depuis 2006 pour Internet, la télévision et le mobile en France, qui place l'innovation au cœur de sa stratégie d'entreprise.

LES COMPÉTENCES

- Analyser les enjeux et les modalités d'une politique d'innovation.

LES NOTIONS

- Innovation
- Processus d'innovation
- Patrimoine technologique
- Brevet
- Protection industrielle
- Veille technologique
- Recherche et développement
- Avantages concurrentiels

CAS ORANGE

Troisième opérateur mobile et premier fournisseur d'accès Internet ADSL en Europe, Orange compte parmi les leaders mondiaux des services de télécommunications aux entreprises multinationales.

Opérateur intégré, le groupe se donne les moyens d'être l'opérateur de référence des nouveaux services de télécommunications en Europe.

En 2015, Orange est présent dans 28 pays et emploie 157 000 collaborateurs au service de 260 millions de clients. Le groupe réalise un CA de 40,2 milliards d'euros.

Arrivé à la tête du groupe en 2011, Stéphane Richard a exprimé sa volonté ferme de remettre le groupe au premier plan de l'innovation sur son cœur d'activité réseau, mais aussi dans les domaines des services Internet, voulant sortir le groupe de son image de « *dinosaure des télécoms* ».

Chaque année, les résultats de cette politique d'innovation sont présentés lors du show Hello.

Après avoir pris connaissance du cas Orange et des ressources proposées, vous réaliserez le travail demandé parties 1 et 2.

vidéo sur le web — 5' 33" Orange
Le *best of* du show Hello 2016
lienmini.fr/M391-hello-show

PARTIE 1 : Identifier le patrimoine technologique et le processus d'innovation

CAS ORANGE

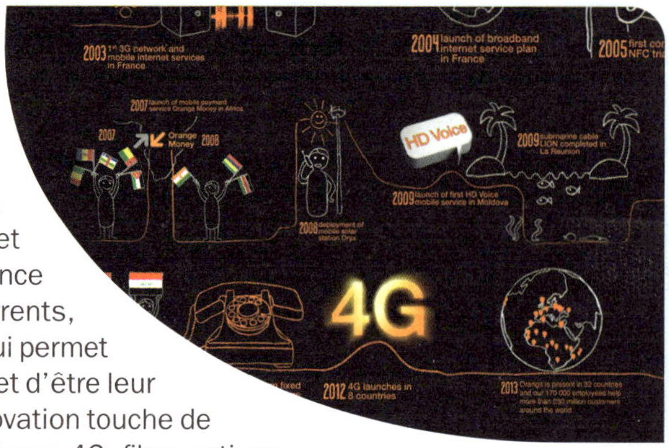

La division Recherche et Développement de France Télécom, rebaptisée Orange Labs en 2006, est à l'origine des projets innovants et structurants du groupe. Le concept d'Orange Labs est né de la volonté de faire travailler les équipes de recherche et développement en mode collaboratif. Clé de la croissance future et source de différenciation vis-à-vis des concurrents, l'innovation est au cœur de la stratégie d'Orange. Elle lui permet d'accompagner ses clients vers de nouveaux usages et d'être leur « *coach numérique* » d'aujourd'hui et de demain. L'innovation touche de nombreux aspects de la vie quotidienne des entreprises : 4G, fibre optique, téléprésence, *etc.*

Orange est déjà présent sur les 3 tendances technologiques majeures des prochaines années : le *cloud computing*[1] ; Internet des objets ; la technologie sans contact.
Orange se concentre sur sept domaines d'innovation. Cinq d'entre eux sont consacrés aux produits et services : les services de communication (RCS[2], VoIP[3], messagerie instantanée), la monétisation des données, la sécurité (identité et respect de la vie privée), les services *cloud*, Internet des objets. Les deux autres domaines concernent la transformation et le développement des atouts et des forces de l'entreprise : l'univers Orange (expérience multi-écran et multi-accès) et l'intelligence des réseaux.

L'innovation, ancrée dans le groupe depuis toujours, se doit d'être l'incarnation de la mission d'Orange : « *Transformer chaque jour la technologie en progrès et mettre l'innovation au service de l'humain […] : "Human Inside". C'est à la fois une devise et un mot d'ordre, qui donne du sens et qui éclaire toute notre action* » a déclaré le 8 juin 2016 Stéphane Richard, lors de l'inauguration du site dédié à la recherche et l'innovation : Orange Gardens.

1. *Cloud computing* (abrégé en *cloud*) est l'accès *via* un réseau de télécommunications, à la demande et en libre-service, à des ressources informatiques partagées, configurables et délocalisées.
2. *Rich Communication Service* : communication personnelle enrichie. Il s'agit d'apporter les services des réseaux sociaux et des messageries sur le mobile.
3. Voix sur IP (*Internet Protocol*) : permet de communiquer par la voix sur des réseaux Internet.

TRAVAIL DEMANDÉ

Innovation lexique, p. 156

Processus d'innovation lexique, p. 156

Patrimoine technologique lexique, p. 156

Avantages concurrentiels lexique, p. 156

1. **Identifiez les types d'innovation chez Orange.** Annexes 1 et 2 | Ressource 1
2. **Qualifiez les formes de l'innovation chez Orange.** Annexes 1 et 2 | Ressource 2
3. **Définissez le patrimoine technologique et illustrez-le par le cas Orange.** Annexes 1 et 2 | Ressource 3
4. **Déterminez le processus d'innovation chez Orange.** Annexe 1 | Ressource 5
5. **Montrez que l'innovation est source d'avantages concurrentiels et qu'elle permet à Orange d'optimiser son patrimoine technologique.** Annexes 1 et 2 | Ressource 4

vidéo sur le web | 3' 15" | Orange

Découvrez Orange Gardens
lienmini.fr/M391-orange-gardens

ANNEXE 1 Les shows Hello

En 2014, la troisième édition du show Hello a réuni 1 000 décideurs, partenaires et journalistes au palais de Chaillot. Stéphane Richard a présenté les nouveaux produits et services proposés par Orange pour la maison, le travail ou en mobilité. Ces innovations qui accompagnent les clients dans leur vie connectée ont été pensées pour être simples, intuitives, ludiques mais aussi utiles comme le démontre l'implication du groupe dans les nouveaux territoires de croissance que sont le paiement, l'éducation et la santé. Deux innovations ont illustré particulièrement la thématique du show :

- **le projet Polaris** proposant une nouvelle interface et des services unifiés sur tous les écrans et pour toute la famille ;
- **les objets connectés**, de plus en plus présents dans la nouvelle vie numérique, un axe majeur de développement d'Orange. Orange permet à des partenaires de connecter leurs objets grâce à son module Pops qui s'insère facilement dans tous types d'accessoires et vêtements. Dans le domaine du sport, Pops équipe déjà le D-shirt développé par Cityzen Sciences qui dispose d'un tissu intelligent dont la fibre intègre des micro-capteurs mesurant les données physiques et physiologiques de son porteur.

La quatrième édition du show hello en 2016 permet de concrétiser la sortie en 2017 d'une cuisine digitalisée. Un écosystème culinaire co-construit entre SEB et Orange recommande des recettes pertinentes, qui prennent en compte les préférences culinaires, l'activité physique, la météo, le temps de préparation, les ustensiles disponibles, en mettant en relation les différents objets connectés. Ce service disponible sur tablette permet de piloter les appareils de cuisson, tout en étant capable de communiquer avec d'autres objets.

D'après www.orange.com

vidéo sur le web | 2' 03" | Orange

La semaine des objets connectés
lienmini.fr/M391-objets-connectes

ANNEXE 2 Mickael Porter, un visionnaire

Pour Porter, l'Internet des objets (objets connectés intelligents) est la troisième révolution industrielle. Elle suit celle des années 1960-70 marquée par l'introduction de machines électroniques automatisant les chaînes de valeur des entreprises, et celle des années 1980-90 accompagnée de l'arrivée d'Internet qui a simplifié les processus de coordination entre les activités individuelles des chaînes opérationnelles des entreprises. Internet des objets, à la différence des deux premières vagues, va se traduire par une profonde transformation des produits alors que les deux premières ont été marquées par une évolution des processus et de la gestion de la chaîne de valeur conduisant à la conception et à la vente de ces produits. [...]

Pour augmenter ses profits, une entreprise doit acquérir un avantage compétitif résultant d'une stratégie de différenciation (l'autorisant à un prix premium), ou réduire ses coûts opérationnels (et donc augmenter ses profits sans forcément changer le prix). Les entreprises peuvent s'appuyer sur leurs divisions de design produit, de service, de marketing, de ressources humaines et de sécurité pour gagner cet avantage compétitif.

L'avantage compétitif sur ce nouveau marché peut également se traduire par des ressources humaines adéquates aux besoins. [...] Les entreprises qui sauront intégrer la sécurité au centre du développement d'objets connectés gagneront un avantage compétitif qui sera perçu par les utilisateurs qui auront plus tendance à confier leurs données personnelles.

M. Porter, www.aruco.com, 2014.

vidéo sur le web | 4' 00"

M. Porter à l'ère du numérique
lienmini.fr/M391-porter-numerique

PARTIE 2 : Analyser les modalités et les enjeux de la politique d'innovation

CAS ORANGE

La recherche et l'innovation d'Orange sont présentes en France à travers Orange Gardens mais aussi dans douze pays, sur trois continents, au travers du réseau des Orange Labs. Chaque centre de recherche et d'innovation du groupe est intégré dans un écosystème géographique qui lui est propre, au plus près des marchés locaux, et travaille en réseau avec l'ensemble des acteurs locaux (start-up, entreprises, universités, laboratoires de recherche, *etc.*), ainsi qu'au sein d'instances et de projets collaboratifs internationaux. La chaîne de l'innovation d'Orange est constituée de plus de 5 000 chercheurs, ingénieurs, techniciens, designers et marketeurs. Un budget de 726 millions d'euros a été consacré à la recherche et l'innovation en 2015. Un tiers du budget est consacré à la recherche et à l'anticipation, deux tiers au développement en vue d'une commercialisation ultérieure. La propriété intellectuelle fait partie intégrante de la stratégie d'innovation d'Orange. Avec chaque année plus de 250 dépôts de demandes de brevets pour de nouvelles inventions, Orange détient un portefeuille de 6 930 brevets en portefeuille fin 2015 dont une partie est issue d'activités de recherche avec ses partenaires :
- des start-up, avec l'ambition d'en accompagner 500 en 2020 ;
- 80 projets coopératifs ;
- 150 partenariats de recherche (universités et laboratoires publics) ;
- 10 pôles de compétitivité en France.

Chaque invention décrite dans les brevets d'Orange est elle-même une opportunité d'innovation conjointe avec ses partenaires pour créer de nouvelles inventions, par exemple dans les domaines des services de communication, de la télévision multi-écrans, des terminaux ou de l'intelligence des réseaux. Une équipe centralisée d'ingénieurs brevets, de chargés de valorisation et de juristes poursuit cette action stratégique, dans un triple but :
- protéger les innovations à destination de ses nouveaux produits et services ;
- valoriser ses investissements en recherche ;
- défendre ses intérêts en matière de propriété intellectuelle dans la négociation des contrats d'achat et des partenariats.

Les brevets du portefeuille concernent aussi bien les technologies, telles que le codage ou la compression numérique, que le contenu des services offerts par l'opérateur.

D'après www.orange.com

TRAVAIL DEMANDÉ

1 **Identifiez les objectifs de l'activité de veille chez Orange.** Annexe 3

2 **Qualifiez la recherche et développement chez Orange.** Ressource 6

3 **Définissez la propriété industrielle et illustrez-la par l'exemple d'Orange.** Ressource 7

4 **Identifiez les autres modalités de la politique d'innovation.** Annexes 4 et 5

5 **Déterminez les enjeux de la politique d'innovation.**

Veille technologique
→ lexique, p. 156

Recherche et développement
→ lexique, p. 156

Protection industrielle
→ lexique, p. 156

Brevet
→ lexique, p. 156

vidéo sur le web — 5' 11" — Orange

Les 40 ans de l'Orange Labs de Rennes
lienmini.fr/M391-orange-labs

ANNEXE 3 La veille chez Orange

Orange a lancé, en mars 2016, son plan stratégique Essentiels 2020. Cette stratégie passera par la digitalisation de sa relation avec ses clients et ses employés ainsi que la diversification de ses offres digitales. À cet effet, Orange a choisi d'inaugurer son Social Hub, un espace situé au siège parisien de la marque dédié à suivre les réseaux sociaux.

Cet espace, situé au cœur du siège parisien, est le premier du genre créé par un opérateur de télécommunications en France. Le Hub est l'outil central de cette nouvelle relation client digitale. Il intègre une plateforme de veille digitale qui remonte sur 18 écrans une sélection de données clés sur les interactions à propos de la compagnie sur les réseaux sociaux. Une équipe de 6 spécialistes « *social média* » et « *smart data* » réagit en temps réel avec les internautes afin de répondre à leurs questions et veiller à la réputation d'Orange. La marque pourra produire et diffuser des contenus en lien avec l'actualité de l'entreprise mais également avec les conversations du moment. Orange espère ainsi installer une culture de la conversation digitale avec ses clients et partager les meilleures pratiques des 29 pays dans lesquels est implantée la marque.

Un autre cheval de bataille d'Orange d'ici 2020 est la diversification de son offre client. Le Social Hub est au cœur de cet objectif. Il permet à la marque d'être en permanence à l'écoute de ses publics pour mieux les comprendre.

www.digitalcorner-wavestone.com, 22 juin 2015.

ANNEXE 4 Les partenariats

Orange s'est associé à Deezer, l'un des premiers sites européens d'écoute de musique en ligne, pour permettre à ses clients de bénéficier d'offres mobiles et Internet intégrant un accès illimité à un catalogue de plus de 30 millions de titres, une première sur le marché français.

Avec Dailymotion, 2e site de vidéo en ligne au monde, Orange développe une offre complète de vidéos accessibles depuis tous les écrans connectés (*via* Internet, Wi-fi, 3G). […]

« Boosters » de compétitivité, ces partenariats visent à révolutionner les usages par l'alliance des savoir-faire spécialisés des différents acteurs.

www.orange.com, janvier 2014.

vidéo sur le web 14' 12"

L'Aria d'Orange : pionnier de la veille économique
lienmini.fr/M391-veille-economique

ANNEXE 5 La qualité

L'ARCEP[1] vient de mettre en ligne les résultats de sa 15e enquête sur la qualité de services des opérateurs de téléphonie mobile avec, pour la première fois, des mesures en 4G (couverture et qualité des services en 2G, 3G et 4G[2]). Concernant les points mesurés, Orange arrive largement en tête avec 213 indicateurs sur 258 au-dessus de la moyenne, suivi par Bouygues Telecom, SFR et enfin Free Mobile. […]

L'ARCEP a procédé à de nombreux relevés à travers l'Hexagone. Au cours du premier trimestre 2014, ce sont ainsi pas moins de 90 000 mesures qui ont été réalisées sur le terrain, que ce soit en ville, à la campagne, en intérieur ou en extérieur, ou sur les routes. L'autorité de régulation précise que plus de 900 communes font partie du panel de test, dont certaines de moins de 10 000 habitants, ce qui n'était pas le cas auparavant.

1. ARCEP : Autorité de régulation des communications électroniques et des postes.
2. 2e, 3e et 4e générations des standards pour la téléphonie mobile.

www.nextinpact.com

RESSOURCE 1 Les types d'innovation selon Schumpeter

L'innovation est un processus de destruction créatrice (nouvelle combinaison qui détruit l'ancienne).

Innovation produit	Création d'un produit nouveau (ancien marché)	Le Blue-ray
Innovation de débouché	Satisfaction d'un nouveau besoin	E-commerce
Innovation de procédé	Innovation technologique (réduit les coûts, améliore la qualité)	Robotisation d'une chaîne de production
Innovation organisationnelle	Nouvelle organisation du travail	Taylorisme-fordisme Entreprises réseaux
Innovation matière première	Nouvelle énergie ou matière première	Nucléaire, solaire

www.economie.gouv.fr

RESSOURCE 2 Les formes d'innovation

		Effet sur les techniques et compétences de l'entreprise	
		Faible	Fort
Effet sur les habitudes de consommation	mineur	**Innovation incrémentale** Ex. : l'ABS dans les voitures	**Innovation stratégique** Ex. : passage de l'écran cathodique à l'écran LCD
	majeur	**Innovation majeure** Ex. : services bancaires sur Internet	**Innovation radicale** Ex. : la photo numérique

C. C. Markides, P. A. Geroski, *Fast second: how smart companies bypass radical innovation to enter and dominate new markets*, Jossey-Bass, 2004.

RESSOURCE 3 Le patrimoine technologique

Technologie de base	Connue et maîtrisée par l'entreprise et ses concurrents. Indispensable mais ne constitue pas une source d'avantage concurrentiel
Technologie clé	Maîtrise essentielle pour avoir une position concurrentielle. Permet le progrès et la différenciation
Technologie émergente	Nouvelle technologie prometteuse pour l'avenir

J. Morin, *L'excellence technologique*, Publi Union, Jean Picollec, 1985.

RESSOURCE 4 L'innovation, un avantage concurrentiel selon Porter

L'innovation technologique constitue un avantage concurrentiel. Porter souligne l'influence des technologies et des procédés mis en œuvre dans l'entreprise sur l'avantage concurrentiel :

– en phase de croissance, l'innovation technologique concerne surtout le produit ;
– en phase de maturité, l'effort se porte sur la rationalisation et la baisse des coûts ;
– une avancée technologique importante freine l'arrivée de nouveaux concurrents.

M. Porter, *L'avantage concurrentiel* (traduction P. de Lavergne), Paris, Dunod, réédition 2003.

RESSOURCE 5 Le processus d'innovation

On peut distinguer deux processus d'innovation en fonction de l'origine de l'innovation :
- innovation *push* (Schumpétérienne, l'entrepreneur innove), où l'innovation technologique adoptée par l'organisation crée de nouveaux marchés ;
- innovation *pull* (*pull market* ou appel du marché), où le besoin des utilisateurs provoque l'innovation.

	Les étapes
Idée ►	grâce à l'information, à la formation des partenaires
Étude de faisabilité ►	technologique, financière, organisationnelle, commerciale
Développement ►	conception, test et mise au point
Diffusion ►	lancement sur le marché

© Delagrave, 2017.

vidéo sur le web 3' 34" Cegos Formation

Les 7 étapes d'un processus d'innovation
lienmini.fr/M391-processus-innovation

RESSOURCE 6 Recherche et Développement

Niveaux	Fonctions	Acteurs	Exemples
Recherche fondamentale	Faire avancer la connaissance scientifique (découvertes)	Chercheurs et universitaires (CNRS, INRA…)	Étude du cerveau humain, des mécanismes d'amplification de la lumière
Recherche appliquée	Trouver des applications aux découvertes (inventions)	Chercheurs au sein de laboratoires privés ou publics	Le laser est né de la découverte de l'amplification de la lumière
Recherche expérimentale	Développer des innovations qui sont les applications industrielles et commerciales d'une découverte ou d'une invention	Service R&D des grandes entreprises	Decide Life SA développe des lasers pour hôpitaux

www.insee.fr

RESSOURCE 7 Le brevet

Quand une entreprise innove, elle a trois possibilités :
- déposer le brevet auprès de l'INPI afin de protéger l'innovation ;
- garder le secret et espérer que la technologie ou le procédé ne seront jamais dévoilés ;
- concéder des licences à d'autres entreprises pour l'exploiter.

Le brevet permet de protéger l'innovation. Le dépôt de brevet s'effectue à l'INPI. Il donne le monopole d'exploitation pour une durée maximale de 20 ans. Le brevet peut être vendu ou loué.

www.inpi.fr

inpi
INSTITUT NATIONAL
DE LA PROPRIÉTÉ
INDUSTRIELLE

Avant de commencer QCM La politique d'innovation

ICE-WATCH

Testez vos connaissances sur le chapitre 9 à l'aide d'un QCM interactif. Connectez-vous sur lienmini.fr/M391-qcm9

Après avoir pris connaissance du cas, des ressources proposées et à partir de vos connaissances, vous répondrez aux questions suivantes :

PREMIÈRE PARTIE — ANALYSE DU CONTEXTE ET DE LA SITUATION DE L'ENTREPRISE

1 **Caractérisez l'environnement et la situation de départ d'Ice-Watch en 2006.**

2 **Déterminez les modalités de la politique d'innovation de cette entreprise.**

3 **Identifiez son avantage concurrentiel.**

DEUXIÈME PARTIE — IDENTIFICATION DU PROBLÈME DE MANAGEMENT ET PROPOSITION DE SOLUTIONS ARGUMENTÉES

4 **Identifiez le problème de management rencontré par Ice-Watch.**

5 **Proposez des solutions pour résoudre ce problème de management.**

PRÉSENTATION DU CAS

Lancées en 2007 par Jean-Pierre Lutgen, inconnu dans le secteur, les montres belges Ice-Watch connaissent un franc succès avec quelque 600 000 tocantes en plastique vendues par an dans 1 500 points de vente répartis dans plus de 50 pays.

Il est à la tête d'une équipe d'une quinzaine de personnes dans les bureaux de Bastogne, cinq à Bruxelles et dix à Hong Kong.

Reconnaissables entre mille par leur design unique et leur palette de couleurs, les Ice-Watch recueillent un franc succès parmi toutes les franges de la population (« *c'est une marque internationale, interculturelle et intergénérationnelle* »).

Jean-Paul Lutgen a vécu un véritable bras de fer judiciaire avec le groupe horloger Suisse Swatch qui avait lancé 120 procédures administratives contre Ice-Watch.

« *Nous n'avons rien à voir avec eux, nous sommes sept fois moins chers, notre design est différent et notre marque Ice est clairement distincte.* »

Les deux groupes ont signé un protocole d'accord confidentiel. Tout juste sait-on, en consultant les registres des offices des enregistrements, que les deux parties ont annulé leurs oppositions réciproques sur les marques Ice-Watch tout comme sur i Swatch et e Swatch. Ce qui laisse toute latitude de développement au groupe belge pour rattraper le temps perdu.

En effet, le chiffre d'affaires de l'entreprise a fondu de 120 millions en 2012 à 70 millions en 2013. « *Nous avons subi un repli en Allemagne où nous étions la première marque horlogère en 2012,* explique-t-il, *nous avons écoulé 2 millions de pièces, trop vite, le marché est presque saturé outre-Rhin, l'année dernière nous en avons commercialisé 650 000, la croissance redémarre lentement.* »

www.trends.levif.be

RESSOURCE 1 La contre-offensive de Swatch

Le groupe dirigé par Nick Hayek fête cette année ses trente ans et multiplie les initiatives. La plus spectaculaire est sans doute son nouveau modèle Sistem51. Il s'agit d'une montre automatique qui offre 90 heures de réserve. Sa force ? Elle ne dispose que de 51 composants au lieu de 130 à 150 pour un modèle automatique traditionnel. Cette innovation protégée par 17 brevets permet surtout à la marque de conserver un prix très accessible. Elle devrait être vendue moins de 100 euros à compter de l'automne prochain. Pour Swatch, c'est une déclinaison majeure de son produit phare qui pourrait sérieusement bousculer le marché et offrir une réponse bien ciblée à l'offensive d'Ice-Watch.

T. Dromard, www.challenges.fr, 5 juin 2013.

RESSOURCE 2 La stratégie de diversification

En 2006, Jean-Pierre Lutgen est un novice de l'horlogerie. Ce businessman belge importe des objets publicitaires d'Asie lorsque, en visite chez un fournisseur à Hong Kong, il flashe sur des montres en silicone et décide, comme il dit avec son accent wallon, « *d'en faire un véritable bazar* » en Europe.

Pour lui donner une identité forte, il redessine le chrono et le transforme en accessoire de mode coloré que les jeunes branchés peuvent assortir à leurs vêtements. Vendus à des prix très abordables (à partir de 60 euros), les Ice-Watch donnent un coup de vieux à Swatch, dont elles s'inspirent. En 2010, un clip du groupe The Black Eyed Peas fait apparaître un modèle blanc en gros plan pendant plusieurs secondes. Les tocantes s'arrachent. Un peu trop même : les revendeurs stockent massivement. Du coup, quand la demande se tasse, ils coupent les commandes... qui chutent de 40 % en 2013, à 70 millions d'euros. Un retour de bâton classique après une forte croissance mal gérée. Le patron de PME (90 salariés) fait le dos rond et attend les résultats de sa nouvelle stratégie : la diversification.

Le PDG a décidé de surfer sur la notoriété d'Ice-Watch, en s'orientant d'abord vers les niches de l'horlogerie : les montres plus grosses, les extra-plates, griffées BMW...

Lutgen s'est déjà aventuré dans les lunettes de soleil et propose depuis cet hiver ses propres smartphones, conçus par CG Mobile, un spécialiste français du téléphone en marque blanche (pour Hugo Boss, Lagerfeld, Guess...). Positionnement : le créneau des smartphones et des minitablettes à moins de 200 euros, le plus dynamique en ce moment.

www.capital.fr, août 2014.

RESSOURCE 3 Le dépôt de brevet

Ne pouvant légitimement déposer de brevet sur la montre (vu l'absence d'avancée technologique), Jean-Pierre Lutgen axe toute sa communication et son originalité sur l'association du trio « *montre/couleurs flashy/boîte sympa* ». Dès lors, l'authenticité et l'identité du produit passe inévitablement par ce trio, dont seule la boîte en plastique peut être protégée.

Seulement, en produisant ses Ice-Watch à Shenzen en Chine, il avait oublié de protéger son conditionnement *via* la protection de la marque tridimensionnelle en Asie. Le producteur chinois s'est ainsi empressé d'enregistrer lui-même la boîte, s'offrant ainsi une exclusivité et une protection pour la Chine et Hong Kong.

www.trends.levif.be

La politique d'innovation

L'innovation joue un rôle stratégique. Elle permet à l'entreprise de conserver un marché ou d'en conquérir un nouveau. Pour s'assurer un avantage concurrentiel, l'entreprise doit optimiser la gestion de son patrimoine technologique et réduire la durée de son processus d'innovation. La politique d'innovation présente ainsi de véritables enjeux.

Le patrimoine technologique

- **des technologies de base**
- **des technologies clés** (sources d'avantages concurrentiels)
- **des technologies émergentes**

place l'innovation au centre

d'un processus d'innovation

en 4 étapes

1. l'idée
2. l'étude de faisabilité
3. le développement, la planification, l'adaptation des ressources technologiques et financières
4. le lancement

qui émane :

- **en interne :** de la volonté d'un dirigeant
- **en externe :** d'un besoin du marché, des parties prenantes

Les modalités de la politique d'innovation

- **L'activité de veille** (notamment technologique)
- **La recherche et le développement** (réalisés en interne ou partenariats)
- **La gestion des brevets** (*cf.* INPI)
- **La démarche qualité**

Les enjeux de la politique d'innovation

- Renouveler et améliorer le **patrimoine technologique**
- Réduire la durée du **processus d'innovation**

→ **Avantage concurrentiel** (M. PORTER)

CHAPITRE 10

Le management des connaissances

LES PROBLÉMATIQUES

- Les connaissances et compétences en entreprise sont-elles sources d'avantages concurrentiels ?
- Qu'est-ce que le management des connaissances ?
- Comment le mettre en place dans l'entreprise ?

Ces problématiques sont abordées dans le cadre de l'étude du cas Safran, groupe industriel et technologique français, dont l'activité, basée sur l'innovation, requiert le développement d'une politique de management des connaissances et des compétences.

LES COMPÉTENCES

- Analyser les enjeux et les modalités d'une politique de management des connaissances.

LES NOTIONS

- Donnée
- Information
- Connaissances
- Compétences
- Management des connaissances (*knowledge management*)

CAS SAFRAN

Safran est un équipementier international de haute technologie, leader en aéronautique, défense et sécurité. Présent sur tous les continents, le groupe emploie 70 000 personnes. Il réalise en 2015 un CA de 17,4 milliards d'euros, dont 12 % sont consacrés à la recherche et développement.

Sa dimension internationale permet de bâtir des relations industrielles et commerciales avec les plus grands maîtres d'œuvre et opérateurs mondiaux, tout en offrant des services de proximité réactifs. Composé de nombreuses sociétés, Safran occupe, seul ou en partenariat, des positions de premier plan mondial ou européen sur différents marchés :

- propulsion aéronautique et spatiale ;
- équipements aéronautiques ;
- défense ;
- sécurité.

Pour rester à la pointe de ses différents métiers, Safran doit à la fois préserver et renouveler son capital humain, ses compétences et ses connaissances, tout en faisant en sorte de les transmettre et de les diffuser à l'ensemble de son organisation.

vidéo sur le web 2' 13"

Bienvenue chez Safran
lienmini.fr/M391-safran

Après avoir pris connaissance du cas Safran et des ressources proposées, vous réaliserez le travail demandé parties 1 et 2.

PARTIE 1 : Analyser les enjeux d'une politique de management des connaissances

CAS SAFRAN

Dans un groupe de haute technologie comme Safran, la recherche et l'innovation constituent une priorité stratégique. Au cours des 10 prochaines années, le groupe devrait connaître une croissance forte sur des marchés hautement concurrentiels qui nécessite de recruter des collaborateurs au niveau de compétences toujours plus élevé. Aussi, Safran consacre d'importants moyens pour attirer les meilleurs talents et leur ouvrir de réelles opportunités professionnelles dans un environnement propice à l'émergence de technologies et de modèles en rupture. Safran s'est toujours largement investi pour associer les scientifiques au processus de maturation des technologies et considère que l'innovation relève des échanges entre le groupe, le monde des grandes écoles et des universités, les laboratoires et la communauté scientifique internationale.

Pour Safran, investir dans le capital humain, c'est être garant de la pérennité de l'entreprise, de sa compétitivité et de sa responsabilité citoyenne. Le groupe développe des partenariats avec plusieurs universités françaises et étrangères et valorise les jeunes doctorants. Il entretient aussi des partenariats suivis avec plusieurs laboratoires en France et à l'international. En parallèle, un réseau de plus de 250 experts internes permet de développer les complémentarités entre les activités du groupe et favorise les synergies et la recherche commune. Le groupe n'oublie pas que la transmission des savoirs et l'acquisition de compétences sont des approches étroitement liées et complémentaires à la démarche d'innovation du groupe.

En 2015, le groupe a accueilli plus de 6 000 stagiaires, apprentis et étudiants chercheurs. Pour accompagner les étudiants tout au long de leur cursus, Safran a constitué un réseau d'ambassadeurs, salariés du groupe, qui interviennent dans les établissements d'enseignement supérieur à travers différentes actions et événements.

www.safran-group.com

TRAVAIL DEMANDÉ

1 **Identifiez et caractérisez les connaissances stratégiques chez Safran.** Ressources 1 et 2

2 **Montrez en quoi la connaissance constitue une ressource stratégique pour Safran.**

3 **D'après vous, quel(s) défi(s) se pose(nt) chez Safran pour conserver et développer ses connaissances, sources d'avantages compétitifs ?** Annexe 1 | Ressources 3 et 5

4 **Explicitez, d'une façon plus générale, les enjeux stratégiques, humains, techniques et culturels liés au management des connaissances et des compétences.** Annexes 1 et 2 | Ressources 1, 2 et 3

Connaissances
→ lexique, p. 157

Culture d'entreprise
→ lexique, p. 157

Management des connaissances
→ lexique, p. 157

ANNEXE 1 Signature d'un accord-cadre entre Safran et le ministère de l'Éducation nationale

Le 11 mai 2016, Safran et le ministère de l'Éducation nationale, de l'Enseignement supérieur et de la Recherche ont signé un accord-cadre visant le rapprochement du groupe avec le monde éducatif. L'objectif est d'améliorer la visibilité des métiers du groupe auprès des collégiens et lycéens afin de favoriser leur insertion professionnelle, tout en renforçant l'attractivité du secteur de l'aéronautique.

« *Je suis extrêmement fier de signer cet accord qui participe à la revalorisation de nos métiers auprès des jeunes publics, et contribue à renforcer la continuité entre l'école et le monde du travail,* » a déclaré le président du conseil d'administration, Ross McInnes.

Chaque année, un groupe de travail se réunira pour déterminer un programme d'actions prioritaires qui seront régulièrement évaluées et actualisées.

Ce projet repose sur quatre axes majeurs :

- l'amélioration de l'information des élèves sur les métiers de l'aéronautique (notamment les métiers d'ouvriers et de techniciens liés à la production) et l'orientation vers ces métiers ;
- le renforcement et le ciblage des formations proposées aux collégiens et aux lycéens, pour mieux les adapter aux besoins réels de l'entreprise ;
- le développement des dispositifs facilitant l'accueil en stage ou en apprentissage des jeunes en formation ;
- la mise en place de dispositifs de coopération avec le personnel de l'Éducation nationale pour leur permettre de mieux connaître les attentes du milieu professionnel.

Safran est le troisième industriel français, après Schneider et PSA, à entreprendre cette démarche de mise en valeur du secteur industriel et de ses métiers auprès des jeunes.

Ce nouvel accord s'inscrit dans le cadre de la « Politique Jeunesse » portée par Safran depuis quelques années avec par exemple la signature d'un accord européen en 2013 en faveur de l'insertion professionnelle des jeunes : ainsi, chaque année, le groupe accueille environ 3 000 stagiaires et autant d'apprentis.

www.safran-group.com

ANNEXE 2 Des décisions managériales qui se traduisent par des pertes de compétences

La direction d'Air France a dévoilé mercredi des nouvelles mesures de restructuration, notamment un plan de départs volontaires qui s'ajoute aux 5 600 postes déjà supprimés entre 2011 et 2013. [...] Monsieur Gagey a justifié l'ensemble de ces nouvelles mesures par le fait que le groupe n'atteindrait pas ses objectifs de retour à l'équilibre en 2013 et connaîtra sa sixième année consécutive de perte d'exploitation. [...] Michel Salomon, délégué CFDT dénonce la désorganisation provoquée par les précédents plans. « *Des secteurs touchés comme le commercial ou l'informatique se sont retrouvés sinistrés à cause d'une perte de compétence forte. Des jeunes cadres ont quitté leur poste et n'ont pas été remplacés.* »

M. P. Haddad, www.lexpansion.lexpress.fr, 18 septembre 2013.

PARTIE 2 : Analyser les modalités d'une politique de management des connaissances

CAS SAFRAN

Plus de 4 % de la masse salariale et près de 1,4 million d'heures de formation sont dispensées chaque année aux 68 000 collaborateurs du groupe Safran. L'équipementier aéronautique considère la formation comme un investissement stratégique piloté au plus haut niveau. [...]

« *Nous allons passer d'un système qui reposait essentiellement sur des sessions traditionnelles en présentiel à un système dans lequel vont être mobilisées toutes les interfaces utilisées quotidiennement par les salariés* », explique Véronique Bardelmann, *training solutions manager & international development* : *e-learning*[1], réseaux sociaux collaboratifs, « *mooc*[2] », séminaires en ligne, classes virtuelles. « *L'e-learning auquel on pense d'abord n'est en fait qu'une partie, certes importante, des nouveaux modes d'apprentissage. Le présentiel lui-même évolue. On passe d'un présentiel où les salariés apprennent d'un sachant à un présentiel où les stagiaires vont aussi apprendre de leurs collègues et où le rôle du professeur est profondément modifié* », précise Philippe Deregel, responsable de domaine industriel et développement international.

« *Cette mutation répond à l'évolution de la démographie de Safran à la suite d'importants recrutements de jeunes cadres au cours de ces trois dernières années. Cette population apprend différemment. Elle attend beaucoup des technologies et du collaboratif* », constate Véronique Bardelmann.

1. *E-learning*, ou formation en ligne : technique de formation reposant sur l'utilisation des nouvelles technologies multimédias d'Internet.
2. *Mooc* : cours en ligne.

www.lefigaro.fr, 10 février 2014.

TRAVAIL DEMANDÉ

Compétences
lexique, p. 157

Knowledge management
lexique, p. 157

1. **Repérez les outils de transfert et de partage des connaissances et compétences mis en place par Safran.** Annexes 3, 4 et 6 Ressource 4
2. **Identifiez et expliquez le rôle de Safran Consulting.** Annexe 5
3. **Justifiez les compétences requises pour les collaborateurs en charge du *knowledge management*.** Annexe 6
4. **Envisagez les difficultés qu'une entreprise de plus petite taille (TPE, PME) pourrait rencontrer dans la mise en œuvre d'une démarche de management des connaissances.**
5. **Proposez et justifiez une démarche générale ainsi que des outils garantissant le management des connaissances et compétences en entreprise.** Ressource 5

ANNEXE 3 Safran ouvre son université d'entreprise

La première université d'entreprise daterait de 1919 avec General Motors. Et depuis, certains acteurs aéronautiques comme Thales ou Airbus Group et Boeing ont aussi créé leur centre de formation. Un moyen pour ces sociétés de maintenir leurs salariés au meilleur niveau de compétences. Safran vient à son tour d'ouvrir sa première université.

Aeronewstv.com, 19 septembre 2016.

vidéo sur le web 2' 30''

Safran ouvre son université d'entreprise
lienmini.fr/M391-universite-entreprise

ANNEXE 4 Le PPA de Safran à la loupe

Safran a mis en place en février 2013 [...] le « parcours partagé d'apprentissage » (PPA). Ce dispositif permet à un jeune réalisant son apprentissage dans une société du groupe, d'effectuer une partie de son parcours chez un de ses fournisseurs, généralement une PME. [...] Lors de ses périodes dans la PME, l'apprenti va mettre en pratique les méthodes apprises chez Safran. Ainsi ce dispositif est bénéfique aux trois partenaires :

- les PME sous-traitantes forment les jeunes à leurs métiers pour être en mesure de recruter plus facilement des personnels qualifiés ;
- les jeunes concernés enrichissent leur parcours et découvrent des perspectives de carrière variées qu'ils ne soupçonnaient pas dans des PME.

Safran assure ainsi la pérennité de ses sous-traitants grâce à l'embauche d'une main-d'œuvre qualifiée, au fait des besoins du groupe.

Cette approche collaborative permet au groupe et à ses PME sous-traitantes de partager des savoirs et de renforcer leurs relations, tout en consolidant les compétences dans des métiers clés pour l'avenir de la filière aéronautique.

En 2015, Safran a été désigné comme l'un des quatre lauréats du Trophée du Capital humain pour la richesse de sa politique ressources humaines.

Le jury a plus particulièrement salué chez Safran la politique d'apprentissage du groupe au service de l'emploi, et notamment la mise en place des PPA.

D'après www.safran-group.com

ANNEXE 5 Safran Consulting

Safran s'est doté d'une société de conseil interne afin d'aider le groupe à améliorer durablement sa performance. Ses activités comportent deux volets :

- la diffusion des bonnes pratiques, par ses missions de conseil, de tutorat et de formations ;
- la montée en compétences de ses consultants qui ont vocation à venir renforcer les entités opérationnelles du groupe grâce à la mobilité interne.

Aujourd'hui Safran Consulting se déploie dans quatre domaines clés : l'excellence en production, l'excellence en développement, la qualité du travail collaboratif et l'intégration post-acquisition. Pour ce faire, la société est organisée selon des pôles d'expertise comme le *knowledge management*, la conduite de projet, la conduite du changement, ou encore la communication et l'entreprise digitale.

Cette filiale de Safran comprend 60 consultants expérimentés provenant d'horizons variés et ayant une parfaite connaissance des produits, métiers et enjeux du groupe.

www.safran-group.com

ANNEXE 6 Offre de stage Assistant *knowledge management* (H/F)

Dans le cadre de son stage au sein de la direction Qualité et Amélioration continue de Safran Engineering Services, le ou la stagiaire aura pour missions :

- Assister le coordinateur *knowledge management* [...] : mise à jour des données de pilotage, de communication, de l'espace collaboratif, coordination avec les parties prenantes...
- Participer à la rédaction de documents de type spécification technique, description de processus.
- Animer des réunions, des formations et/ou ateliers de travail dans le cadre du projet.
- Contribuer à la définition et à la mise en place de solutions répondant à nos besoins en *knowledge management*.

Une spécialisation dans le domaine de la gestion de la connaissance, de l'expertise serait un plus.
École d'ingénieur ou cursus universitaire avec spécialisation en gestion de la connaissance.

Durée du contrat : 6 mois — **Temps de travail :** temps complet
Statut : étudiant — **Niveau d'études min. requis :** bac+3/4

www.safran-group.com

RESSOURCE 1 Connaissance et information

Les **connaissances** sont des objets à situer par rapport aux **données** et aux **informations**. La connaissance est alors positionnée dans une optique hiérarchique ou pyramidale allant de la donnée (fait brut) à la connaissance (information à forte valeur ajoutée et interprétée) en passant par l'information (donnée traitée). La connaissance peut être vue comme une information à laquelle on a ajouté du sens, information qui est elle-même issue d'une transformation de la donnée.

A. Dudezert, *La connaissance dans les entreprises*, La Découverte, coll. «Repères», 2013.

RESSOURCE 2 Une typologie des connaissances

La connaissance **tacite** est intégrée aux individus et elle est fortement imbriquée aux organisations. L'essentiel du savoir réside dans la tête des gens sous la forme de savoirs pratiques, de règles générales et d'intuitions fondées sur l'expérience personnelle.

À l'inverse, la connaissance **explicite** est stockable dans des livres, des registres de comptabilité, des dépôts de brevets et des programmes de logiciels. Elle est, par conséquent, plus facilement divisible et transférable que la connaissance tacite.

Les connaissances peuvent être attachées à une personne (connaissances individuelles) ou partagées par un ensemble de personnes (connaissances collectives).

© Delagrave, 2017.

RESSOURCE 3 *Knowledge management*, travail collaboratif, gestion de contenu : quels liens, quelles différences ?

L'entreprise recèle des savoirs, dont une partie est consignée dans des documents de toutes sortes (numérisés ou non, dispersés ou non). Les employés sont les dépositaires du reste des savoirs, par leur familiarité avec les procédures, leur expertise métier, leurs contacts. La gestion de contenu va se charger, à l'aide de l'outil informatique, de rationaliser la production, la diffusion, l'archivage des documents qui constituent le savoir documentaire. Le ***knowledge management***[1] (KM) va se charger de transcrire, capitaliser et transmettre les connaissances, non seulement documentaires mais aussi des employés. Le KM mène donc naturellement à la gestion de contenu tout autant qu'il repose sur elle, et par son principe même contient l'idée de collaboration. C'est pourquoi les outils de travail collaboratif (ou *groupware*) lui sont étroitement associés.

1. On parle indifféremment de « management des connaissances » et de « *knowledge management* ».

www.journaldunet.com

vidéo sur le web | 3' 03" | TVDMA

Le *knowledge management* : capitalisation des savoirs
lienmini.fr/M391-knowledge

RESSOURCE 4 Méthodes et outils du *knowledge management*

Outre bien sûr les solutions de gestion de contenu [...] citons les *weblogs* ou blogs (lesquels constituent de plus en plus un élément de la mémoire d'entreprise), les plates-formes de formation en ligne (*e-learning*) qui participent de l'élaboration d'une meilleure gestion des connaissances, les solutions d'automatisation de la veille, voire les progiciels de *Business Intelligence*. La communication par messagerie électronique, et *a fortiori* la communication instantanée, n'entrent pas dans **une démarche de capitalisation du savoir** bien qu'elles facilitent la collaboration.

En dehors de se doter d'outils performants pour la capitalisation des connaissances, [...] l'enjeu du KM va naturellement être de les valoriser. [...] Mais le moteur organisationnel du projet KM pourrait être la constitution de communautés de pratique, ces cellules de circulation du savoir qui se distinguent de l'organisation fonctionnelle de l'entreprise et sont les lieux de fixation et de transmission des connaissances. Au-delà, l'audit est un premier outil de cartographie des connaissances, mais aussi des blocages éventuels (hiérarchiques, procéduraux...) dans leurs circulations. Il restera inutile, cependant, sans la constitution d'une dynamique qui passe par une certaine incitation à partager ses connaissances, motivée par une communication claire sur les objectifs et l'animation collaborative contrôlée.

www.journaldunet.com

RESSOURCE 5 La démarche du management des connaissances

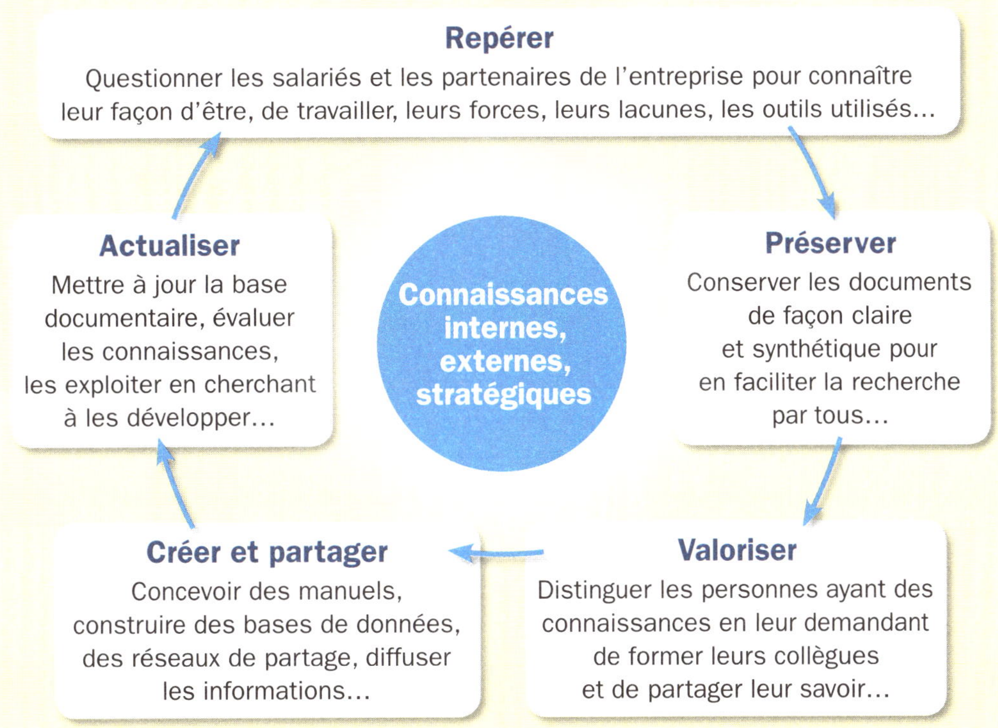

www.crcom.ac-versailles.fr

Avant de commencer QCM

Le management des connaissances

Florette

Testez vos connaissances sur le chapitre 10 à l'aide d'un QCM interactif. Connectez-vous sur lienmini.fr/M391-qcm10

Après avoir pris connaissance du cas, de la ressource proposée et à partir de vos connaissances, vous répondrez aux questions suivantes :

PREMIÈRE PARTIE — ANALYSE DU CONTEXTE ET DE LA SITUATION DE L'ENTREPRISE

1 **À travers l'analyse de la chaîne de valeur, mettez en évidence les spécificités et les contraintes auxquelles Florette est soumise.**

2 **Identifiez la compétence source d'avantage concurrentiel de Florette.**

DEUXIÈME PARTIE — IDENTIFICATION DU PROBLÈME DE MANAGEMENT ET PROPOSITION DE SOLUTIONS ARGUMENTÉES

3 **Expliquez le problème rencontré par Florette en matière de management des connaissances.**

4 **Appréciez les apports du projet Floris dans le management des connaissances.**

5 **Proposez des outils permettant à Florette de compléter l'actuel processus de partage des compétences et des connaissances.**

PRÉSENTATION DU CAS

Florette est une filiale d'Agrial (4,8 milliards d'euros de chiffre d'affaires en 2015), groupe coopératif agricole et agroalimentaire international d'origine normande. Elle fait partie de la branche légumes qui contribue à hauteur du quart du chiffre d'affaires du groupe.

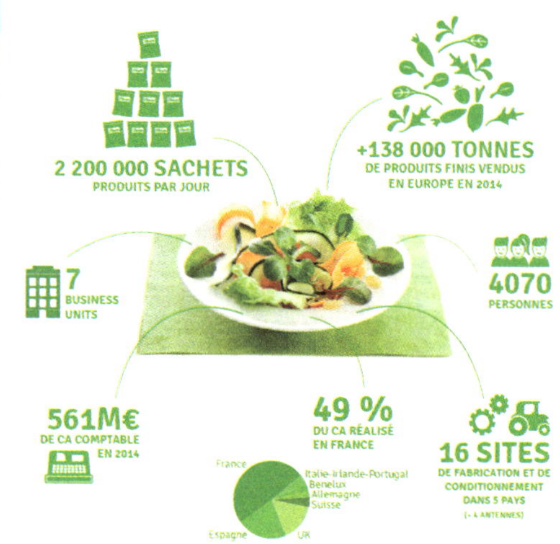

Leader en Europe des légumes et salades fraîches prêtes à l'emploi, Florette maintient sa croissance sur son territoire, protégeant et développant ses parts de marché dans un environnement économique très concurrentiel et sur un marché mature.

« *Anticipant les attentes de ses consommateurs, le groupe met en œuvre son savoir-faire pour proposer des produits sains, frais, répondant aux attentes légitimes d'une alimentation saine et savoureuse. Les performances actuelles et les perspectives permettent d'envisager des projets ambitieux, nécessitant des moyens, des compétences que le groupe souhaite fédérer. La recherche d'efficacité au profit des différents partenaires, au bénéfice des consommateurs et pour la satisfaction des actionnaires nécessite une remise en cause régulière des organisations, des systèmes dans une culture de progrès permanent, d'amélioration des performances. Le territoire européen de nos activités permet et oblige des échanges multiculturels porteurs de diversité, de créativité. Le niveau d'expertise déployé tant dans les différents métiers de l'entreprise que dans la gestion des opérations locales est une force entretenue, c'est évidemment une condition pour atteindre les objectifs partagés de performance. Florette, reconnue comme leader sur ses marchés et son territoire, contribue au développement économique durable et éthique, porteur de ses valeurs* » indique Louis-Marie Le Coutour, président.

D'après www.florette.fr

RESSOURCE Harmonisation des processus métiers chez Florette

Harmoniser les processus métiers de ses systèmes d'information sur plusieurs pays pour toutes ses filiales, tel était l'objectif de Florette, le spécialiste européen des légumes et salades vertes fraîches prêtes à l'emploi. Pour cela, l'entreprise a mis sur pied un projet baptisé Floris, pour Florette Information System.

Compte tenu de son secteur d'activité, elle doit répondre à des enjeux de flux tendus sur 4 axes: en amont (approvisionnement européen), dans la fabrication, dans la distribution et dans la commercialisation (DLC[1] de 5 à 7 jours). « *Il n'y a pas de stock dans l'ultra frais*, rappelle Hervé Petit, DSI (directeur du système d'information) de la branche légumes du groupe Agrial. *Nous mettons les plants en culture chaque semaine en fonction des prévisions de vente des GMS. Ensuite, notre* process *est très rapide. Les commandes arrivent vers midi pour un départ à 14 h 00. Il faut donc trouver un bon équilibre au niveau de l'ordonnancement. C'est un poste clé.* »

Lorsque le projet Floris démarre en 2004, l'état des lieux des systèmes d'information est très hétéroclite. « *Nous souhaitions donc mettre en place une solution pérenne, fiable et robuste. Un seul système d'information pour tous défini par les métiers, pour les métiers, dans une démarche de ROI (retour sur investissement). Un système standardisé et harmonisé par les* best practices *(meilleures pratiques)* », ajoute Hervé Petit.

[...] Florette avait besoin d'une solution rapide à mettre en place qui ne provoque pas de résistance au changement en interne. La solution devait, aussi, être capable de gérer des approches multipays et multidevises et être suffisamment souple pour être déployée sur les autres branches du groupe Agrial. « *L'optique retenue avec notre partenaire TVH Consulting a été la constitution d'un modèle unique européen, construit à partir d'ateliers fonctionnels animés par les* key users *(utilisateurs clefs) de nos principales filiales* », ajoute-t-il.

« [...] *L'approche de TVH Consulting a consisté à mettre en place un transfert de compétences progressif vers les équipes IT chargées des technologies de l'information de Florette afin de permettre le déploiement des sites futurs par nos équipes internes* », souligne Hervé Petit. Au final, le projet Floris a identifié 250 fonctionnalités supplémentaires mises en œuvre sur l'ensemble des entités par rapport aux systèmes précédents. Comme, par exemple, en préparation de commandes, le tableau de suivi et le scannage des colis, la traçabilité des informations en finance, la planification et les logistiques des achats de matières premières, la gestion du transport et la préfacturation en logistique amont, les prévisions à 12 semaines et la gestion des non-conformités pour la partie commerce, ou encore la gestion des profils et l'outil commun pour la partie organisation.

Globalement, cette approche aura permis à Florette de supprimer l'ensemble des systèmes hétérogènes de chaque filiale autour d'un projet commun d'entreprise. Meilleure preuve: ce qu'en disent les utilisateurs. Dans leur retour d'expérience, ils estiment que le système est fiable et qu'il n'y a pas eu d'interruption significative du service depuis sa mise en place. Ils disent aussi qu'il s'agit d'un outil structurant permettant une homogénéisation des modes de fonctionnement et donc du reporting, tout en s'adaptant aux particularités de chaque entité. Ils indiquent que les informations de vente et de production sont accessibles facilement en temps réel et que le système est facile d'utilisation. Enfin, « *c'est un projet révélateur de talents qui a donné naissance à de nombreuses promotions internes* », conclut Hervé Petit.

1. DLC: date limite de consommation.

C. Batteux, *Point de vente*, 7 juillet 2014.

L'ESSENTIEL

Le management des connaissances

Collecter, conserver, partager, transmettre les compétences et les connaissances constitue un véritable défi et une nécessité pour la compétitivité, la survie et la croissance de l'entreprise.

Les connaissances de l'entreprise

sont

- **des informations** (données traitées) auxquelles on a ajouté du sens
- **des compétences** collectives et/ou individuelles, tacites ou explicites détenues par les salariés (savoir, savoir-faire, savoir-être).

constituent

une véritable **ressource stratégique** pour l'entreprise et ses partenaires (salariés, collaborateurs, fournisseurs et parfois clients).

Les enjeux d'une politique de management des connaissances

sont

- **stratégiques**
- **culturels**
- **humains**
- **organisationnels**
- **techniques**

consistent à

organiser le partage des connaissances et compétences entre les membres d'une entreprise pour en faire **une organisation apprenante.**

Les modalités de la politique de management des connaissances

reposent sur

une démarche

Repérer → Préserver → Trier → Partager → Actualiser → Repérer

mobilisent

- **des outils :**
  – d'échange et de diffusion de l'information,
  – d'archivage et de recherche d'information,
  – de travail collaboratif ;
- **des méthodes** de transfert des connaissances et compétences (parrainage, tutorat, apprentissage, *etc.*) ;
- **des moyens** financiers, humains, techniques.

CHAPITRE 11

Le financement des activités

LES PROBLÉMATIQUES

- Pourquoi les entreprises doivent-elles anticiper le financement de leurs activités ?
- Comment définir les besoins liés au cycle d'exploitation et ceux liés au cycle d'investissement ?
- Quels facteurs influencent le choix des modes de financement ?

Ces questions sont abordées dans le cadre de l'entreprise DIM dont les rachats successifs l'ont conduit à repenser son organisation et son financement, en particulier sur les sites d'Autun.

LES COMPÉTENCES

- Distinguer les besoins de financement liés à l'exploitation de ceux liés à l'investissement.
- Choisir les modes de financement adaptés aux besoins d'exploitation et d'investissement.

LES NOTIONS

- Besoin de financement
- Cycle d'exploitation et cycle d'investissement
- Besoin en fonds de roulement (BFR)
- Financements interne et externe
- Fonds de roulement net global (FRNG)
- Modes de financement (autofinancement, augmentation de capital, emprunt, crédit-bail, encours bancaire)
- Risque et coût

CAS DIM

Créé en 1956, DIM[1] fabrique et commercialise de la lingerie féminine, des sous-vêtements masculins, des produits chaussants (collants, bas, mi-bas, chaussettes), des maillots de bain et des vêtements de nuit pour enfant.
La marque DIM appartient au groupe français DBApparel (Dim Brand Apparel), qui est également propriétaire des marques Playtex et Wonderbra. En 2006, le fonds Sun Capital Partners devient le principal actionnaire du groupe.
En 2014, HanesBrands (Hanes), industriel américain spécialisé dans les vêtements de sport, les chaussants, la lingerie féminine et les sous-vêtements masculins, rachète les parts de Sun Capital Partners pour une somme avoisinant les 400 millions d'euros. Le nouveau propriétaire de DBA emploie 51 500 personnes dans le monde et réalise un chiffre d'affaires de plus de 4,5 milliards de dollars.
Cette acquisition permet à Hanes de s'implanter sur le marché européen et à DBA de trouver de nouveaux relais de croissance. Les deux entreprises ont désormais pour ambition de créer l'une des plus grandes sociétés de sous-vêtements au monde.
Une ambition qui suppose une stratégie rigoureuse… et un potentiel financier à la hauteur.

1. En 2016, la société DIM SAS a été renommée Hanes France, mais les marques (dont l'emblématique DIM) sont conservées.

Après avoir pris connaissance du cas DIM et des ressources proposées, vous réaliserez le travail demandé parties 1 et 2.

LE CAS

PARTIE 1 : Qualifier les besoins de financement

CAS DIM

DBA emploie 8 000 personnes et compte sept usines dans le monde. La plus importante se situe à Autun (Saône-et-Loire), où a été fondé DIM en 1956. DIM emploie 1 000 employés sur les sites d'Autun et réalise un chiffre d'affaires de 372,5 millions d'euros en 2014, pour un bénéfice de 13 millions d'euros.

En 2006, Sun Capital Partners, fonds américain, devient le principal actionnaire de DBA. Le groupe est alors restructuré. Il passe d'une organisation par marque à une organisation par métier.

En 2009, DBA arrête la production de lingerie en France pour la délocaliser en Roumanie. Les sites d'Autun sont désormais exclusivement dédiés à la production de chaussants (bas et mi-bas). Ils deviennent le centre logistique et de distribution de toute l'Europe.

Depuis 2010, le groupe DBA engage une politique volontariste d'investissement sur les sites d'Autun : 4 millions d'euros dans la production, 1 million dans la distribution, 3 millions dans l'informatique et 1 million dans l'environnement du travail.

Cette politique assoit « *Autun comme base opérationnelle européenne du groupe DBA* », soulignait Xavier Lépingle, directeur général des opérations du groupe.

Entre 2010 et 2012, 8,5 millions d'euros sont investis sur les différents sites autunois d'où sortent 250 000 paires de collants par jour. L'atelier tricot compte désormais 670 machines, dont 250 nouvelles.

Le centre de distribution d'Autun dessert 43 pays à raison de 5 000 colis par jour en moyenne.

TRAVAIL DEMANDÉ

Besoin de financement
→ lexique, p. 158

Besoin en fonds de roulement
→ lexique, p. 158

Fonds de roulement net global
→ lexique, p. 158

Cycle d'exploitation
→ lexique, p. 158

Cycle d'investissement
→ lexique, p. 158

1. **Repérez les conséquences de l'arrivée de Sun Capital Partners en 2006, en termes de stratégie et d'investissement pour DIM Autun.** Annexe 1
2. **Qualifiez la nature des investissements réalisés par DIM Autun à la suite de son rachat.** Annexe 1 | Ressource 1
3. **Identifiez la nature des besoins de financement de DIM Autun.** Annexe 1 | Ressource 2
4. **Définissez la notion de fonds de roulement net global (FRNG) et montrez son importance pour assurer le développement et la pérennité d'une entreprise.** Ressource 2
5. **Commentez et interprétez l'évolution du BFR de DIM Autun.** Annexe 2 | Ressources 2 et 3
6. **Qualifiez la nature des besoins de financement associés au BFR.** Annexe 3 | Ressources 2 et 3
7. **Présentez et explicitez les différents besoins de financement d'une entreprise.**

ANNEXE 1 Investissements dans l'atelier de teinturerie DIM Autun, en 2013

L'atelier de teinturerie de DIM, qui attendait cette transformation depuis des années, s'est équipé, en 2013, d'une nouvelle technologie. Cet investissement s'élève à 1,4 million d'euros. Ce nouveau *process* est entièrement automatisé. Le mélange des poudres de couleur, sa dilution dans l'eau, son intégration dans les cuves et son mélange avec les produits auxiliaires (adoucissants, *etc.*) est désormais piloté et programmable depuis le poste du chef d'atelier et son système informatique. Il apporte une qualité encore plus importante sur le rendu des couleurs des produits chaussants. Il apporte également une économie sur les dépenses énergétiques du site de production (-20 % sur l'eau, -15 % sur l'électricité, *etc.*).

Pour le personnel, il apporte de meilleures conditions de travail.

É. Dujardin, www.lejsl.com, 5 décembre 2013.

ANNEXE 2 DIM Autun, BFR et endettement

Année	2013	2012	2011
BFR	−2,44 %	−5,31 %	−3,98 %
Endettement (CT+ LT)	63 %	71 %	92 %

www.bilansgratuits.fr

vidéo sur le web 1' 59" L-Expert-comptable.com

Le besoin en fonds de roulement
lienmini.fr/M391-BFR

ANNEXE 3 Extrait d'un entretien avec M. R., responsable des ventes d'une entreprise de textile, lors de la clôture d'un salon de prêt-à-porter

Quel est votre bilan à la clôture de ce salon ?

Le constat est amer. On a réalisé de nombreuses commandes mais elles ne couvrent pas les frais engagés en promotion et en fabrication.

Nous avons produit sans envisager le cycle d'exploitation. On négocie à 90 jours avec nos fournisseurs : on commande en t et on paye en t+3. Nos tissus sont envoyés en sous-traitance en t. Les produits sont fabriqués en t+1 et on doit payer le sous-traitant en t+2.

La lingerie reste en stock un mois environ, elle est donc livrée en t+2 à nos clients qui demandent 60 jours de paiement. On est donc payé en t+4.

Donc si j'ai bien compris, vous fabriquez en t+1, vous livrez vos clients en t+2, vous êtes payé en t+4 et vous devez payer vos fournisseurs en t+3 et vos sous-traitants en t+2.

Oui, tout à fait. Notre erreur est de ne pas avoir fait de prévisionnels de ventes et de trésorerie en tenant compte des décalages.

Quels changements envisagez-vous ?

Nous prévoyons de négocier avec les fournisseurs pour payer plus tard, se faire payer plus tôt par nos clients et consulter les banques pour augmenter notre découvert autorisé…

LE CAS

PARTIE 2 : Choisir les modes de financement

CAS DIM

Le financement du BFR ? Ce n'est plus un souci pour le spécialiste des sous-vêtements et du chaussant DBA. Le groupe a en effet mis en place une solution innovante pour dégager des liquidités à partir de ses factures fournisseurs. « *Alors que la plupart des solutions de financement du besoin en fonds de roulement porte sur les créances clients et les stocks, nous avons choisi de nous pencher sur le poste fournisseurs* », indique Caroline-Émilie Schuster, directrice de la trésorerie groupe de DBA. [...]

Un *process* léger et simple

Le groupe se tourne d'abord vers ses banques, mais aucune ne peut lui proposer de solution adaptée. C'est finalement le leader des cartes de paiement, American Express (Amex), qui apporte la réponse, au moyen d'une solution de paiement greffée sur le système de gestion de la chaîne d'approvisionnement du groupe. [...]

La solution est mise en œuvre sur les principaux fournisseurs de produits finis, un poste qui représente près de 150 millions de dollars par an. « *Nos fournisseurs sont payés par American Express dans les délais prévus par nos contrats et nous bénéficions ensuite d'un délai de paiement de la part d'Amex, permettant ainsi au groupe de dégager un volume important de liquidités sur nos dettes fournisseurs* », souligne Caroline-Émilie Schuster.

En clair ? Un système de paiement à débit différé adapté aux entreprises. « *Le fournisseur sait à quelle date il sera payé, et l'entreprise connaît la date à laquelle elle sera débitée. Cela permet un vrai pilotage de sa trésorerie* », ajoute Marc Clatot, Directeur Cartes Entreprises France d'American Express France. De fait, en repoussant de 60 jours le décaissement de ses règlements fournisseurs, le groupe DBA dégage un volant de liquidités de l'ordre de 5 à 6 millions d'euros. « *Cela permet de couvrir l'ensemble du besoin de fonds de roulement des entités légales concernées* », se satisfait Caroline-Émilie Schuster.

Le coût du financement ? Il est jugé intéressant par DBA : les conditions octroyées par Amex sont fonction du niveau de risque de chaque entreprise et, en l'occurrence, le risque de DBA est jugé faible.

Trois ans après avoir déployé cette solution de financement auprès de ses principaux fournisseurs de produits finis, DBA envisage aujourd'hui de l'étendre. En particulier à ses fournisseurs marketing ou logistique.

C. Desjardins, www.business.lesechos.fr, 8 septembre 2014.

vidéo sur le web | 3' 06" | Congrès des DAF

Interview de C.-E. Schuster, directrice de la trésorerie de DBA
lienmini.fr/M391-tresorerie-DBA

TRAVAIL DEMANDÉ

1 **Identifiez le moyen choisi par DBA pour financer le BFR et expliquez les raisons de ce choix.** Annexe 4 Ressource 4

2 **Identifiez d'autres moyens possibles pour financer le BFR et proposez leurs principaux avantages, inconvénients, risques et coûts.** Ressources 4 et 6

3 **Recensez les modes de financement choisis par Hanes pour acquérir DBA. Expliquez en quoi ce choix de financement minimise les risques grâce à l'effet de levier.** Annexe 5 Ressources 5 et 6

4 **Proposez d'autres moyens possibles pour financer le cycle d'investissement d'une entreprise. Identifiez leurs principaux avantages et inconvénients, risques et coûts.** Ressources 5 et 6

5 **Explicitez les règles à respecter dans le cadre du financement des cycles d'activités d'une entreprise.**

Source de financement
→ lexique, p. 158

ANNEXE 4 L'optimisation du BFR

L'expérience récente de la crise a joué un rôle d'accélérateur sur les besoins croissants des entreprises en matière de liquidités et de contrôle des dépenses; la crise a également eu pour effet un durcissement des conditions d'accès aux sources de financement avec une réduction des en-cours: réalité perçue par plus de 70% des entreprises encore aujourd'hui. [...]

Or, si différentes solutions existent (affacturage, *reverse factoring* ou crédit documentaire), elles recouvrent principalement l'une des deux composantes du besoin en fonds de roulement (BFR), à savoir la gestion du poste fournisseur ou la gestion du poste client.

Confrontées à des problèmes de trésorerie, priorité majeure pour 91% des directeurs financiers, les entreprises sont à la recherche de solutions suffisamment flexibles, permettant de piloter les transactions de façon autonome (sans cession de créances) et capables d'optimiser l'une et l'autre des parties dans la relation client-fournisseur. C'est précisément dans ce cadre qu'American Express a créé BIP. *Buyer Initiated Payements* (BIP) est une plate-forme de paiement en ligne conçue pour permettre aux entreprises de piloter leurs paiements en augmentant ainsi le niveau de leurs liquidités.

Cette solution répond autant aux besoins des clients que des fournisseurs en allongeant les délais de paiement côté client tout en accélérant leur réception chez les fournisseurs.

Entièrement *plug and play*[1], la solution ne requiert aucune ressource supplémentaire ni installation logicielle: elle peut ainsi être intégrée de manière simple et transparente dans des processus de paiement existants.

1. *Plug and play*: prêt à l'emploi.

www.finyear.com

ANNEXE 5 Le rachat de DBA par Hanes

Hanes a annoncé, le 25 juin 2014, le rachat de DBA pour 400 millions d'euros. Pour DIM, c'est le quatrième changement de propriétaire en quarante ans. Pour Hanes, cette acquisition est d'une logique imparable. D'une part, l'effet taille permet d'accroître la force de frappe commerciale face à des concurrents souvent régionaux. En l'occurrence, les deux groupes sont très complémentaires puisque Hanes n'est autre que le propriétaire de Playtex et Wonderbra dont le groupe français a les droits pour l'Europe et l'Afrique du Sud.

Surtout, le groupe américain, dont la fortune vient notamment des marques Hanes et Champion, ne réalise que 11% de ses ventes (4,6 milliards de dollars) en dehors des États-Unis. Dernier argument: la montagne de cash guère prisée par les actionnaires.

En réalisant sa seconde acquisition en moins d'un an, Hanes a non seulement jeté un sort à sa trésorerie excédentaire, mais il va devoir s'endetter pour financer le rachat du groupe français.

Il recourt ainsi à l'effet de levier[1]. Il permet de faire de la gonflette pour la rentabilité des capitaux investis, un ratio surveillé de près en Bourse.

Pour DIM, qui représente environ la moitié du chiffre d'affaires de DBA, c'est une nouvelle aventure.

1. L'effet de levier augmente la rentabilité des capitaux propres tant que le coût de l'endettement est inférieur à l'augmentation des bénéfices obtenus grâce à l'endettement. Dans le cas inverse, il devient négatif.

J.-B. Jacquin, ecobusiness.blog.lemonde.fr, 26 juin 2014.

RESSOURCE 1 Les besoins liés au cycle d'investissement

La création puis le développement d'une entreprise nécessitent des fonds financiers susceptibles de couvrir des besoins de financement lourds, correspondant à des **investissements** nécessaires à la survie et à la compétitivité de l'entreprise. Les principaux investissements sont :

- **l'investissement matériel :** création d'unités de production ou acquisition d'unités existantes (en France ou à l'étranger), achats de terrains, constructions, achats de matériels productifs, *etc.*
  - les investissements de renouvellement qui visent à remplacer les équipements usés ou obsolètes ;
  - les investissements de capacité consistant à acheter des biens de production supplémentaires qui augmentent la capacité de production ;
  - les investissements de productivité (ou de modernisation) qui permettent d'intégrer les progrès techniques et de rendre l'outil de production plus efficace.
- **l'investissement immatériel :** achats de biens incorporels (logiciels, brevets, marques, *etc.*).

© Delagrave, 2017.

RESSOURCE 2 Les besoins de financement, à court, moyen et long termes

Le financement de l'activité est essentiel au bon fonctionnement de l'entreprise. Il se compose de deux éléments : le besoin de financement lié à l'investissement qui permet d'identifier les risques de financement à long terme, et le besoin en fonds de roulement qui représente l'expression du besoin de financement spécifique au cycle d'exploitation.

Le fonds de roulement net global (FRNG) correspond à l'excédent des ressources stables une fois le financement des emplois permanents effectué (terrains, constructions, machines-outils, véhicules de transport, *etc.*). Le financement de l'activité de l'entreprise à moyen et long termes, en lien essentiellement avec le développement de son outil de production, dépend des stratégies mises en place par les concurrents, de l'évolution technologique et des attentes quantitatives et qualitatives de la demande.

Le besoin en fonds de roulement (BFR) représente le décalage des flux de trésorerie provenant de l'activité courante de l'entreprise (essentiellement décalage entre les délais de paiement octroyés par les fournisseurs et ceux accordés aux clients). Il correspond à la trésorerie nécessaire pour qu'une entreprise assure son cycle d'exploitation.

© Delagrave, 2017.

RESSOURCE 3 Cycle d'exploitation d'une entreprise

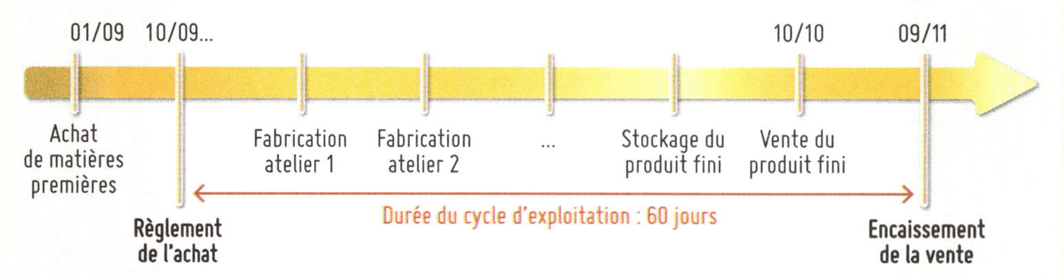

Le besoin en fonds de roulement est de 60 jours. Il faut donc à l'entreprise des ressources financières suffisantes pour couvrir le besoin financier résultant des décalages des flux de trésorerie.

© Delagrave, 2017.

RESSOURCE 4 Les ressources à court terme destinées à financer le cycle d'exploitation

Si le fonds de roulement est insuffisant pour couvrir les besoins du cycle d'exploitation, le financement de ce dernier peut être assuré par des crédits de **trésorerie** qui permettent à l'entreprise d'éviter, à court terme, son insolvabilité. Les principales solutions sont :

- le découvert bancaire ;
- l'escompte sur effets ;
- l'affacturage.

© Delagrave, 2017.

RESSOURCE 5 Les ressources à long terme destinées à financer les investissements

Le financement d'investissements doit être envisagé sur le long terme pour garantir à l'entreprise des ressources stables. Les possibilités sont nombreuses et se déclinent en :

financement externe

- **le prêt classique :** l'achat de matériel se fait au moyen d'un emprunt auprès d'une banque qui prend des garanties réelles ou personnelles ;
- **le crédit-bail** (location souvent assortie d'une option d'achat) **:** l'entreprise n'est pas propriétaire du matériel mais verse un loyer. Le crédit-bail est particulièrement intéressant lorsque le matériel se déprécie rapidement.

financement interne

- **l'autofinancement :** capacité de l'entreprise à financer elle-même certains investissements. Il assure une certaine indépendance financière ;
- **l'augmentation de capital :** solution pour financer les investissements risqués. Elle permet de renforcer les fonds propres de l'entreprise.

© Delagrave, 2017.

RESSOURCE 6 Les critères de choix de financement

L'entreprise est amenée à définir un mode de financement en fonction de ses stratégies et de sa situation. Les principaux critères de choix sont :

Le coût : le choix d'un financement dépend du coût global de l'opération que l'on cherche à minimiser. Ainsi, le choix du mode de financement (emprunt, crédit-bail, *etc.*) dépend du taux d'intérêt mais aussi de toutes les charges associées (commissions, assurance, *etc.*).

Le risque : la décision d'investissement est conditionnée par le niveau d'endettement. Plus l'entreprise est endettée, plus elle doit payer des intérêts et rembourser le capital. Certaines situations aboutissent à la cessation des paiements.

L'indépendance : les apports en fonds propres assurent à l'entreprise une indépendance financière tandis que les emprunts la rendent d'autant plus dépendante que ceux-ci sont nombreux. Les prêteurs exigent des garanties de paiement et s'immiscent parfois dans la gestion de l'entreprise.

© Delagrave, 2017.

ENTRAÎNEMENT AU BTS

Avant de commencer QCM

Le financement des activités

Testez vos connaissances sur le chapitre 11 à l'aide d'un QCM interactif. Connectez-vous sur lienmini.fr/M391-qcm11

DARTY

Après avoir pris connaissance du cas, des ressources proposées et à partir de vos connaissances, vous répondrez aux questions suivantes :

PREMIÈRE PARTIE ANALYSE DU CONTEXTE ET DE LA SITUATION DE L'ENTREPRISE

1. **Identifiez la situation financière (trésorerie) de Darty à l'arrivée d'Albin Jacquemont.**
2. **Expliquez la logique qui a mené à cette situation et comparez-la aux pratiques observées dans la distribution.**
3. **Recensez les différents postes du bilan à l'origine de l'endettement de Darty.**

DEUXIÈME PARTIE IDENTIFICATION DU PROBLÈME DE MANAGEMENT ET PROPOSITION DE SOLUTIONS ARGUMENTÉES

4. **Recensez les solutions adoptées pour y remédier et justifiez-les.**
5. **Identifiez les aspects culturels qui ont entraîné ces changements et les leviers managériaux utilisés.**

PRÉSENTATION DU CAS

Le groupe Darty est un groupe anglais spécialisé dans la distribution de matériel électroménager.

Les magasins Darty sont de grandes surfaces spécialisées, détenues en propre ou en franchise, qui proposent un choix important de produits en électroménager, TV, vidéo, Hi-Fi, téléphonie, multimédia, Internet et cuisine sur mesure.

L'enseigne compte plus de 265 points de vente en France (une quarantaine en franchise) et est le leader de la distribution d'électroménager et d'électronique grand public en Europe.

Elle emploie 11 500 salariés et réalise un chiffre d'affaires de 3,5 milliards d'euros en 2015.

RESSOURCE 1 Le nouveau directeur financier remet de l'ordre

En quelques mois, Albin Jacquemont, le nouveau directeur financier du groupe de distribution, a réduit la dette financière de près d'un tiers. Sa recette ? Se montrer beaucoup plus attentif aux délais fournisseurs et, en particulier, à la récupération des créances échues.

C'est avec un grand étonnement qu'Albin Jacquemont, fraîchement arrivé de Carrefour, découvre les pratiques de recouvrement de Darty lorsqu'il prend la tête de la direction financière, il y a un peu moins d'un an. « *La grande distribution alimentaire est réputée pour sa discipline en matière de gestion des délais de paiement et du besoin en fonds de roulement (BFR). Chez Darty, j'ai découvert un environnement différent, caractérisé par la recherche de relations fortes avec les fournisseurs* », explique-t-il. Avec des impacts non négligeables sur la trésorerie, et notamment sur le BFR du distributeur.

Première surprise : dans ce groupe qui réalise un chiffre d'affaires de plus de 3,5 milliards d'euros, les acheteurs sont chargés de négocier non seulement les marges, mais aussi les délais de paiement. « *L'accent a trop souvent été porté sur les seules conditions d'achat,* explique le directeur financier, *alors que la relation fournisseurs forme un tout comprenant notamment les stocks et les délais de paiement.*

RESSOURCE 1 (SUITE)

Ainsi, il est arrivé que la position de trésorerie de nos fournisseurs soit privilégiée, aux dépens de notre propre trésorerie. Il y avait un potentiel de rééquilibrage important : d'autant plus nécessaire que le groupe, noté BB- par Standard & Poor's, a émis une obligation à haut rendement portant intérêt à 5,875 %, ce qui génère des frais financiers loin d'être négligeables. Il revient à Darty de financer les magasins mais pas les stocks, qui devraient eux, être couverts par la dette vis-à-vis des fournisseurs. »

Les postes du bilan passés au peigne fin

Avec le soutien fort de la direction générale du groupe, le directeur financier décide dès la fin de l'été de mettre en place une politique plus stricte, dont l'effet est mesuré par un reporting précis, hebdomadaire et largement diffusé dans l'entreprise. Le premier levier a été de mieux récupérer les créances échues sur les fournisseurs. « *Par exemple, les ristournes sont désormais récupérées progressivement sur l'année en cours, au lieu d'attendre, dans certains cas, le début de l'année civile suivante. Elles sont désormais compensées sur nos factures, au fil de l'eau, comme chez tous les distributeurs* », indique Albin Jacquemont.

Un changement qui ne pouvait être réalisé qu'avec le soutien de la direction des produits du groupe. « *Avec Régis Schultz, notre président, et Benoît Jaubert, le directeur commercial, nous avons déployé beaucoup de pédagogie dans toute l'entreprise pour expliquer non seulement l'importance du cash, mais aussi l'influence de la dette financière sur notre cours de Bourse.* » Outre les fournisseurs, tous les postes du bilan (créances diverses, taxes ou impôts, *etc.*) ont été passés au peigne fin afin d'y récupérer le moindre euro possible.

Objectif : faire financer les stocks

Darty affiche aussi une rigueur toute nouvelle côté « clients », et en particulier avec ses franchisés. En revanche, le groupe a choisi de relâcher la pression en matière de gestion des stocks. « *La disponibilité des produits est très importante dans notre secteur et, à force de serrer nos stocks, nous perdions du chiffre d'affaires* », explique le directeur financier de Darty qui a ainsi accru son niveau de stocks de 35 millions d'euros (environ 6 %). En quelques mois, le groupe a finalement dégagé quelque 92 millions d'euros, entraînant une réduction de 30 % de sa dette financière (195 millions d'euros à fin octobre 2015).

L'objectif reste de faire financer les stocks (qui affichent un délai de rotation de soixante-neuf jours) par les délais de paiement. « *Nos fournisseurs ont compris que nous allions nous rapprocher des pratiques du marché et de la limite autorisée par la loi. En échange, nous leur promettons des relations administratives plus efficaces avec davantage de dématérialisation* », explique Albin Jacquemont.

L'articulation des tâches entre direction commerciale et direction financière pourrait elle aussi évoluer. « *Une fois que notre besoin en fonds de roulement aura atteint un niveau normal, nous nous poserons la question d'une nouvelle répartition : il est logique que les acheteurs s'occupent des achats et du commerce et les financiers des délais de paiement.* » Une politique qui pourrait plaire à de nouveaux actionnaires, alors que Darty est en plein rapprochement avec le groupe FNAC.

Cécile Desjardins, lesechos.fr, 25 janvier 2016.

RESSOURCE 2 Une reprise en main qui porte ses fruits

Darty c'est avant tout « *des atouts exceptionnels comme sa logistique, son SAV, ses produits additionnels tels que l'assurance* » a tenu à rappeler son directeur financier, Albin Jacquemont. Mais aussi des spécificités liées à son activité comme un BFR négatif et une forte croissance, qui ont incité l'entreprise à être peu précautionneuse dans ses négociations fournisseurs, puisque le cash généré était énorme. D'où une dette moyenne à 300 millions d'euros en 2015. Un an plus tard, celle-ci est retombée à 150 millions. La recette du directeur financier ? […] Expliquer que la dette limite la capitalisation boursière. Qu'il faut déconstruire et ne pas subir.

Plus prosaïquement on retiendra trois conseils de l'intervention d'Albin Jacquemont :
– c'est toujours le directeur commercial qui décide des délais de paiements ;
– chez Darty, il est certes bien accompagné mais il garde la décision finale ;
– des prévisions de fonds de roulement hebdomadaires, largement diffusées au sein de l'entreprise.

Florence Leandri, www.daf-mag.fr, 12 juillet 2016.

Le financement des activités

Pour assurer son fonctionnement et son développement, l'entreprise doit apprécier ses besoins en matière d'exploitation et d'investissement. Elle doit également réfléchir à la façon de les financer au regard de sa situation mais aussi des coûts et risques que les différents modes de financement représentent.

Stratégie et activité de l'entreprise

Cycle d'investissement

- Détermine le fonds de roulement de l'entreprise.
- Finance les investissements nécessaires à la survie et au développement de l'entreprise.

▶ **Le fonds de roulement net global (FRNG)** garantit une réserve de ressources stables pour permettre le financement des investissements.

Cycle d'exploitation

- Détermine la trésorerie nécessaire pour couvrir le besoin financier résultant des décalages des flux de trésorerie.

▶ **Le besoin en fonds de roulement (BFR)** est fonction de la durée du cycle d'exploitation et représente ce dont l'entreprise a besoin pour son fonctionnement quotidien.

FRNG > BFR ▶ Trésorerie positive ▶ L'entreprise est SOLVABLE
FRNG < BFR ▶ Trésorerie négative ▶ Risque d'INSOLVABILITÉ

Principaux modes de financement des cycles d'investissement et d'exploitation

Moyens de financement de l'investissement
- Financement interne → – Autofinancement – Augmentation de capital
- Financement externe → – Emprunt – Crédit-bail

Moyens de financement de l'exploitation → – Découvert bancaire – Escompte sur effets – Affacturage

Points de vigilance :
- coûts
- risques
- effets de dépendance

Préparation à l'examen

Méthode Comment aborder l'épreuve de Management des Entreprises

I. INTRODUCTION Présentation générale

Rappel : Épreuve écrite, durée de **3 heures**

L'épreuve de management des entreprises vise à évaluer les savoirs et les compétences acquis par le candidat ainsi que sa capacité à les mobiliser pour analyser des pratiques de management des entreprises dans un contexte donné.

Le sujet remis au candidat comporte :

- un questionnement destiné à analyser une situation afin de formuler un problème de management et de proposer des solutions pertinentes.
- un dossier qui comprend :
  - le cas de l'entreprise considérée : la description d'une situation contextualisée de gestion d'entreprise qui soulève un ou plusieurs problèmes de management ;
  - des ressources documentaires destinées à faciliter la compréhension du contexte, de certaines notions, à apporter des pistes susceptibles d'orienter une réponse, à étoffer une argumentation.

Le questionnement est généralement structuré en deux parties.

- **La première partie porte sur l'analyse du contexte**

L'analyse du contexte se fait à travers un questionnement destiné à guider le candidat dans la démarche de résolution de l'étude. Il s'agit souvent :

  - d'analyser le fonctionnement de l'entreprise, ses modes de management, ses choix stratégiques et opérationnels, sa structure ;
  - d'analyser sa situation à l'aide d'outils pertinents ;
  - d'établir un diagnostic (ou une partie de diagnostic) indiquant ses forces, ses faiblesses, les opportunités et menaces de son environnement, dans la perspective d'une prise de décision.

- **La deuxième partie** (parfois divisée en 2 sous-parties) **vise à identifier un problème de management et à proposer des solutions**

Il s'agit, dans un premier temps, de reprendre les éléments essentiels de l'analyse qui font émerger le ou les problèmes de management :

  - identifier, expliciter et caractériser le ou les problèmes de management.

Dans un second temps, il s'agit d'apporter des solutions adaptées au contexte présenté, c'est-à-dire de résoudre l'étude de cas :

  - proposer des solutions pertinentes et envisager leur mise en œuvre dans le contexte présenté.

Tout au long de la rédaction, le candidat veille à argumenter son analyse et ses propositions en faisant référence au corpus théorique (auteurs, théories, outils, *etc.*).

Les Entraînements au BTS de ce manuel, conçus dans l'esprit du référentiel de l'épreuve, doivent permettre d'acquérir progressivement les savoirs et les compétences méthodologiques nécessaires au traitement de l'étude de cas de management des entreprises. Ils ne sauraient se substituer cependant à un apprentissage rigoureux et régulier durant la période de formation.

II. SUJET SESSION 2014 EKIPTRAIN

Durée : 3 heures

> Après avoir pris connaissance du cas, des ressources proposées et à partir de vos connaissances, vous répondrez aux questions suivantes. Dans le cadre de la rédaction des réponses, le candidat est invité à mobiliser les concepts et les références d'auteurs dès lors qu'ils sont pertinents et que le lien avec le contexte est argumenté.

Première partie : Analyse du contexte et de la situation de l'entreprise

1. Caractérisez les finalités de l'entreprise EKIPTRAIN.

2. Analysez le mode de gouvernance de l'entreprise EKIPTRAIN, avant l'augmentation du capital réalisée en 2013, en montrant notamment comment il permet de concilier les intérêts contradictoires des différentes parties prenantes.

3. Proposez de manière structurée et argumentée des critères pertinents permettant d'évaluer la performance de l'entreprise.

4. Identifiez et expliquez les choix stratégiques de l'entreprise EKIPTRAIN en 2013.

Deuxième partie : Identification du problème de management et proposition de solutions argumentées

5. Montrez en quoi la croissance externe privilégiée par EKIPTRAIN en 2013 peut remettre en cause son mode de gouvernance.

6. Présentez les solutions envisageables pour garantir le développement futur et durable de l'entreprise EKIPTRAIN, en précisant les limites de chacune.

Le dossier comprend :

Le cas EKIPTRAIN

Les ressources documentaires :

Ressource 1 : Des données chiffrées sur EKIPTRAIN

Ressource 2 : Le transport ferroviaire en Europe et dans le monde

Ressource 3 : Qu'est-ce qu'une société de capital-investissement ?

Ressource 4 : Les modes de financement des entreprises (Extraits)

CAS EKIPTRAIN: Un équipementier au service du ferroviaire

La création et le développement de l'entreprise

EKIPTRAIN, société anonyme à conseil d'administration, est un équipementier ferroviaire implanté en France, qui rassemble plus de 852 collaborateurs dont 312 ingénieurs. À la différence de ses concurrents, plus diversifiés, EKIPTRAIN a une activité exclusivement dédiée au ferroviaire. L'entreprise se consacre ainsi entièrement aux constructeurs, opérateurs et fournisseurs de maintenance pour leur offrir la gamme de produits et de services la plus complète du marché: vantaux (battants pour fermetures de portes), systèmes de freinage, systèmes d'accès pour les passagers, de chauffage et de climatisation pour les cabines.

L'entreprise, créée en 1955 par la famille GUILLON, dans la région toulousaine, a été transmise de père en fils. Même si la croissance d'EKIPTRAIN s'est faite par acquisition d'autres entreprises du secteur, la famille a toujours conservé le contrôle majoritaire de la société. Dès 2002, EKIPTRAIN a racheté la société VANTAUXCOM spécialisée dans la fabrication de vantaux. En 2004 et 2006, les sociétés CEM et CLIMT, spécialisées respectivement dans les systèmes de freinage et de climatisation des trains, ont été également acquises par EKIPTRAIN.

Pour financer ces différentes acquisitions, EKIPTRAIN a eu recours à des augmentations successives de capital. En 2006, le capital de la société était détenu à 53% par les membres de la famille GUILLON.

Un actionnariat majoritairement familial

L'actionnariat d'EKIPTRAIN est demeuré stable jusqu'en 2012, la famille GUILLON détenant la majorité du capital et des droits de vote. Cette structure d'actionnariat a apporté à EKIPTRAIN une stabilité et une vision à long terme, nécessaires pour développer sa stratégie et réaliser ses investissements. À côté de la famille GUILLON, on trouve, d'une part une multitude de petits actionnaires minoritaires (environ 200 actionnaires) qui détiennent dans leur ensemble 37% du capital de la société et, d'autre part, la société FONCAS, une société de capital-investissement à la recherche de placements rentables qui détient 10% des actions d'EKIPTRAIN.

Par ailleurs, EKIPTRAIN a mis en place, dès 2006, des dispositifs d'intéressement et de participation des salariés aux résultats de l'entreprise.

Des ressources humaines performantes

Les ressources humaines d'EKIPTRAIN jouent un rôle prépondérant dans les performances de l'entreprise. Tout d'abord, EKIPTRAIN ne recrute que des opérateurs de production ayant au minimum un baccalauréat professionnel. EKIPTRAIN privilégie également la Recherche & Développement (R&D) puisqu'un tiers des collaborateurs sont des ingénieurs.

Le taux de *turn over* et l'absentéisme sont très faibles en raison d'actions visant à améliorer la qualité de vie au travail. Les salaires sont supérieurs de 10% à la moyenne du secteur.

EKIPTRAIN prévoit chaque année un plan de formation comprenant un volet technique destiné au développement des savoir-faire et un volet orienté plus particulièrement vers le développement individuel des compétences. Parallèlement, EPIKTRAIN favorise le recrutement interne des salariés en proposant aux plus mobiles d'entre eux des plans de carrière attractifs.

L'innovation au cœur de l'entreprise

Depuis sa création, EKIPTRAIN fait de l'innovation un moteur de développement fondamental de l'entreprise et un facteur de distinction par rapport à ses concurrents pour l'ensemble de ses systèmes et de ses produits. Ainsi, EKIPTRAIN a conçu des systèmes de climatisation novateurs et obtenu une diminution substantielle de la consommation d'énergie ainsi qu'une baisse du niveau de nuisance sonore. EKIPTRAIN a également mis au point un système qui, en diminuant l'encombrement des équipements de freinage, réduit la masse et le volume des trains, améliorant ainsi leur vitesse et diminuant du même coup leur consommation énergétique. Un des grands axes de la Recherche et Développement pour EKIPTRAIN reste la fiabilité des produits. L'entreprise a inventé un mode d'accès pour les passagers qui fluidifie, et par conséquent sécurise, l'accès des passagers aux trains.

Ces innovations ont été conçues en collaboration avec les clients et les fournisseurs dans le cadre de groupes de projets. En outre, EKIPTRAIN noue un véritable partenariat avec ses sous-traitants dont une grande partie d'entre eux travaillent avec l'entreprise depuis plus de 10 ans.

Un changement de stratégie en 2013

Les clients d'EKIPTRAIN sont de très grandes entreprises de construction de trains ; il en existe moins d'une vingtaine dans le monde. Chaque client formule des besoins spécifiques et les produits sont totalement adaptés à cette demande spécifique.

Comme toutes les entreprises, EKIPTRAIN a été fortement affectée par la crise économique. Le chiffre d'affaires baisse régulièrement depuis 2010 en raison d'une diminution du volume des commandes de ses gros clients. En effet, le fléchissement de la demande de voyages touristiques ne les incite pas à investir dans la production de nouveaux trains. De plus, EKIPTRAIN a dû répercuter sur ses prix de vente l'augmentation du coût des matières premières. Les relations de l'entreprise avec ses fournisseurs se sont à cette occasion légèrement détériorées.

Pour faire face à cette nouvelle situation, EKIPTRAIN a fait le choix, début 2013, de renforcer sa capacité d'innovation et la qualité des produits fabriqués tout en anticipant les besoins de ses clients. Dans cet objectif, EKIPTRAIN a décidé, d'une part, de nouer un partenariat avec un laboratoire de recherche universitaire spécialisé en technologie ferroviaire et, d'autre part, de procéder au rachat de la société CARBON qui conçoit des systèmes de freinage novateurs pour les trains à grande vitesse.

Pour financer ce rachat, EKIPTRAIN a eu recours à une augmentation de capital sans appel public à l'épargne. Cette augmentation s'est donc adressée exclusivement aux actionnaires actuels de la société. Les petits actionnaires n'ont pas contribué à cette augmentation qui a été finalement répartie entre l'actionnariat familial et le fonds de placement. En 2013, la nouvelle répartition du capital est la suivante :

Famille GUILLON	Petits actionnaires (environ 200)	FONCAS
49 %	35 %	16 %

Fin 2013, le conseil d'administration s'est réuni pour analyser et répartir les résultats de l'année. Les représentants de la société FONCAS ont manifesté leur vif désaccord concernant la répartition du résultat net proposée par la famille GUILLON. Les représentants de FONCAS sont allés jusqu'à menacer les autres membres du conseil de céder leurs titres si cette politique de distribution du résultat était maintenue en 2014. La famille GUILLON s'inquiète de cette perspective.

Ressource 1 : Des données chiffrées sur EKIPTRAIN

Évolution de l'activité et du résultat

	2010	2011	2012	2013
Commandes reçues	24 234	22 589	20 736	19 974
Chiffre d'affaires (en millions d'euros)	612,45	589,12	547,85	537,47
Résultat net (en millions d'euros)	6,4	5,1	4,6	3,6

Répartition du résultat net de l'entreprise EKIPTRAIN

	2010	2011	2012	2013
Autofinancement (pour l'entreprise)	64 %	65 %	67 %	71 %
Dividendes (pour les actionnaires)	29 %	28 %	27 %	23 %
Intéressement et participation (pour les salariés)	7 %	7 %	6 %	6 %

www.societe.com

Ressource 2 : Le transport ferroviaire en Europe et dans le monde

Un attrait pour les transports non polluants

Objectifs de développement durable, protocole de Kyoto, sommet de Copenhague : les politiques publiques volontaristes de limitation de gaz à effet de serre sont des facteurs déterminants pour la croissance de la demande de services ferroviaires. Le changement climatique développe la conscience environnementale des consommateurs. [...]

Une urbanisation croissante

[...] Les financements de demande de matériel ferroviaire et d'infrastructures ferrées demeurent à 85 % dépendants de structures publiques. Les choix des pouvoirs publics sont donc déterminants pour l'activité ferroviaire. [...] La tendance est globalement à la promotion d'un rééquilibrage entre les différents modes de transport et à la promotion du ferroviaire. C'est le cas notamment dans les pays du Golfe qui investissent massivement dans les infrastructures ferroviaires, et en Chine qui met en place une industrie ferroviaire nationale (infrastructures et matériels roulants). [...]

www.assemblee-nationale.fr

Ressource 3 : Qu'est-ce qu'une société de capital-investissement ?

Une société de capital-investissement est une structure disposant d'une masse d'argent qu'elle a collectée auprès de souscripteurs. Ces derniers sont des institutionnels, comme les banques, assurances et caisses de retraite, ou encore des particuliers. Le fonds emploie cet argent pour acheter des parts de capital d'entreprises avec l'objectif de servir au mieux l'intérêt de ses souscripteurs.

Or, l'essentiel des bénéfices engrangés par les souscripteurs d'un fonds, ainsi que par le fonds lui-même, provient des plus-values dégagées au moment où le fonds revend ses titres. Autrement dit, l'intérêt d'un fonds est que les entreprises dans lesquelles il investit prennent le plus de valeur possible au cours de la période pendant laquelle il les accompagne, généralement entre trois et sept ans. [...]

Faire appel à un capital-investisseur est la seule manière de lever un volume de fonds propres important. De plus, l'opération constitue un moyen efficace [...] de renforcer les fonds propres de l'entreprise pour la propulser à un autre stade de développement.

www.lentreprise.com

Ressource 4 : Les modes de financement des entreprises (Extraits)

Pour financer sa création ou son développement, une entreprise peut utiliser deux grandes catégories de capitaux : les fonds propres, fournis par les associés de la société, ou les financements externes, qui proviennent des organismes financiers.

Les fonds propres

[...] Les fonds propres sont des financements issus des apports en capital faits par les associés, mais aussi des subventions d'investissement. [...] Ces fonds ont vocation à rester de manière durable dans l'entreprise.

Les apports de sociétés de capital-risque sont des apports au capital social faits par des sociétés dans le but de revendre à plus ou moins long terme leur participation et de réaliser des profits grâce à la valeur prise par l'entreprise au cours de son développement. [...]

Les subventions d'investissement sont des fonds versés à titre définitif, généralement par des collectivités territoriales, sans obligation de remboursement.

Les financements externes

[...] L'emprunt bancaire est une somme mise à la disposition de l'entreprise par un organisme financier, avec obligation de la rembourser selon un échéancier préalablement défini.

En contrepartie de son financement, l'organisme prêteur perçoit des intérêts rémunérant l'apport de fonds et les risques pris.

www.vosdroits.service-public.fr

Étape 1 Prise en compte des consignes et lecture active des questions

1. Lecture des questions et annotation rapide des premières idées : concepts et auteurs à mobiliser

Exemples :

1. Caractérisez les finalités de l'entreprise EKIPTRAIN.
4. Identifiez et expliquez les choix stratégiques de l'entreprise EKIPTRAIN en 2013.

Les différentes finalités
→ Apport de P. Drucker
Finalité : définition

Stratégies globales ?
Stratégies de domaine ?
Modalités de développement stratégique…

2. Lecture active du contexte de l'entreprise

Dans cette phase, il est conseillé de lire tout en annotant le texte :

→ Pendant la lecture, dès qu'un élément évoque un concept, une piste de problématique, le surligner et le noter dans la marge.

Exemple à partir d'un extrait du cas

EKIPTRAIN, société anonyme à Conseil d'administration, est un équipementier ferroviaire implanté en France, qui rassemble plus de 852 collaborateurs dont 312 ingénieurs. À la différence de ses concurrents, plus diversifiés, EKIPTRAIN a une activité exclusivement dédiée au ferroviaire. L'entreprise se consacre ainsi entièrement aux constructeurs, opérateurs et fournisseurs de maintenance pour leur offrir la gamme de produits et de services la plus complète du marché : vantaux (battants pour fermetures de portes), systèmes de freinage, systèmes d'accès pour les passagers, de chauffage et de climatisation pour les cabines.

L'entreprise, créée en 1955 par la famille GUILLON dans la région toulousaine, a été transmise de père en fils. Même si la croissance d'EKIPTRAIN s'est faite par acquisition d'autres entreprises du secteur, la famille a toujours conservé le contrôle majoritaire de la société. Dès 2002, EKIPTRAIN a racheté la société VANTAUXCOM spécialisée dans la fabrication de vantaux. En 2004 et 2006, les sociétés CEM et CLIMT, spécialisées respectivement dans les systèmes de freinage et de climatisation des trains, ont été également acquises par EKIPTRAIN.

Pour financer ces différentes acquisitions, EKIPTRAIN a eu recours à des augmentations successives de capital. En 2006, le capital de la société était détenu à 53 % par les membres de la famille GUILLON.

Exemple d'annotations :

Équipementier ferroviaire français

Le ferroviaire : activité exclusive

Gamme la plus complète du marché : avantage concurrentiel ?

Entreprise familiale : conserve le contrôle majoritaire

Politique de croissance externe

Alerte
Le cas oriente vers le financement :
→ Connaissances sur le financement ?
→ Noter dans la marge pour y revenir plus tard si cela se confirme.
→ Par la suite, le cas revient plusieurs fois sur financement et répartition du capital.

Moyens de financement : augmentation du capital

→ La lecture permet la compréhension du contexte. Cette dernière est facilitée par les annotations personnelles.

3. Lecture active des ressources

⟶ Quelle est la nature des ressources ?

⟶ Quelles informations apportent-elles ?
En quoi permettent-elles de répondre aux questions ?

⟶ Comme pour le cas, il convient de lire, surligner et annoter chaque ressource.

Exemple ressource 1 : Des données chiffrées sur EKIPTRAIN
Évolution de l'activité et du résultat

	2010	2011	2012	2013
Commandes reçues	24 234	22 589	20 736	19 974
Chiffre d'affaires (en millions d'euros)	612,45	589,12	547,85	537,47
Résultat net (en millions d'euros)	6,4	5,1	4,6	3,6

Analyse rapide : Baisse des commandes, du CA et du RN
⟶ Une situation qui se dégrade

	2010	2011	2012	2013
Autofinancement (pour l'entreprise)	64 %	65 %	67 %	71 %
Dividendes (pour les actionnaires)	29 %	28 %	27 %	23 %
Intéressement et participation (pour les salariés)	7 %	7 %	6 %	6 %

Stabilité de la répartition du RN sur les 3 premières années considérées et en 2013 : augmentation de l'autofinancement au détriment des dividendes

Remarque : Cette ressource permet de justifier le mécontentement des actionnaires qui voient conjointement diminuer le résultat net et leur part de dividendes.

⟶ Apports et éclairage de chaque ressource.

Ressources 1 et 2 apportent des données complémentaires sur le cas.

Ressources 3 et 4 expliquent des points techniques du cas.

Étape 2 Méthodologie relative au traitement des questions

1. Analyse de la consigne générale

« Dans le cadre de la rédaction des réponses, le candidat est invité à mobiliser les concepts 1 et les références d'auteurs 2 dès lors qu'ils sont pertinents et que le lien avec le contexte est argumenté 3. » Cette consigne oriente fortement la construction des réponses :

1. Identifier et définir des mots-clés (*cf.* cours) ;
2. Citer les auteurs en lien avec le concept (*cf.* cours) ;
3. Établir le lien avec le contexte (*cf.* cours, cas et ressources).

2. Exemple de traitement des questions

Première partie : Analyse du contexte et de la situation de l'entreprise

1. Caractérisez les finalités de l'entreprise EKIPTRAIN.			
Identifier et définir les mots-clés	**Mobiliser les concepts et les auteurs**	**Comprendre les exigences de la question**	**Établir le lien avec le contexte**
Finalités	· Définir et qualifier les finalités. Finalité : raison d'être d'une entreprise, ce pour quoi elle a été créée. On distingue les finalités lucrative, sociale et sociétale. · Faire référence à un auteur : Peter Drucker, pour qui la finalité première d'une entreprise est de développer une clientèle.	Nécessité de spécifier et préciser les caractères distinctifs des finalités identifiées. Examiner toutes les finalités et trouver des éléments de justification dans le texte.	« *Offrir la gamme de produits et de services la plus complète du marché.* » → finalité lucrative « *Le taux de turn over et l'absentéisme sont très faibles en raison d'actions visant à améliorer la qualité de vie au travail. Les salaires sont supérieurs de 10 % à la moyenne du secteur.* » → finalité sociale : bien-être des salariés Ainsi de suite pour toutes les finalités.

2. Analyser le mode de gouvernance de l'entreprise EKIPTRAIN, avant l'augmentation de capital réalisée en 2013, en montrant comment il permet de concilier les intérêts contradictoires des différentes parties prenantes.			
Identifier et définir les mots-clés	**Mobiliser les concepts et les auteurs**	**Comprendre les exigences de la question**	**Établir le lien avec le contexte**
Mode de gouvernance **Parties prenantes** **Intérêts contradictoires**	La gouvernance → les différents types de gouvernances (actionnariale, partenariale). Les parties prenantes → les différentes parties prenantes internes et externes (ne concerne que les PP internes ici). Intérêts contradictoires → intérêts dont la quête se fait au détriment de ceux des autres parties prenantes. **Question portant sur le lien :** Intérêt des parties prenantes + les aspects contradictoires. Cyert et March : les coalitions d'acteurs et la notion de décideur politique.	Examiner, étudier les faits, établir les causes et les conséquences. Cadrage temporel : avant l'augmentation de capital réalisée en 2013. Dans cette question, il y a une affirmation que l'on ne doit pas discuter mais démontrer à l'aide d'arguments.	« *L'actionnariat d'EKIPTRAIN est **demeuré stable jusqu'en 2012**, la famille **GUILLON** détenant **la majorité du capital et des droits de vote**. Cette structure d'actionnariat a apporté à EKIPTRAIN une **stabilité et une vision à long terme nécessaires pour développer sa stratégie et réaliser ses investissements**. À côté de la famille **GUILLON**, on trouve, d'une part une multitude de **petits actionnaires minoritaires** (environ 200 actionnaires) qui détiennent dans leur ensemble 37 % du capital de la société et, d'autre part, la **société FONCAS**, une société de capital-investissement à la recherche de placements rentables qui détient 10 % des actions d'EKIPTRAIN.* » À noter ici, l'utilité des ressources 1-3 pour illustrer la stabilité jusqu'en 2013 et de la définition de **FONCAS**. En l'état, le mode de gouvernance est partenarial. Il permet de prendre en compte les intérêts des parties prenantes internes : – la famille **GUILLON** : pérennité et développement de l'entreprise, maintien de leur pouvoir de décision dans l'entreprise ; – les salariés : rémunérations supérieures, stabilité dans l'emploi ; – les actionnaires, *etc.*

Deuxième partie :
Identification du problème de management et proposition de solutions argumentées

Dans cette partie, il s'agit d'identifier le ou les problèmes de management.

Cela signifie que le bon traitement des questions précédentes est suffisant pour faire émerger, au regard des connaissances acquises en cours, le problème de management.

Pour exposer la problématique :

1. Résumer les éléments de l'analyse ;
2. Formuler le ou les problème(s) de management.

Dans le cas EKIPTRAIN, la formulation de la question oriente fortement le candidat dans le problème de management à traiter.

5. Montrez en quoi la croissance externe privilégiée par EKIPTRAIN en 2013 peut remettre en cause son mode de gouvernance.		
Identifier les mots-clés	**Comprendre les exigences de la question**	**Établir le lien avec le contexte**
Croissance externe **Mode gouvernance** Ces mots-clés font référence directement aux questions 2 et 4 du cas.	La formulation même de la question met sur la piste du problème → il s'agit de démontrer par une argumentation **la possible** remise en cause de la gouvernance.	**Avant** augmentation du capital destinée à financer la croissance externe : Famille **GUILLON** : 53 % Petits actionnaires : 37 % **FONCAS** : 10 % **Après :** Famille **GUILLON** : 49 % Petits actionnaires : 35 % (environ 200) **FONCAS** : 16 % Réponses : → nouveau rapport de force → contestation de la répartition des bénéfices et menaces de **FONCAS** (*cf.* dernier paragraphe du cas) → + ressource 1 : baisse des performances (*cf.* question 3 du cas)
6. Présentez les solutions envisageables pour garantir le développement futur et durable de EKIPTRAIN, en précisant les limites de chacune.		
Concepts et auteurs mobilisables	**Exigences de la consigne**	**Établir le lien avec le contexte**
Les solutions possibles : problème de financement de croissance lié au mode de gouvernance → les différents moyens de financement + limites et conséquences du mode de gouvernance. L'idée de développement futur et durable peut trouver sa justification dans la question 1 sur les finalités. Il est possible de mobiliser de nouveaux concepts. Dans ce cas, les définir et lorsque c'est possible les associer à leur auteur.	Envisager et évaluer les modes de financement possibles.	Les menaces de **FONCAS** et leurs conséquences probables. Pour la famille **GUILLON** : – la volonté de poursuivre la croissance ; – la volonté de garder le contrôle de la société. Dans ce contexte, l'entreprise peut envisager des solutions de financement ne sollicitant pas **FONCAS**. En interne : autofinancement, en externe : emprunt, *etc.* Les limites des propositions doivent être présentées.

Étape 3 Rédaction des réponses de l'étude de cas

Il convient de répondre à chaque question après avoir mis en œuvre la méthode évoquée précédemment. Pour respecter le temps imparti (3 heures), aucune réponse ne doit être rédigée au brouillon.

Il peut être judicieux, selon la question, de répondre sous forme de tableau structuré sans oublier d'apporter les justifications demandées (envisageable dans ce cas pour les questions 1 et 2).

- Les questions d'analyse testent les compétences du candidat et le mettent sur la piste du ou des problème(s) de management.
- Les questions d'identification du ou des problèmes(s) de management sont le point central de l'étude de cas. Elles permettent de formaliser de façon précise et argumentée le(s) problème(s) de management au(x)quel(s) l'entreprise est confrontée.
- La question relative à la proposition de solutions vise à apprécier la capacité du candidat à mobiliser son savoir au regard d'une situation donnée.

Il est important de respecter la structure de l'étude de cas et de répondre aux questions les unes après les autres en respectant leur ordre. Chaque question a son importance. Elles sont organisées de sorte à guider le candidat dans la découverte et la compréhension du cas et de sa problématique.

IV. SYNTHÈSE SCHÉMATIQUE Conseils méthodologiques

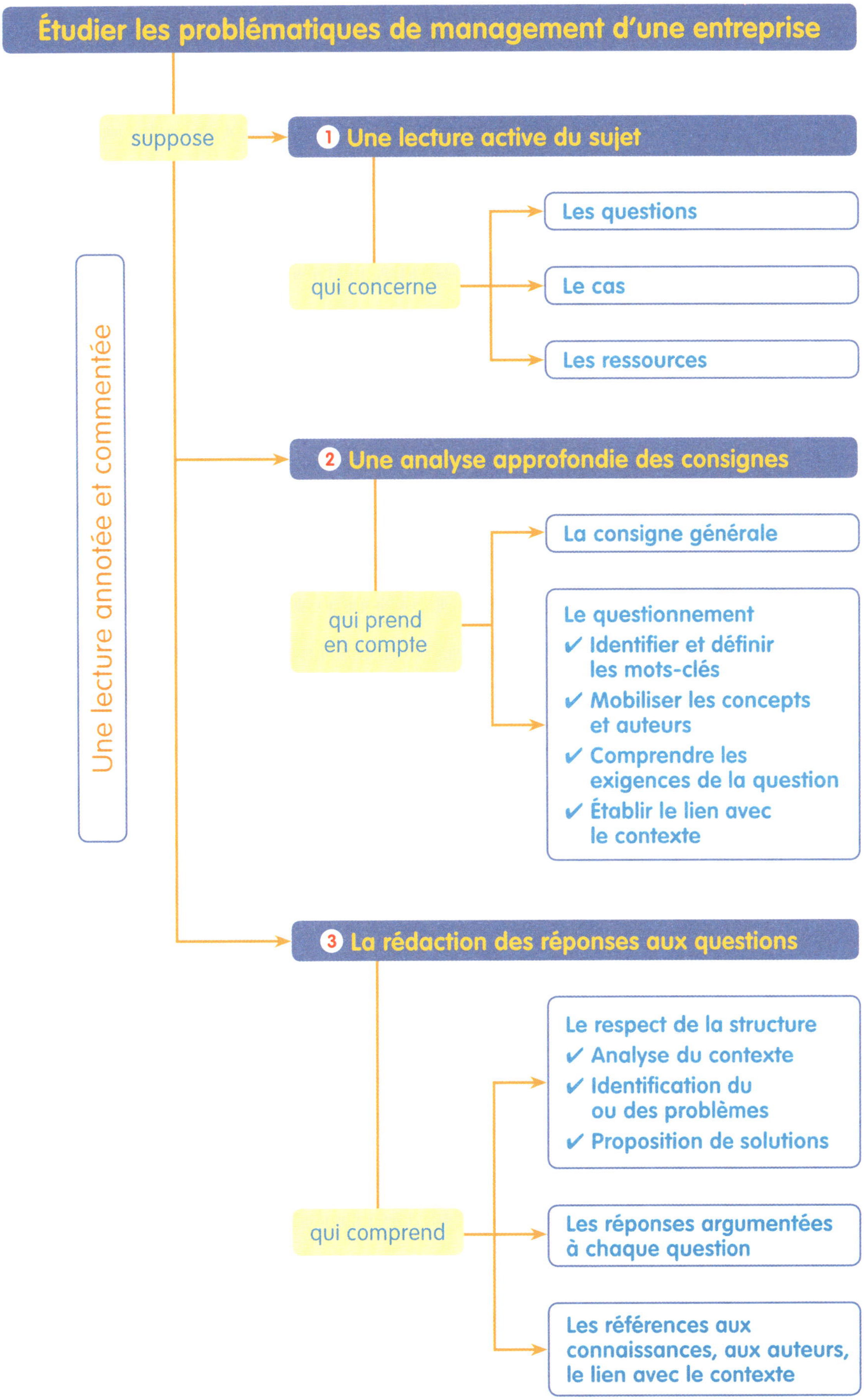

Sujet 1

Durée : 3 heures

Brevet de technicien supérieur

Management des entreprises

CAS Nature & Découvertes

Après avoir pris connaissance du cas, des ressources proposées et à partir de vos connaissances, vous répondrez aux questions suivantes. Dans le cadre de la rédaction des réponses, le candidat est invité à mobiliser les concepts et les références d'auteurs dès lors qu'ils sont pertinents et que le lien avec le contexte est argumenté.

I. Analyse du contexte et de la situation de l'entreprise

1. Identifiez les finalités de l'entreprise Nature & Découvertes et les éléments sur lesquels elles se fondent.
2. Repérez les actions qui découlent de l'engagement responsable/citoyen de Nature & Découvertes.
3. Montrez que la culture d'entreprise de Nature & Découvertes influence ses parties prenantes.
4. Justifiez les choix opérés par Nature & Découvertes pour améliorer ses performances sur toute sa chaîne de valeur.

II. Identification du (des) problème(s) de management et proposition de solutions argumentées

5. Identifiez les problèmes de management induits par la réorganisation de la chaîne de valeur.
6. Proposez des solutions à mettre en œuvre pour les résoudre.

Le dossier comprend :

Le cas Nature & Découvertes

Les ressources :

Ressource 1 : 10 tendances pour définir le consommateur en 2017

Ressource 2 : La norme ISO 14001

Ressource 3 : Nature & Découvertes en quelques chiffres

Le cas Nature & Découvertes

La présentation de l'entreprise

En 1990, Françoise et François Lemarchand ouvrent le premier magasin Nature & Découvertes à Éragny. Le concept est de faire du commerce dans le respect de l'Homme et de la nature. Le magasin est alors un lieu de curiosité, de calme et d'accueil qui invite les citadins à se reconnecter à la nature en proposant à un public de tout âge une sélection de produits originaux et de qualité.

L'enseigne reverse une partie de ses bénéfices à sa Fondation Nature & Découvertes créée en 1994 qui a pour mission de soutenir des projets de sensibilisation, d'éducation et de protection de la nature. Inscrites dans la Charte (inchangée depuis la création et présente dans tous les magasins), les valeurs de l'entreprise affirment 4 engagements :

- la satisfaction client ;
- le soutien et le développement de l'écologie ;
- l'éducation des clients aux valeurs écologiques ;
- la préservation sur une base durable et profitable de l'équilibre entre les aspirations des clients, des équipes, des fournisseurs et des actionnaires, afin de contribuer positivement à la société.

Quelques grandes dates

– **2006 :** Nature & Découvertes est la première enseigne de commerce de détail à obtenir la certification ISO 14001 pour l'ensemble de ses activités (le siège, les entrepôts et les magasins).

– **2009 :** Nature & Découvertes obtient « Le prix du développement durable comme élément fédérateur des salariés ». 88 % de ses salariés se déclarent fiers d'appartenir à une entreprise citoyenne[1]. Cette même année, la famille au complet crée la Fondation Lemarchand pour l'équilibre entre les Hommes et la Terre. La Fondation possède 20 % des actions de Nature & Découvertes dont les dividendes annuels générés financent les programmes. En 2011, 805 000 € ont été distribués à 37 projets en France et dans les pays du Sud. Les clients et les salariés sont consultés sur le choix des projets de développement durable soutenus par la fondation (une centaine par an).

– **2011 :** Antoine, le fils des fondateurs, passionné de nature, reprend l'entreprise. Tout en perpétuant les valeurs historiques, il ambitionne d'incarner le commerce de demain. L'expérience vécue en magasin, le lien social créé par les équipes, la valeur immatérielle du produit sont au cœur de ses projets.

– **2012 :** L'enseigne constate les effets de la crise économique. La majorité des magasins sont implantés en centres commerciaux, fortement touchés par la baisse du trafic. Nature & Découvertes perd 10 % de son trafic. L'enseigne décide alors d'élargir son offre sur les produits « Découvertes » (*outdoor*, yoga, sciences), de proposer des petits prix (comme des casse-tête inspirés de grands inventeurs à moins de 5 €) afin de favoriser les achats d'impulsion. Le nouveau concept se décline dans les nouveaux magasins en quatre « temps » : art de vivre/convivialité, enfant, *outdoor* et bien-être.

– **2013 :** Nature & Découvertes ressent toujours les effets de la morosité ambiante sur le porte-monnaie de ses clients. Le taux de chômage est déterminant, selon Antoine, « *au-delà de 12 %, faire du commerce devient difficile* ». Le parc de magasins doit être ajusté : fermeture des magasins d'Orgeval, Limoges, Le Havre et Angoulême à cause de la baisse de fréquentation et de la hausse des loyers (mais d'autres magasins ouvrent au plus proche de la clientèle, dans les grandes villes ou les zones touristiques, à Bègles, Paris – Beaugrenelle –, Roissy-en-France – Aéroville – et au Luxembourg).

– **2016 :** L'enseigne lance les chantiers numériques (entrée sur de nouvelles *marketplaces*[2] comme celle de la Fnac ; site adapté pour les marchés britaniques et allemands d'ici la fin de

1. Selon l'étude réalisée par Great Place To Work (Institut créé en 2002 qui a pour objet d'étude et d'intervention principal le bien-être des salariés dans l'entreprise. L'institut établit sur cette base un palmarès des entreprises dans lesquelles il « *fait bon travailler* »).
2. *Marketplace* : permet à un acteur, généralement déjà installé, d'accueillir sur sa plate-forme de vente en ligne des plus petits commerçants pour diversifier son offre sans augmenter ses coûts de stockage, de livraison, *etc.*

l'année ; la livraison en une journée par coursier ou sous une heure en magasin est développée, les équipes liées au digital sont renforcées).

Les grandes orientations de Natures & Découvertes depuis 2014

- **L'évolution de son offre**

Nature & Découvertes fait évoluer son offre autour du «*do it yourself*» pour accompagner le désir d'autonomie de ses clients: ateliers de cuisine, ateliers pédagogiques gratuits pour les porteurs de la carte de fidélité (0,8 million de personnes actuellement). De plus, après la vogue du bio, le public est en quête de produits locaux et naturels. Nature & Découvertes veut les rendre plus facilement accessibles. «*La France regorge de talents et de petits producteurs qui n'arrivent pas à valoriser leurs productions faute de circuits commerciaux, de logistique et aussi de savoir-faire Marketing*», constate Antoine Lemarchand. [...] «*Nous voulons offrir à nos clients des produits non exposés en magasin, par manque de place ou parce qu'ils se vendent peu*», explique Stéphen Demange, directeur Internet de Nature & Découvertes. Ainsi, cabanes de jardin et portiques de balançoire trouveront leurs clients sur le Web grâce à des partenaires spécialisés désormais présents sur la «*marketplace*» (le modèle se révèle très rentable car le poids des coûts logistiques est reporté sur les partenaires du site d'e-commerce). La «*marketplace*» est combinée au système «*click and collect*[3]» mis en place avec succès en 2012[4].

- **La rémunération des vendeurs et les outils d'aide à la vente**

Tandis que les vendeurs constatent une nette désaffection des centres commerciaux où la marque est implantée au profit de l'e-commerce (concrètement, les revenus mensuels de bon nombre d'entre eux s'orientent à la baisse), une question se pose: comment assurer une politique salariale juste, valorisant aussi bien les efforts que les résultats?

En prenant ses fonctions de DRH en 2012, Anne Deneux s'attaque en priorité au mécanisme de rétribution des vendeurs qui constituent 70% de la masse salariale. Le système finalement retenu dans cette période de crise intègre une double entrée pour le calcul des bonus: «*L'une considère le chiffre d'affaires généré, l'autre prend en compte la progression du nombre de clients*», détaille la DRH, qui a tenu à ne pas individualiser le système. «*La progression tient compte du potentiel du magasin, souligne ainsi l'investissement collectif et valorise le travail en équipe*», précise Anne Deneux. «*Les syndicats, sceptiques au départ, ont finalement approuvé au vu des chiffres*», appuie Anne Deneux. Les salariés eux, se disent satisfaits. D'autant que de nouvelles missions transversales leur permettent d'arrondir leurs fins de mois: former leurs comparses au métier de guide-conseils, animer des conférences sur la politique de développement durable, *etc.* Cela permet de «rebooster» le moral des équipes et, par ricochet, de resserrer les liens avec l'enseigne.

D'un point de vue matériel, pour accompagner la qualité de son offre en point de vente, Nature & Découvertes a décidé d'équiper tous les vendeurs de tablettes connectées. Ces dernières leur permettront:

- d'avoir un maximum d'informations sur les produits et de renseigner au mieux le consommateur;
- de scanner les cartes de fidélité et d'avoir des informations pertinentes sur les clients concernés;
- d'accéder à l'offre étendue de Nature & Découvertes (catalogue, produits issus du site marchand et de la *marketplace*);
- de proposer un service de paiement *via* la tablette pour ne pas rompre le lien avec le client;
- d'organiser un système de livraison en magasin ou chez le consommateur.

3. *Click and collect*: application informatique permettant à l'internaute de prendre connaissance de la disponibilité d'un produit, de le réserver et commander en ligne puis de le retirer en magasin quelques heures après. Les performances du mois de décembre 2013 montrent que ce nouvel outil de vente est un véritable succès: le *click and collect* a généré deux fois plus de commandes qu'en temps normal sur les périodes de fin d'année selon la direction de Nature & Découvertes.

4. Le panier moyen *Cick and collect* observé chez Nature & Découvertes est supérieur de 40% à celui traditionnellement enregistré dans ses magasins.

- **La rationalisation de la chaîne d'approvisionnement**

L'enseigne multiplie les astuces pour se procurer des produits originaux et étonner sa clientèle. Pour ce faire, elle renouvelle un bon tiers de ses références chaque année (hors livres). Payante pour créer du trafic, cette stratégie suppose, en arrière-plan, une organisation poussée et des relations avec les fournisseurs particulières.

Pour tenir la cadence, Nature & Découvertes met d'abord ses fournisseurs historiques à contribution. Un noyau dur de 500 entreprises – de la grosse PME au petit artisan régional – qui assure la fabrication des deux tiers de ses nouveautés. Certaines travaillent avec l'enseigne depuis sa création, en 1990. C'est à elles que le distributeur confie les articles phares : produits d'optique, jouets en bois, *etc.* des marchés sur lesquels il est devenu incontournable. Nature & Découvertes est réputée pour épauler ses fournisseurs quand ils n'ont pas la taille ou les compétences nécessaires pour innover. « *Notre objectif est de tisser une relation fidèle et de les faire progresser,* explique Antoine Lemarchand. *Nous prenons donc parfois le temps de les attendre et nous mettons nos moyens à leur disposition quand il le faut.* » Pour proposer davantage de textile en coton bio, une filière encore très peu développée, l'enseigne a financé en partie le développement et le coût de la certification de Marico, son fournisseur indien.

Mais pour être encore plus en phase avec les exigences du marché, Antoine Lemarchand souhaite désormais se recentrer sur les partenaires historiques, diminuer le nombre de fournisseurs et simplifier, y compris techniquement, une chaîne d'approvisionnement encore assez lourde à gérer. Après plus de 20 ans sur des outils maison, la décision est prise : Nature & Découvertes passe à l'ERP[5] et aux processus en temps réel.

Ce projet suppose une transformation en profondeur des processus de l'entreprise : achats, approvisionnements, ventes, chaîne logistique. « *Comme les autres distributeurs, nous étions dans un modèle technique réactif, avec de nombreux traitements par lot. Ce mode de fonctionnement, qui crée un délai d'au moins une journée avant de réagir sur les prix, les offres,* etc.*, fonctionne moins bien que par le passé. Le principe aujourd'hui consiste à capter le client dès qu'il entre en magasin : pour ce faire, on doit être en mesure de traiter la donnée à la volée, de changer notre comportement, voire notre offre, au cours d'une journée* », commente Josselin Ollier, le DSI[6] de Nature & Découvertes. Désormais, c'est le siège qui pousse les articles en magasins. Auparavant, chaque directeur de magasins commandait ce qu'il souhaitait à l'entrepôt. L'ERP permet un fonctionnement en temps réel gagnant en réactivité pour le pilotage des clients ou de la chaîne logistique. Exemple : lors des soldes, Nature & Découvertes pourra savoir en temps réel, magasin par magasin, comment sa gamme soldée est accueillie, afin d'optimiser finement le dispositif.

« *La première étape du déploiement de l'ERP consiste à mettre en place la gestion du cycle de vie du produit : la construction de l'offre, les approvisionnements, la fixation du prix, l'optimisation des stocks… Une fois cette chaîne marchandises en place, nous travaillerons sur la partie clients, pour propulser des promotions notamment* » commente Josselin Ollier. Nature & Découvertes travaille à des promotions personnalisées et géolocalisées arrivant sur les smartphones des consommateurs. Nature & Découvertes a choisi d'externaliser l'hébergement de son système d'information en ayant recours à un *cloud* privé[7] pour gagner en coût et en agilité. Ce choix s'est imposé par son gain (25 % d'économie) et sa flexibilité, notamment pour absorber les pics d'activité, comme à Noël, en commandant les capacités nécessaires quelques heures avant leur disponibilité effective.

Sources : d'après natureetdecouvertes.com, silicon.fr, lesechos.fr, capital.fr

5. ERP (*Enterprise Ressources Planning*) ou PGI (Progiciel de Gestion Integré) : progiciel intégrant les données et les fonctions de gestion de l'entreprise (gestion de production, gestion commerciale, logistique, ressources humaines, comptabilité, contrôle de gestion).

6. DSI : Directeur du système d'information.

7. *Cloud* privé : serveur informatique distant, loué à la demande.

Ressource 1 – 10 tendances pour définir le consommateur en 2017

Dans son nouveau rapport, Sheryl Connelly, « futuriste[1] » chez Ford, dresse les tendances actuelles et futures de notre société.

1. La confiance au centre du jeu. La vérité devient de plus en plus une affaire de perception. [...] Aujourd'hui, 80 % des adultes estiment que les médias donnent davantage des opinions que des nouvelles objectives.

2. Le rôle des femmes. Les changements démographiques et l'implication grandissante des femmes dans tous les secteurs de l'économie ont modifié la dynamique des ménages et du travail. [...]

3. La consommation durable. Avec l'enchaînement des inondations dévastatrices, des sécheresses dramatiques ou de la contamination de l'eau, la raréfaction préoccupante de la ressource la plus précieuse du monde continue de croître et les consommateurs sont de plus en plus conscients de leur empreinte hydrique. [...]

4. La vie idéale, version 2.0. Les citadins de toute la planète ont repensé le concept de « vie idéale ». Consommer toujours plus et toujours plus gros n'est plus la panacée. Le simple fait de posséder ne mène plus au bonheur. [...]

5. Optimiser son temps. Dans un monde où la consommation est à la demande, les consommateurs ont tout simplement repensé leur rapport au temps. [...]

6. Le dilemme du client. Avec Internet, les consommateurs disposent d'un choix plus abondant que jamais et sont donc plus hésitants à s'engager. [...]

7. La spirale technologique. À bien des égards, la technologie nous facilite la vie, mais les consommateurs commencent à lutter contre ses inconvénients. [...]

8. Tous acteurs du changement. Se pose aujourd'hui la question de qui détient les clés du changement. Les institutions ? Les entreprises ? Les individus ? Désormais, le consommateur prend conscience de son influence. [...]

9. Des parents à l'écoute. [...] Aujourd'hui, 66 % des parents pensent que le succès de leur parentalité se mesure à la réussite de leurs enfants.

10. La force des communautés. Les communautés prennent différentes formes et agissent ensemble pour bâtir une société porteuse d'espoirs. Cela a un impact sur la perception du commerce.

www.stratégie.fr, 12 décembre 2016.

1. Futuriste : terme utilisé dans l'entreprise Ford. Il s'agit d'un métier qui consiste à prévoir et anticiper les évolutions de notre société.

Ressource 2 – La norme ISO 14001

La norme **ISO 14001** est la plus utilisée des normes de la série des normes ISO 14000 qui concernent le management environnemental. Elle repose sur le principe d'amélioration continue de la performance environnementale par la maîtrise des impacts liés à l'activité de l'entreprise.

L'obtention de la certification ISO 14001 se présente comme une solution à double impact pour les organisations car non seulement elle les oblige à se délester de certains frais et inconvénients désormais critiqués, mais en plus, elle a le pouvoir de redorer leur blason vis-à-vis de la vision environnementale.

www.iso14001.fr

Ressource 3 – Nature & Découvertes en quelques chiffres

Année	2011	2012	2013	2014	2015
CA en millions d'euros	176,3	164,5	166,7	177,32	185,29
Nombre de salariés	1 030	976	923	907	979

Fin 2011 : 83 magasins dont 3 en Belgique et 3 en Suisse.
Fin 2015 : 85 magasins, dont 75 en France, 4 en Suisse, 3 en Belgique, 2 en Allemagne et 1 au Luxembourg.

www.natureetdecouvertes.com

Brevet de technicien supérieur

Management des entreprises

Sujet 2

Durée : 3 heures

CAS ImmoClass

Après avoir pris connaissance du cas ImmoClass France et des ressources proposées, vous réaliserez une étude en répondant aux questions suivantes. Dans le cadre de la rédaction des réponses, le candidat est invité à mobiliser les concepts et les références d'auteurs dès lors qu'ils sont pertinents et que le lien avec le contexte est argumenté.

I. Analyse du contexte et de la situation de l'entreprise

1. Caractérisez le style de direction de M. MOREL.

2. Présentez les principaux éléments d'un diagnostic externe de l'entreprise ImmoClass France.

3. Identifiez la stratégie globale de l'entreprise ImmoClass France.

4. Repérez les mécanismes de coordination mis en place dans l'entreprise ImmoClass France.

II. Identification du (des) problème(s) de management et proposition de solutions argumentées

5. Analysez les facteurs déterminant la décision de M. MOREL d'investir dans les nouvelles technologies.

6. Identifiez et justifiez l'influence des nouvelles technologies sur la structure de l'entreprise.

7. Proposez des solutions opérationnelles qui permettront la réussite de ces changements.

Le dossier comprend :

Le cas ImmoClass France

Les ressources :

Ressource 1 : La FNAIM n'entrevoit pas de rebond du marché immobilier en 2015

Ressource 2 : Loi pour un accès au logement et un urbanisme rénové

Ressource 3 : LogisBleu, la petite agence immobilière qui monte

Ressource 4 : La flexibilité et la réactivité, sources d'avantages concurrentiels pour l'entreprise

Ressource 5 : Les résistances au changement

Ressource 6 : Les structures flexibles

Le cas ImmoClass France

L'agence ImmoClass France est une SAS (société par actions simplifiée) créée il y a 29 ans. Elle se situe à Aubenas en Sud-Ardèche et a été reprise en 2009 par son dirigeant actuel, M. MOREL. L'agence est leader sur le marché local. Environ 80 % des immeubles du centre-ville sont gérés par ImmoClass France au niveau du syndic de copropriété et elle propose de nombreux biens à la location.

ImmoClass France est structurée autour de quatre activités principales :

- gestion de biens (48 % du chiffre d'affaires de 2014) ;
- location (10 % du chiffre d'affaires de 2014) ;
- transactions (vente/achat) (21 % du chiffre d'affaires de 2014) ;
- syndic de copropriété (21 % du chiffre d'affaires de 2014).

Une activité qui évolue dans un contexte en mutation

Ces dernières années, le chiffre d'affaires de l'agence est instable en raison, notamment, des conséquences de la crise économique de 2008.

Évolutions du chiffre d'affaires et du résultat (en euros)

Année	2010	2011	2012	2013	2014
Chiffre d'affaires	926 000	981 000	971 000	880 700	868 100
Résultat	52 000	82 100	28 500	3 000	7 500

M. MOREL reste cependant optimiste car les prévisions de l'évolution en 2015 des taux d'intérêt des prêts immobiliers vont rester proches du niveau actuel extrêmement bas. Il n'y a aucune raison financière pour que les taux augmentent brutalement en 2015 ce qui favorise l'achat de biens immobiliers.

Les attentes et les comportements des clients dans le secteur immobilier sont en constante évolution. Ils sont de plus en plus sensibles au respect du développement durable et privilégient des biens respectant les normes environnementales.

De plus, les plus jeunes clients boudent les agences immobilières au profit d'une recherche de biens à louer ou à acheter sur Internet. M. MOREL a compris que le numérique joue un rôle essentiel dans le développement des comportements des clients. Il est conscient, au vu d'une étude récente, qu'Internet favorise les échanges entre particuliers (26 % des Européens pensent que les réseaux sociaux seront les plus influents dans les avis que consulteront les consommateurs avant d'acheter, bien loin devant les conseils des vendeurs – 11 % – ou les messages publicitaires des marques –8 % –). Il sait que la consommation connectée se développera encore plus dans le futur, grâce aux nouveaux produits permettant l'e-consommation nomade (33 % des personnes interrogées pensent qu'elles utiliseront en priorité les smartphones ou les tablettes pour faire leurs achats).

Renforcer la polyvalence

Face à un marché très stable lors de la création, le choix de M. MOREL a été de spécialiser chaque salarié sur des fonctions très précises. Cependant, la plupart des 14 salariés de l'agence ont des compétences variées qui leur permettraient d'exercer des fonctions différentes : agent immobilier, gestionnaire, chargé de location-habitation, syndic de copropriété (chargé de l'administration d'immeubles), expert immobilier...

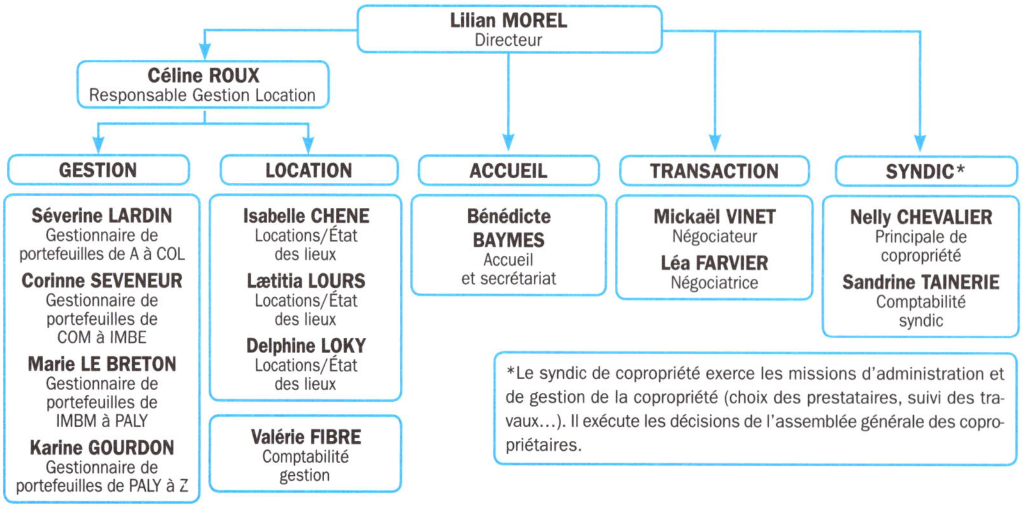

Le cas ImmoClass France *(suite)*

Réorganiser l'agence

M. MOREL réunit régulièrement ses salariés afin qu'ils puissent donner leur avis et écoute leurs suggestions. Ses salariés le décrivent comme un personnage charismatique, soucieux de bien gérer ses équipes, mais qui prend seul la décision finale.

Les réunions ont lieu par secteur, comme si toutes les activités étaient indépendantes. La communication monte et descend mais ne passe pas entre les services. Beaucoup de clients sont mécontents des prestations de l'agence. « *C'est pénible de travailler avec eux. J'ai acheté un bien chez eux pour le louer ensuite. Je pensais que ce serait facile, c'est la même adresse. Mais pas du tout : mon dossier n'est jamais passé du service vente à la location ! Il a fallu tout refaire, bonjour la perte d'énergie et de temps.* »

La concurrence est très vive sur le marché de l'immobilier. La ville d'Aubenas compte 19 agences, ce qui explique la baisse sur les marges de ces agences. M. MOREL est conscient qu'il doit réagir pour pérenniser son entreprise. Il s'est aperçu que le développement des technologies de l'information et de la communication entraînait une diminution de sa clientèle, qui préfère désormais utiliser les sites Internet mettant directement en relation les particuliers, pour acheter, vendre ou louer un bien immobilier. Le site Internet de l'agence n'est pas développé autant que celui de certains concurrents et ne reçoit, de ce fait, que peu de visites.

M. Morel prend la décision stratégique d'investir dans de nouvelles technologies, notamment la mise en place d'une plateforme collaborative – facilitant les échanges entre les salariés –, des outils permettant de faire des visites virtuelles et une rénovation de son site Internet. Une jeune négociatrice confie : « *Il était temps ! Mais si je dois continuer à me référer constamment à l'actuel manuel de procédures sans une liberté d'initiative, mes compétences ne serviront à rien ! Et en plus ce serait tellement mieux si je pouvais travailler en équipe avec mes collègues syndics de copropriété…* ». Un autre salarié agent immobilier rétorque : « *Je ne vois pas pourquoi je devrais partager mon portefeuille clients et tous les liens que j'ai tissés depuis 25 ans que je travaille ici ! Cette idée de devoir me former pour faire des visites virtuelles, à cinq ans de ma retraite, ça ne m'enchante pas du tout !* ».

Ressource 1 – La FNAIM n'entrevoit pas de rebond du marché immobilier en 2015 (décembre 2014)

La fédération nationale de l'immobilier (FNAIM) a dit ne pas attendre de rebond du marché en 2015 en l'absence d'un retour de confiance des acquéreurs et s'inquiète des disparités régionales comme de la faible taille des logements vendus. Devant l'état du marché immobilier et plus encore du secteur de la construction, le gouvernement a mis la priorité sur le logement. […]

Les chiffres 2014, rendus publics par la FNAIM, témoignent d'une stabilisation du marché à des niveaux inférieurs à ceux d'avant la crise.

Quelque 720 000 ventes de logements existants auront été conclues sur l'année, contre 718 000 en 2013 (+ 0,3 %), observe la fédération. La moyenne sur les quatre années se situait à 820 500.

Les prix de vente de logements existants dans le réseau FNAIM ont encore baissé en 2014, moins toutefois qu'en 2013 (- 2,9 %), y compris en Île-de-France (- 1,8 % contre - 2,5 %) où certains prédisent pourtant une chute.

Gregory Blachier, édité par Yves Clarisse

Ressource 2 – Loi pour un accès au logement et un urbanisme rénové (Loi ALUR applicable au 01/01/2015)

La loi ALUR a pour objectifs de réguler les dysfonctionnements du marché et de protéger les propriétaires comme les locataires. Quelques éléments :

- les frais d'agence immobilière sont plafonnés ;
- le recours à un syndic professionnel est plus encadré ;
- la formation, la déontologie et le contrôle des professions de l'immobilier sont renforcés ;
- la création d'un mécanisme d'encadrement des loyers constitue une des mesures phares concernées par ce projet de loi. Elle fait partie des normes de régulation mises en place, dans le but de contenir la hausse des loyers.

Ressource 2 – Loi pour un accès au logement et un urbanisme rénové *(suite)*

La loi ALUR de mars 2014 a également précisé les contours de la location saisonnière. Pour les propriétaires, elle autorise la possibilité de louer, sans formalité, sa résidence principale, pour de courtes durées. La seule contrainte imposée est de ne pas dépasser 4 mois de location cumulés par an. Elle n'impose pas dans la plupart des cas la nécessité d'une autorisation de la part des copropriétaires.

Les auteurs

Ressource 3 – LogisBleu, la petite agence immobilière qui monte

Interview du fondateur Pierre Pérrac « Une agence qui a décidé de travailler différemment ».

Vous êtes présents uniquement sur Internet ?

Pierre Pérrac : En effet nous n'avons pas de boutiques en centre-ville aux loyers exorbitants ! Cela nous permet donc de diminuer considérablement nos frais et d'offrir ainsi à nos clients ce montant d'honoraires très avantageux pour eux. En plus, Internet est aujourd'hui le média le plus puissant en termes de diffusion et de consultations d'annonces immobilières. Il faut savoir qu'en Île-de-France 98 % des acquéreurs démarrent leur recherche sur Internet, cela nous permet donc d'avoir un nombre de contacts très important. Nous sommes donc présents sur les plus grands sites d'annonces immobilières et sur les réseaux sociaux pour promouvoir les biens à vendre. Internet c'est une vitrine ouverte 24 heures sur 24 et 7 jours sur 7 dans le monde entier, quelle vitrine offre une meilleure visibilité pour vendre un bien immobilier aujourd'hui ?

Quelles sont vos autres particularités ?

Pierre Pérrac : Avoir des outils technologiques performants ne sert à rien si on ne sait pas exploiter les compétences de chaque collaborateur et leur capacité à travailler en équipe. Dans ma structure, ce qui prime ce sont les réunions de l'ensemble de l'équipe chaque lundi matin. Nous travaillons en mode projet. Les négociateurs collaborent avec les chargés de location pour pouvoir proposer un service global au client. Une boîte à idées permet à chaque salarié de faire des propositions. Les meilleures idées sont retenues et récompensées.

Que vous a apporté votre concept ?

Pierre Pérrac : Beaucoup de flexibilité, nous sommes beaucoup plus réactifs que nos concurrents et c'est là toute la différence !

Les auteurs

Ressource 4 – La flexibilité et la réactivité, sources d'avantages concurrentiels pour l'entreprise

Des exigences clients toujours plus fortes et des délais toujours plus courts.

Marc Balanger, président d'Immo : Les entreprises se trouvent au cœur d'une mutation profonde, qu'accélèrent les changements technologiques. Nous devons nous adapter à un impératif de réduction des délais imposé par nos clients.

Estelle Slimsky, PDG d'ImmoLux : Nous avons souvent l'impression de ne pas répondre tout à fait aux attentes des marchés. Comment gérer l'incertitude ? Maîtriser la variabilité ?

Marc Balanger : Il s'agit de gérer autrement les capacités de l'entreprise pour introduire davantage de souplesse et faire face à la variabilité en étant plus réactifs.

Estelle Slimsky : Nous sommes en train de passer du « juste-à-temps », recherché à une époque où on était encore en mesure d›appréhender la notion de temps, à « l'immédiateté ». Nous avons ainsi embauché un commercial dans l›objectif d›apporter une réponse sous 24 heures à une sollicitation client.

Marc Balanger : Je suis convaincu que cette démarche nous apportera un avantage concurrentiel. Seuls ceux qui peuvent se transformer pour saisir les opportunités du marché et s'adapter à ses évolutions pourront se démarquer des autres.

Les auteurs

Ressource 5 – Les résistances au changement

L'introduction d'un changement dans l'entreprise produit chez les salariés une résistance qui peut devenir un frein si le changement n'est pas accepté. Du côté de l'entreprise, le changement est souvent une aspiration positive pour assurer la pérennité de l'entreprise. Cependant, Michel Crozier montre que le changement, en modifiant la situation des acteurs, suscite de l'inquiétude chez les salariés. Il s'agit en particulier de la peur de la remise en question des avantages et du statut de certains salariés.

La représentation que les dirigeants ont du changement peut être une source de résistance. Quand un dirigeant est ouvert sur l'environnement, il va accompagner le changement par le dialogue et la négociation avec ses salariés pour permettre à chacun de retrouver sa place. Inversement, un dirigeant conservateur va entretenir l'anxiété de ses subordonnés et peut contribuer à l'échec d'un changement stratégique.

Les auteurs

Ressource 6 – Les structures flexibles

Pour s'adapter aux mutations de l'environnement, l'entreprise doit adopter un mode de fonctionnement suffisamment flexible pour être capable de saisir les opportunités et adapter son organisation. Compte tenu de la crise, de la concurrence et des consommateurs qui prennent le pouvoir avec l'avènement des réseaux sociaux, l'entreprise est dans l'obligation de réagir. Elle doit être capable d'adopter une structure flexible pour résister à tous ces facteurs.

Quelles sont les nouvelles configurations structurelles flexibles ?

Si de nombreuses entreprises conservent encore les structures traditionnelles, de nouvelles configurations structurelles apparaissent progressivement.

- L'entreprise-réseau : un réseau est un ensemble d'entités travaillant en coopération dans un but commun, qui confient leur leadership à une unité du réseau. Il peut s'agir d'un réseau organisé en interne (télétravail, Intranet) ou d'un réseau organisé en externe (partenariats, sous-traitance). L'intérêt du réseau est que sa structure décentralisée et sa ligne hiérarchique courte sont des facteurs de flexibilité et de motivation. Il permet également de réaliser des économies (en évitant les coûts de transaction comme les coûts d'information).
- La structure par projets regroupe autour d'un projet les personnes et les compétences nécessaires à sa réalisation. Le chef de projet est autonome et l'équipe disparaît après la réalisation du projet.
- La structure innovatrice (ou adhocratie) décrite par H. Mintzberg, regroupe des experts spécialisés dans des métiers distincts qui collaborent par ajustement mutuel. Le travail s'effectue au sein d'équipes pluridisciplinaires dans lesquelles se mêlent des spécialistes de support logistique, des opérateurs et des managers.

Les auteurs

Lexique

Chapitre 1
La structure de l'entreprise

Auteurs

Masahiko Aoki
(1938-2015)
Économiste japonais. Ses travaux sur les firmes américaines et japonaises (firmes A et J) l'ont conduit à mettre en évidence la nécessité d'étudier les contextes institutionnels pour saisir les différences d'efficience entre les firmes.

Alfred Dupont Chandler
(1918-2007)
Professeur et économiste. Ses travaux montrent l'influence déterminante de la stratégie sur la structure d'entreprise.

Paul Roger Lawrence
(1922-2011)
et
Jay William Lorsch
(1932-...)
Professeurs à la Harvard Business School. Ils montrent l'influence des facteurs environnementaux sur la structure d'une entreprise. Selon eux, l'incertitude et la complexité de l'environnement permettent de distinguer deux types de structures dites mécaniques ou organiques.

Henry Mintzberg
(1939-...)
Professeur à l'université McGill de Montréal. Ses recherches portent sur les différentes configurations structurelles, leurs dynamiques ainsi que sur les mécanismes de coordination du travail. Il est l'auteur de référence en matière de théorie de la contingence structurelle.

Joan Woodward
(1916-1971)
Professeur de management à Oxford. Elle montre qu'à partir des similitudes entre les systèmes de production, on peut justifier certaines ressemblances dans les structures des entreprises. À cet effet, l'auteur distingue trois formes de technologies de production : la production à l'unité ou par petits lots, en masse et en continu.

Facteurs de contingence
Facteurs externes (environnement) et internes (stratégie, âge, taille, technologie de production, culture, style de management, *etc.*) à l'entreprise ayant une influence sur sa structure.

Organigramme
Représentation schématique de la structure d'une entreprise, de ses membres et de leurs fonctions mettant en évidence les liens hiérarchiques.

Organisation
Terme désignant à la fois une entité créée afin de conduire une action collective et sa structure (matérialisée à travers l'organigramme).

Structure d'entreprise
Regroupe les structures formelle et informelle d'une entreprise.

Structure divisionnelle
Structure organisée en entités autonomes et spécialisées (par produit, par zone de marché, par type de clientèle, *etc.*).

Structure fonctionnelle
Structure organisée en pôles de compétences (marketing, production, finance, ressources humaines, *etc.*).

Structure formelle
Combinaison d'éléments et de mécanismes visant à répartir, coordonner et contrôler les activités de l'entreprise. Il s'agit de l'architecture générale de l'entreprise, décidée par ses dirigeants et formalisée à travers l'organigramme.

Structure hybride
Structure organisationnelle empruntant les spécificités de plusieurs structures-types et qui, de ce fait, correspond à une nouvelle forme structurelle (*cf.* entreprise réseau).

Structure informelle
Terme correspondant aux relations qui se développent parallèlement à l'organisation formelle, à travers des échanges interindividuels non pensés au préalable par les responsables hiérarchiques.

Structure matricielle
Structure combinant des éléments de structure fonctionnelle et divisionnelle.

Structure mécanique ou rigide
Structure fortement centralisée et rigide, caractérisée par une forte division du travail. Elle est adaptée aux environnements stables.

Structure organique ou flexible
Structure fortement décentralisée et flexible, caractérisée par une forte réactivité. Elle est adaptée aux environnements instables.

Structure simple ou hiérarchique
Organisation du travail reposant sur l'autorité du supérieur qui centralise toutes les décisions. Elle est très présente dans les petites structures.

Structure-type
Classification générale d'une structure fondée sur des caractéristiques spécifiques comme la division, l'autorité, la coordination et le contrôle. On recense les structures-types suivantes : simple, fonctionnelle, divisionnelle, matricielle.

Lexique

Organisation/structure par processus
Organisation du travail autour d'un ensemble d'activités liées (processus) qui transforment des éléments d'entrée (*input*) en éléments de sortie (*output*) concourant à la réalisation d'un bien ou d'un service.

***Reengineering* ou reconfiguration**
Ensemble d'opérations permettant la reconfiguration des processus opérationnels d'une entreprise afin d'obtenir des gains substantiels en termes de coût, qualité et délai. Ce type d'approche a été proposé par M. Hammer et J. Champy.

Structure en réseau (structure virtuelle)
Mode d'organisation coopérative de la production entre plusieurs entreprises qui mettent en relation des pôles (ou unités) indépendants et dispersés mais reliés entre eux par un réseau d'informations, de transactions et de contrats (partenariat, sous-traitance, alliance, *etc.*).

Structure innovatrice (adhocratie)
Structure spécifique et organique destinée à produire de l'innovation ou à mener des projets précis. Ce type de configuration a été popularisé par H. Mintzberg.

Structure organique/flexible
Terme général désignant une organisation d'entreprise mettant en avant ses caractéristiques vivantes et qui, sous l'évolution de l'environnement, a obligé les entreprises à adopter des structures plus légères, plus souples et plus flexibles de type matriciel, projet, processus, *etc.*

Structure par projet
Mode d'organisation éphémère du travail, piloté par un responsable de projet et consistant, pour une période déterminée, à mettre en commun des ressources relevant de plusieurs services et niveaux hiérarchiques différents, en vue de réaliser un objectif donné.

Structure transversale
Mode d'organisation de la structure de l'entreprise consistant à mettre fin aux cloisonnements entre les différentes fonctions de l'entreprise et lui permettant ainsi d'optimiser sa coordination et sa chaîne de valeur. Cette forme d'organisation aboutit à des structures de type processus, projet.

Auteur

James Champy
(1942-...)
Dirigeant d'une société de conseil.
et
Michael Hammer
(1948-2008)
Professeur au MIT (Institut de technologie du Massachusetts).
Ils remettent en cause l'organisation de l'entreprise selon un découpage fonctionnel (production, marketing...). Ils préconisent une organisation tournée autour des processus opérationnels clés pour réduire les coûts, améliorer la qualité et les délais.

Lexique

Chapitre 3
La dynamique structurelle

Changement environnemental
Type de changement externe à une entreprise qui peut porter sur les dimensions démographique, économique, juridique, sociale, technologique, *etc.* de son environnement.

Changement organisationnel
Type de changement interne à une entreprise (stratégique, structurel, *etc.*).

Changement planifié
Type de changement intentionnel, anticipé et collectif, décrété par l'entreprise.

Changement spontané
Type de changement s'imposant à l'entreprise et échappant à son contrôle.

Conduite du changement
Démarche managériale permettant de mener à bien le changement dans une entreprise. La conduite du changement s'appuie sur la participation, la communication et la formation des collaborateurs.

Cycle de vie des entreprises
Succession de phases se traduisant, selon les cas, par un changement de style de management, de coordination et de division de travail. Chaque phase se termine par une crise qui permet la transition d'une phase à une autre.

Dynamique de changement
Processus de transformation radicale ou marginale des structures rythmant la vie des entreprises. Le changement peut être planifié ou spontané, majeur ou mineur.

Résistance au changement
Réaction de défense face à un changement. La résistance peut être collective ou individuelle et se traduit dans les comportements, les discours, *etc.*

Auteurs

Michel Crozier
(1922-2013)
Sociologue français. Il est réputé pour son livre, *L'Acteur et le Système,* dans lequel il montre l'existence de zones d'ombre dans les entreprises dont se servent les différents acteurs pour asseoir leur pouvoir. La décision et le changement dans les entreprises constituent ainsi, bien souvent, un compromis, qui n'est en réalité que le reflet d'un rapport de force.

Larry Greiner
(1933-2013)
Professeur d'organisation à la Harvard Business School. Il montre que la croissance de l'entreprise n'est pas linéaire mais rythmée par des phases d'évolution (mineures et progressives) et des phases de transition, marquées par des crises plus ou moins longues.

Lexique

Avantages concurrentiels

Atouts stratégiques par rapport à la concurrence qui peuvent provenir d'une meilleure maîtrise de la structure des coûts de l'entreprise, d'une meilleure valorisation de l'offre ou d'une compétence exclusive (technologie clé). L'avantage concurrentiel doit être durable et difficilement imitable.

Cartographie de l'emploi

Document référentiel établissant la liste des différents emplois présents au sein d'une entreprise. Son but est de faciliter la mise en place d'une GPEC.

Compétences (professionnelles)

Ensemble regroupant les qualifications professionnelles et mêlant savoirs (connaissances), savoir-faire (pratiques) et savoir-être (comportements relationnels).

Démarche compétence

Engagement d'une entreprise visant à faire de la gestion des compétences un élément de stratégie globale. Cette démarche prend appui sur une politique des ressources humaines mise en place dans le cadre d'une GPEC.

Entretien professionnel

Obligation légale dont le salarié bénéficie au moins une fois tous les 2 ans pour échanger sur ses perspectives d'évolution professionnelle ainsi que sur ses besoins en formation.

Formation (plan de)

Ensemble de mesures permettant de développer des compétences et de favoriser l'accès à une qualification professionnelle. La formation professionnelle tout au long de la vie constitue une obligation nationale (Loi du 5 mars 2014 relative à la formation professionnelle, à l'emploi et à la démocratie sociale).

GPEC (Gestion prévisionnelle des emplois et des compétences)

Obligatoire dans les entreprises de plus de 300 salariés, la GPEC consiste, pour une entreprise, à se projeter dans ses besoins RH à court, moyen et long termes au regard de l'évolution de son environnement d'une part (marché, technologie, *etc.*), et de ses propres caractéristiques d'autre part (compétences disponibles, pyramide des âges, nombre de salariés, *etc.*). La GPEC peut aboutir à la formalisation de plans de formation, la mise en œuvre de recrutements et/ou de suppressions d'emplois.

Métier

Activité professionnelle réalisée par un individu en échange d'une rémunération. Le métier renvoie à des compétences précises (savoir, savoir-faire, savoir-être).

Mobilité des salariés

Au niveau interne, la mobilité consiste en un changement de poste dans la même entreprise et promet souvent au salarié une évolution de carrière. Au niveau externe, cela suppose un changement d'employeur.

Passeport professionnel

Il permet une évaluation des compétences requises pour exercer l'emploi, et constitue un outil utile au recrutement et à l'identification des besoins en formation.

Ressources humaines

Cf. lexique chapitre 5, p. 152.

Référentiel métier

Document répertoriant de façon exhaustive et descriptive les compétences (savoir, savoir-faire, savoir-être) associées à un métier.

Lexique

Chapitre 5
La flexibilité des ressources humaines

Avantages concurrentiels

Atouts stratégiques par rapport à la concurrence qui peuvent provenir d'une maîtrise de la structure des coûts de l'entreprise, d'une meilleure valorisation de l'offre ou d'une compétence exclusive (technologie clé). L'avantage concurrentiel doit être durable et difficilement imitable.

Externalisation (ou impartition ou sous-traitance)

Stratégie consistant, pour une entreprise appelée « donneur d'ordre », à confier une activité à une entreprise appelée « sous-traitant ». Elle concerne les activités de production, mais peut également concerner l'activité de certains services supports dans les entreprises (ex. : service paye). Dans ce dernier cas, on parle d'*outsourcing*.

Facteur clé de succès (FCS)

Élément de l'offre propre à un secteur qu'il est nécessaire de maîtriser pour être compétitif.

Flexibilité

Capacité d'adaptation d'une entreprise pouvant être plus ou moins rapide dans le temps (on parle alors de réactivité plus ou moins forte). S'agissant des ressources humaines, la flexibilité correspond à la capacité de l'entreprise à ajuster, tant d'un point de vue quantitatif que qualitatif, son potentiel RH à ses besoins actuels et futurs. Selon les pratiques des entreprises, on pourra distinguer la flexibilité quantitative, qualitative, interne et externe.

GPEC (Gestion prévisionnelle des emplois et des compétences)

Obligatoire dans les entreprises de plus de 300 salariés, la GPEC consiste, pour une entreprise, à se projeter dans ses besoins RH à court, moyen et long termes au regard de l'évolution de son environnement d'une part (marché, technologie, *etc.*), et de ses propres caractéristiques d'autre part (compétences disponibles, pyramide des âges, nombre de salariés, *etc.*). La GPEC peut aboutir à la formalisation de plans de formation, la mise en œuvre de recrutements et/ou de suppressions d'emplois.

Licenciement

Rupture du contrat de travail à l'initiative de l'employeur liée à l'un des deux motifs suivants :

- motif personnel : le salarié (ses compétences, son assiduité, son sérieux, *etc.*) est directement mis en cause et les insuffisances qui lui sont reprochées amènent à un licenciement ;
- motif économique : la conjoncture économique et la situation de l'entreprise amènent l'employeur à réduire le nombre de ses salariés et ce, indépendamment des qualités des salariés concernés.

Mobilité des salariés

Au niveau interne, la mobilité consiste en un changement de poste dans la même entreprise et promet souvent au salarié une évolution de carrière. Au niveau externe, cela suppose un changement d'employeur.

Reconversion

Processus RH, souvent associé à de la formation, permettant à un salarié ayant perdu (mesure curative) ou risquant de perdre (mesure préventive) un emploi de développer des compétences nouvelles facilitant sa reconversion vers un nouveau métier, de nouveaux outils, *etc.* et contribuant ainsi à une meilleure employabilité.

Ressources humaines

Termes renvoyant aux salariés d'une entreprise. Ils sont considérés comme des ressources en ce qu'ils apportent leurs contributions (compétences, idées, culture, motivation, implication, *etc.*) en contrepartie, essentiellement, d'un salaire. Le courant des ressources humaines défend l'idée que les salariés constituent une source d'avantages concurrentiels. La gestion des ressources humaines serait ainsi stratégique.

Lexique

Besoin
Sentiment de manque à l'égard d'une situation donnée amenant un individu à adopter un comportement destiné à réduire ce sentiment. C'est la quête de satisfaction des besoins qui oriente les comportements.

Contribution
Ensemble des actions réalisées par un salarié pour effectuer les missions confiées (ex. : nombre d'heures passées à une tâche, sérieux dans le travail réalisé, *etc.*). En échange de sa contribution, le salarié obtient une rétribution.

Équité
Sentiment éprouvé par un individu lorsqu'il considère que son rapport contribution/rétribution, comparé à celui des autres salariés, est juste. Lorsque cette comparaison aboutit à un écart (en sa faveur ou en sa défaveur), le salarié éprouve un sentiment d'iniquité (positif ou négatif). Le sentiment d'équité/iniquité influence la motivation et le comportement des salariés.

Facteur/levier de motivation
Élément extérieur à l'individu susceptible d'orienter positivement sa motivation.

Motivation
Énergie interne à l'individu orientant son comportement et définissant l'intensité avec laquelle il exerce sa profession.

Performance
Désigne le résultat d'une action aussi bien que le processus suivi pour l'atteindre. La performance d'une entreprise s'apprécie sous différents angles : financier, économique, social, écologique, global, *etc.*

Rémunération
Ensemble des variables transactionnelles (monétaires) qu'un individu perçoit en contrepartie de sa contribution (salaire, prime, intéressement, *etc.*)

Système de rétribution
Avantages/récompenses de nature transactionnelle (monétaire) ou relationnelle (symbolique) perçus par un individu en contrepartie de sa contribution. L'ensemble des rétributions proposées par une entreprise constitue le système de rétribution (on parle également de rémunération globale).

Auteur

John Stacey Adams
(1925-...)
Psychologue comportemental. Il met en évidence la théorie de l'équité selon laquelle les salariés comparent entre eux leur ratio contribution/rétribution. C'est cette comparaison qui orienterait la motivation (ou la démotivation) et non le système de rétribution en tant que tel.

Frederick Herzberg
(1923-2000)
Psychologue américain. Auteur de la théorie bi-factorielle, il distingue deux types de facteurs, ceux qui engendrent de la satisfaction au travail lorsqu'ils sont satisfaits (facteurs de motivation), et ceux qui ne motivent pas et engendrent de l'insatisfaction lorsqu'ils ne sont pas satisfaits (facteurs d'hygiène). Cette théorie a fait couler beaucoup d'encre car Herzberg considère la rémunération comme un facteur d'hygiène.

Abraham Maslow
(1908-1970)
Psychologue américain, père de la théorie des besoins représentée sous forme de pyramide. Il développe l'idée selon laquelle les besoins des individus s'expriment de façon hiérarchisée, les individus cherchant à satisfaire les besoins primaires (physiologiques puis de sécurité), et donc orientant leur comportement en ce sens, avant de chercher à satisfaire les besoins d'amour, d'appartenance puis d'estime et, enfin, d'accomplissement.

Victor H. Vroom
(1932-...)
Auteur de la théorie des attentes dites VIE (valence – instrumentalité – expectation). Selon lui, la motivation d'un individu dépend de ses attentes, de l'effort à fournir pour atteindre les objectifs visés, des chances de les atteindre et d'être récompensé ainsi que de la valeur qu'il octroie à la récompense associée.

Chapitre 7
Culture d'entreprise et performance

Auteurs

Richard Michael Cyert
(1921-1998)
et
James Gardner March
(1928-...)

Respectivement économiste et professeur à l'université de Stanford. Ils décrivent les organisations comme des processus dynamiques et continus de prises de décisions. Ces décisions sont prises par des individus qui poursuivent des objectifs propres (parfois éloignés des objectifs de l'organisation) et qui forment des coalitions d'acteurs pour les atteindre. Cette thèse renvoie à la théorie du décideur politique (*cf.* H.Simon).

Avantages concurrentiels
Atouts stratégiques par rapport à la concurrence qui peuvent provenir d'une meilleure maîtrise de la structure des coûts de l'entreprise, d'une meilleure valorisation de l'offre ou d'une compétence exclusive (technologie clé). L'avantage concurrentiel doit être durable et difficilement imitable.

Changement organisationnel
Type de changement interne à une entreprise (stratégique, structurel, *etc.*).

Culture d'entreprise
Ensemble des croyances, mythes et symboles communément partagés par les membres d'une entreprise. Ces valeurs communes orientent leurs attitude et comportement, et donnent à l'entreprise des caractéristiques propres et distinctives.

Implication
Traduit l'attachement des salariés envers leur entreprise. L'implication peut être calculée, normative et affective. Elle contribue à définir les comportements des salariés au travail.

Partie prenante
Acteur ou groupe d'acteurs internes ou externes à l'entreprise qui affectent ou peuvent être affectés par les décisions de l'entreprise et qui constituent potentiellement des contre-pouvoirs.

Performance
Désigne le résultat d'une action aussi bien que le processus suivi pour l'atteindre. La performance d'une entreprise s'apprécie sous différents angles : financier, économique, social, écologique, global, *etc.*

Chapitre 8
Stratégie et organisation de la production

Autonomation
Technique consistant à arrêter la production dès qu'un défaut est constaté.

Économie d'échelle
Réduction des coûts de production unitaires lorsque la quantité produite s'accroît, due à une meilleure répartition des charges fixes.

Efficacité
Capacité d'une personne, d'un groupe ou d'un système à atteindre ses objectifs.

Efficience
Capacité à atteindre des objectifs en respectant les moyens mis à disposition.

Flexibilité
Capacité d'une entreprise à s'adapter à son environnement.

Flux poussés
Flux transitoires. Lorsqu'une étape de la production d'un produit est terminée, le produit est « poussé » vers l'étape suivante. Il est ensuite stocké puis vendu.

Flux tendus (juste-à-temps)
Système de pilotage de la production reposant sur une estimation réaliste et au plus juste des besoins. Les flux tendus réduisent de façon drastique les stocks (intermédiaires et finaux).

Flux tirés
Flux déclencheurs. Le déclenchement d'une étape de fabrication d'un produit ne peut se faire que s'il y a demande de l'étape suivante. On part de la demande du client et on remonte ensuite la chaîne.

Gains de productivité
Ils sont réalisés quand le rapport entre le volume de la production et le volume des moyens mis en œuvre pour obtenir cette production augmente.

Mode/modèle de production
Principes généraux déterminant l'organisation de la production au sein d'une entreprise productrice de biens et/ou de services. On recense les systèmes de production taylorien-fordien, toyotiste et hybride, ces derniers combinant certains principes et outils du fordisme et du toyotisme à la fois **(mode/modèle de production hybride)**.

OST
Organisation scientifique du travail.

Outils d'organisation de la production
Outils participant à la mise en place d'un certain mode ou modèle de production au sein d'une entreprise productrice de biens et/ou de services.

Réactivité
Capacité d'une entreprise à réagir rapidement aux évolutions de l'environnement et de la demande.

Servuction
Approche consistant à considérer le client comme un acteur dans la prestation de service proposée par une entreprise (au même titre que le travail des collaborateurs, les technologies utilisées, *etc.*).

***Supply chain management* (gestion de la chaîne logistique)**
Organisation visant au respect de l'enchaînement des tâches constituant la chaîne de production, ainsi qu'au bon fonctionnement du système logistique. En d'autres termes, c'est la gestion de l'ensemble des maillons de la chaîne logistique.

Taylorisme-fordisme
Modèle d'organisation du travail fondé sur les principes de l'OST appliqués à une production de masse, standardisée et automatisée (chaîne de montage).

Toyotisme
Modèle de production mis en œuvre chez Toyota, dès le début des années 1980, reposant notamment sur le juste-à-temps, l'autonomation, le *kanban* et les 5 zéros.

Auteur

Henry Ford
(1863-1947)
Industriel et fondateur de Ford automobile. Il applique les principes du taylorisme dans le cadre d'une production de masse automatisée (chaîne de montage). Le modèle de production ainsi obtenu, largement adopté par les entreprises dès la fin de la Seconde Guerre mondiale, est appelé modèle taylorien-fordien.

Taiichi Ohno
(1912-1990)
Ingénieur puis vice-président de Toyota. Il est considéré comme le père du TPS (*Toyota Production System*). Il est à l'origine du modèle toyotiste fondé notamment sur le juste-à-temps et l'autonomation pour améliorer la productivité globale.

Frederick Winslow Taylor
(1856-1915)
Mécanicien devenu ingénieur. Il est le père de l'Organisation scientifique du travail (OST), encore appelée taylorisme.

Lexique

Chapitre 9
La politique d'innovation

Avantages concurrentiels
Atouts stratégiques par rapport à la concurrence qui peuvent provenir d'une meilleure maîtrise de la structure des coûts de l'entreprise, d'une meilleure valorisation de l'offre ou d'une compétence exclusive (technologie clé). L'avantage concurrentiel doit être durable et difficilement imitable.

Brevet
Document délivré par l'INPI (Institut national de la propriété intellectuelle). Il protège une innovation technique, c'est-à-dire un produit ou un procédé qui apporte une nouvelle solution technique à un problème technique donné.

Innovation
Processus par lequel une idée entraîne une création de valeur supplémentaire pour une entreprise sous forme de bien, de service ou de procédé. On parle d'innovation de rupture lorsque l'innovation est majeure (ou radicale) et rend obsolète d'anciens produits/technologies, et d'innovation incrémentale lorsque l'innovation, mineure, n'introduit que de petites évolutions.

Patrimoine technologique
Ensemble des technologies maîtrisées par une entreprise, que celles-ci soient effectivement utilisées dans ses activités ou qu'elles soient maintenues en réserve.

Processus d'innovation
Processus structuré en 3 grandes étapes (idée, étude de faisabilité, planification) et aboutissant au lancement de l'innovation. Ce processus dont la durée doit être la plus courte possible contribue à enrichir le patrimoine technologique de l'entreprise.

Propriété industrielle
Regroupée avec la propriété littéraire et artistique dans la protection intellectuelle, elle a pour objet la protection et la valorisation des inventions, des innovations et des créations.

Protection industrielle
Ensemble de moyens mis en place afin d'éviter la contrefaçon et le vol d'idées, de concepts, de projets, *etc.* Elle est garantie, avant toute chose, par le brevet de propriété industrielle.

Recherche et développement
Ensemble de processus permettant de transformer une invention en une innovation techniquement, financièrement et commercialement exploitable.

Veille concurrentielle
Collecte permanente d'informations sur les avancées et les orientations stratégiques de la concurrence en matière de produits, de techniques de production, de modes de commercialisation ou encore de communication.

Veille stratégique
Ensemble regroupant les veilles technologique, concurrentielle, commerciale et environnementale auxquelles procèdent en continu les entreprises.

Veille technologique
Veille consistant à se tenir au courant des évolutions technologiques, des innovations en cours et à venir, des avancées de la recherche fondamentale et appliquée. En matière d'innovation, elle joue un rôle prépondérant.

Lexique

Compétences
Ensemble des qualifications professionnelles mêlant savoirs (connaissances), savoir-faire (pratiques) et savoir-être (comportements relationnels).

Connaissances
Ensemble des savoirs individuels ou collectifs, tacites ou explicites, détenus par les acteurs de l'entreprise.

Culture d'entreprise
Ensemble des croyances, mythes et symboles communément partagés par les membres d'une entreprise. Ces valeurs communes orientent leurs attitude et comportement, et donnent à l'entreprise des caractéristiques propres et distinctives.

Donnée
Élément de base qui résulte le plus souvent d'une observation ou d'une mesure.

***E-learning* (ou formation en ligne)**
Technique de formation reposant sur l'utilisation des nouvelles technologies multimédia et Internet pour améliorer la qualité de l'apprentissage en facilitant, d'une part, l'accès à des ressources et à des services et, d'autre part, les échanges et la collaboration à distance.

Information
Donnée ayant été traitée par le système d'information afin de lui donner du sens, c'est-à-dire qu'elle est utile à l'organisation pour la prise de décision.

Management des connaissances (*knowledge management*)
Processus d'identification, de capitalisation, de valorisation et de diffusion des connaissances et des compétences dans une entreprise.

Lexique

Chapitre 11
Le financement des activités

Augmentation de capital
Augmentation de la somme d'investissement d'une entreprise visant à financer son développement et pouvant être obtenue grâce à l'émission de nouvelles actions.

Autofinancement
Capacité d'une entreprise à financer elle-même certains projets sans devoir faire appel à des ressources extérieures. Ce mode de financement est particulièrement intéressant pour une entreprise pour garantir son indépendance financière.

Besoin de financement
Besoin éprouvé par une entreprise pour financer son cycle d'exploitation et son cycle d'investissement.

Besoin en fonds de roulement (BFR)
Ensemble de fonds dont une entreprise a besoin pour financer son cycle d'exploitation.

Crédit-bail
Contrat de location à durée déterminée liant une entreprise à un établissement de crédit. L'entreprise n'est pas propriétaire du bien puisque ce dernier est mis à sa disposition durant la période du crédit-bail. Ce dernier est assorti, à l'échéance, d'une promesse de vente avec un prix de vente généralement modique.

Cycle d'exploitation
Ensemble des opérations, de l'achat de marchandises, matières premières, fournitures, *etc.* à la vente des produits finis, ayant pour visée l'obtention d'un bénéfice. À ce titre, il est générateur de coûts que l'entreprise doit financer en attendant d'encaisser les sommes correspondantes à la vente des produits.

Cycle d'investissement
Cycle long faisant appel aux ressources stables d'une entreprise pour financer les investissements nécessaires à son développement et à sa pérennité. Les investissements peuvent être financés par :
- des ressources propres (capitaux propres et dotations aux amortissements et provisions) ;
- des ressources externes (emprunts à moyen et long termes).

Encours bancaire
Total des sommes dues par l'entreprise au titre de crédits qui ne sont pas encore arrivés à échéance.

Fonds de roulement net global (FRNG)
Excédent de ressources stables, une fois le financement des emplois permanents effectué. Un FRNG inférieur à zéro permet de financer le cycle d'exploitation et de faire face à un imprévu (ex. : impayé).

Source de financement
Pour financer son cycle d'activité (exploitation et investissement), l'entreprise peut activer deux grandes sources de financement : interne lorsqu'elle recourt à ses ressources propres, externe lorsqu'elle fait appel à une source extérieure (banque, actionnaire potentiel, *etc.*).

Trésorerie
Ensemble des disponibilités en caisse ou en banque.

Crédits photographiques

Couverture : © Jean-Robert Dantou / VU'
France, Fleurance, 19 mars 2012.
La SCOP Ethiquable, créée en 2003, est aujourd'hui l'un des leaders dans le domaine du commerce équitable.

p. 7 : © Bleu Forêt
p. 8 : © Photographie Vincent Bourdon / Bleu Forêt
p. 9 : © Photographie Vincent Bourdon / Bleu Forêt
p. 10 : © Olympia
p. 16 : © Acome
p. 19 : © Wilfried MAISY/REA
p. 20 : © Gilles ROLLE/REA
p. 21 : © Air France
p. 22 : © Skyteam
p. 26 : © Altran
p. 29 : © Poult
p. 30 : © Lydie LECARPENTIER/REA
p. 32 : © Lydie LECARPENTIER/REA
p. 33 : © Lamelee.com
p. 39 : © Pascal SITTLER/REA
p. 42 : © Stephane LAGOUTTE/Challenges-REA
p. 44 : © Cyril DELETTRE/REA
p. 51 : © Danone
p. 52 : © Danone
p. 54 : © Danone
p. 58 : © EMC2
p. 61 : © Groupe PSA Direction de la communication
p. 62 : © François Guillot/Afp
p. 64 : © Franck Crusiaux/REA
p. 66 : © Gilles ROLLE/REA
p. 73 : © L'Oréal
p. 74 : © L'Oréal
p. 76 : © L'Oréal
p. 77 : © L'Oréal
p. 80 : © Airbus
p. 83 : © Renault
p. 84 : © Antoine LA ROCCA/Renault
p. 86 : © Philippe STROPPA Renault
p. 88 : © Addendum/Renault
p. 95 : © WAlix SIPA Press pour Orange
p. 96 : © Orange
p. 98 : © Christophe Pelletier/Orange
p. 105 : © Thierry Mamberti/Safran
p. 106 : © Eric Drouin / Safran
p. 107 : © Razak / MENESR
p. 108 : © Adrien Daste/Safran
p. 112 : © Florette
p. 115 : © Gilles ROLLE/REA
p. 116 : © JSL
p. 118 : © Catherine Lane/ Premium access/Getty Image

Nous remercions TVDMA (www.tvdma.org) pour son aimable contribution aux vidéos proposées dans l'ouvrage.

Vous utilisez un **Manuel connecté Delagrave**, qui propose des QR codes et/ou des liens hypertextes permettant d'accéder en ligne à des ressources numériques complémentaires.

Les éditions Delagrave font leurs meilleurs efforts pour sécuriser la consultation et l'utilisation des ressources en ligne qu'elles éditent, produisent ou hébergent, conformément aux règles d'usages de l'internet. Delagrave ne saurait être tenu responsable des interruptions de services dues aux caractéristiques et limites du réseau Internet, notamment dans le cas d'interruption quelle qu'en soit la cause, des performances techniques et des temps de réponse pour consulter ou interroger les ressources proposées. L'accès aux ressources associées au Manuel connecté Delagrave est garanti pour une période maximum de deux ans, à compter de la date de parution de cet ouvrage indiquée ci-dessous (copyright). Au terme de cette période, l'utilisateur du Manuel connecté Delagrave ne saurait exiger le maintien du service proposé.

Dans le cas où les QR codes et liens hypertextes permettent d'accéder à des sites internet tiers, la responsabilité des éditions Delagrave n'est pas engagée, notamment quant à leur éventuel dysfonctionnement ou à leur indisponibilité d'accès.

Couverture : Les PAOistes
Maquette intérieure : Frédéric Jély
Mise en pages et infographies : Christine Bossard, Grafatom
Iconographie : Booklage, Reine Bellivier
Suivi éditorial : Reine Bellivier

Achevé d'imprimer en Avril 2017
par «La Tipografica Varese Srl» en Italie
Éditions Delagrave 2017 – N° éditeur : 2017-0054 – Dépôt légal : Avril 2017